JN119429

時代はさらに資本論

資本主義の終わりのはじまり

編 基礎経済科学研究所

昭和堂

はしがき

新型コロナウイルスの猛威が日本はもとより世界中を席巻しています。資本主義経済のグローバル化の波に乗って新手のウイルスが襲いかかってきているのです。この猛威に直面して、日本や世界各国の対応は現代資本主義における経済、社会、政治の脆弱性を浮き彫りにしています。資本主義自体が持つ根本的問題点が露呈してきているといえましょう。詰まるところ、資本主義とは何か、人類史において資本主義は私たちに何をもたらしてくれたのか、資本主義は生態系をどう撹乱し、私たちの生活と労働はどうなっていくのだろうかなど、根源的な問いが投げかけられています。

私たち基礎経済科学研究所（略称、基礎研）は1968年の創設以来、働きつつ学ぶ権利の拡大を通し、労働者と研究者が手を携えて経済科学を創造的に発展させる活動をしてきました。この活動の中で、私たちは特にマルクスやエンゲルスが築き上げてきた経済学、社会科学の古典を生き生きとした現実感覚で読むことを大切にしてきました。この「読み方」を私たちは「『資本論』の人間発達読み」と名付け、半世紀の長きにわたって主張してきています。

これまで私たちは、バブル崩壊直後には『ゆとり社会の創造』（昭和堂）を著し、またリーマンショックが世界を襲った2008年には、前著『時代はまるで資本論』（昭和堂）で『資本論』の読み方を世に問いました。そして、コロナ禍が吹き荒れる今日、資本主義の経済的運動法則が私たちに何をもたらすのかについて、そのことをもう一度問い直したいと本書を企画しました。

1　コロナ・パンデミックで世界に問われていること

今回のコロナ・パンデミックでの世界の当初の論調は中国の初動ミスやその「独裁制」への批判が中心でしたが、今やその論調の中心は大きく変化しています。中国批判の急先鋒であったアメリカこそが感染拡大の「最大クラスター」となり、「先進資本主義国」を含む他の諸国が有効な対策をとれないでいるからです。この変化には、中国政府が官僚主義による初動のミスを正直に認めたこと、諸外国の各種のミスも同根であることが認知されるようになったことも大きいですが、何といっても「コロナ禍の克服」という現実の実績が大きいでしょう。このウイルスの起源は武漢であっても、各国はどの国も同じく「1人」の感染者から始まっています。この「1人」の他への拡大をどう防ぐかという闘いで首尾よく対処できた国とそうでない国との違いがあまりにも鮮明になってしまったからです。

実際、各国政府・地域がこの問題をどれほど重く受け止め対策したかの違いは大きいものがあります。PCR検査を徹底しているため感染者数は多いものの死亡率を他の数分の1まで下げたドイツの例、国家管理の「公衆保健医」をいち早く全国に配置して大規模なPCR検査を行えた韓国の例、武漢での情報を得た直後からこの対策用の情報システムの構築を始めた台湾の事例、そして何といっても10日で専用病院を建てて都市閉鎖をし、またスマホ・アプリを使って徹底した個人情報管理で乗り切った中国の例がそのことを示しています。政府の迅速で徹底した対策があったかなかったかの違いです。

ただし、こうした政策の相違が「独裁制かどうか」という問題として世で議論されているという困った問題もあります。その世界的代表者は最近有名になったイスラエル人歴史学者ユヴァル・ノア・ハラリ氏ですが、日本でも２０２０年4月23日付『日本経済新聞』が感染対策として行なわれる個人行動の自由の制限を判断軸に主要国を４つのパターンに分類。行動制限の強いものから、中国、仏伊西英、独米、日本の4種があって、中国は最も個人の自由を制限する悪い国というようなキャンペーンを張っています。そして、例えば台湾の「成功」も隔離に従わなかった約４６０人の住民を検挙する（ドイツでも似たことが起きている）などの「独裁」の結果だというような解説を追加しているのです。中国の成功をまねて世界が「独裁化」するのをどう阻止するか、といった文脈での極めてイデオロギッシュな議論といえます。

しかし、こうした見方は事の本質を見誤っています。コロナ対策で問われていたのは、渋谷健司ＷＨＯ事務局長上級顧問／英国キングス・カレッジ・ロンドン教授も強調するように感染症の基本としての「検査と隔離」をどれだけできたかであって、これは東アジアの場合、４万人の医療隊を送った上での「武漢封鎖」をしっかりできた中国政府、当初にＰＣＲ検査を徹底してやった韓国政府などと、感染拡大を隠すために意図的にＰＣＲ検査をして来なかった日本との違いです。日中韓は国民全員のＢＣＧ注射による免疫力の高さから欧米諸国より「まし」な対策がされていると誤解されていますが、日本の感染者報告数が少ないのはＰＣＲ検査が意図的に抑えられていたからで、実際には欧州諸国以上の感染者がいるとの予測もあります。検査を申請した人がたらいまわしされている間に死亡に至ってしまったケースまで生じました。

したがって、こうした対応の違いを「独裁制」と「民主主義」の対比でまとめようとする議論は間違っています。これは、韓国など最も「反独裁的」な国によっても優れたコロナ対策がなされた時期もあったことからも明らかです。

◎問われるべきは資本主義それ自身

ただし、こうして人々の「検査と隔離」を進めても企業活動が野放しではコロナウイルスを封じ込めることはできません。そして、その点こそが実は中国と日本の最大の違いであったように思われます。というのは、日本の労働者は緊急事態宣言下でも仕事だけは続けさせられ、毎日電車で人との接触を強要されたからです。日本国民は政府の「自粛要請」で、友人や家族との会食が制限された上、会社からも休暇中の帰省や旅行を自粛させられましたが、企業活動の方は、飲食や娯楽などの業界を除いて制限されていません。企業活動は自由でも、私たちの属する各種学会や社会運動団体の自主的活動も「不要不急」扱いとなり、相当な制約を受けました。この非対称性こそが問題とされなければならないように思えるのです。

原理的にいえば、近代的労働者が奴隷と異なるのは、資本家に売り渡してしまった自分の時間の他にも手元にはいくばくかの「自由時間」が残るということです。ですが、ここに来て、日本の資本家階級は「ウィークデイは働き、週末は自宅待機」を強制することによって、自分たちの搾取活動を自由にしたまま、労働者の自由は剥奪しました。労働者は週末と退社後にしか「自分の時間」はないのですが、その最後の自由さえ奪ったのです。後には「GO TO キャンペーン」を展開しましたが、これにしても観光や飲食業界の救済という企業側の都合を反映したものにすぎません。

ただし、中国の対応はこの問題の初期からまったく違っていました。中国の諸企業は、早くから送迎バス、事務所、工場の消毒、外地からの帰国者の隔離対策、勤務時の濃厚接触の回避、各自の1・5メートルの距離確保、エレベーターの使用禁止、マスク着用、手洗い励行といった実施規定細目を決めさせられて、かつまた日に3度の発熱検査などが事業継続の条件として政府によって指示されていました。今でさえ、日本でもマスクの着用、適宜の消毒、発熱検査などが行われるようになっていますが、当初の対応には大きな違いがありました。

ですので、少なくとも日中間のコロナ対策の違いで重要なのは、企業に対するコントロールの有無です。中国では企業も個人も同等に責任を果たすよう呼びかけられているものが、日本で主に自粛の対象とされているのは人々の行動の方です。そして、この差こそが、「社会主義」と「資本主義」の違いです。日本でもこうした個人活動を抑制するために、カラオケやパチンコ店、飲食店や居酒屋、美容院、スポーツジム、映画館、コンサートなどの自粛が要請され、そういった業種の「企業」にも影響が出ましたし、2021年1月からの2度目の緊急事態宣言下では特に飲食店への自粛が求められましたが、これらはあくまでも「個人活動の抑制」の延長の話であって、企業を最初からコントロールの対象としたものではありませんでした。

なお、日本では現在、感染の疑いがある労働者は自宅待機せよとなっていますが、つい最近までは「風邪くらいで仕事を休むな」といわれ、日本の薬局にはそのための風邪薬が山積みになっていました。ですが、コロナ禍の最中、風邪と区別のつかない症状の労働者が出勤すると「なぜ出勤したのだ」と怒られるようになりました。日本ではこうした資本家の自分勝手な言い分がまかり通っています。「資本主義国家」を英語で訳すと「資本家国家」となりますが、その本質がここに表わされています。

◎資本主義体制の弱点

こうして「資本主義」の弱点に目を向けると、「独裁体制」であるにも関わらず当初に感染者の爆発を招いたシンガポールや、感染者数が三千万人にも至っているアメリカの弱点にも言及せざるを得ません。シンガポールでは「国民」の間での新規感染者を抑えても同じ部屋で10人ほどが密集して暮らしている移民労働者に感染が拡がり、コントロール不能な状態と一時なりました。また、アメリカの爆発も、医療から排除され、かつまたこの危険の中も働きに出ざるを得ない分厚い貧困層が中心となっています。これらはまったく「社会体制」が問題の焦点であることを示しています。資本主義体制そのものが問われているのです。

実際、シンガポールやアメリカと対照的にうまくコントロールできている地域のひとつにインドのケララ州があることを見てもそのことは明らかです。ケララ州はインドの中で最も早く感染者が出た州ですが、インドでももっとも平等で医療体制が整った州として感染の拡大をほぼ封じ込めました。この地で共産党（マルクス主義）が永らく与党としてあった成果といわれています。

このため、今回のコロナ危機によって「資本主義……は少なくとも一時的に……急ごしらえの「社会主義」に道を譲らざるをえない」との議論さえ主流派経済学者の中から出始めています（ウィレム・ブイター「危機が招く「社会主義」経済」『日本経済新聞』２０２０年4月23日付）。私たちもまた、ここで問い直すべきはあれこれの政策ではなく、資本主義体制自身であることを知らねばなりません。

それだけではありません。様々な「自粛」が庶民とお金持ちで意味が違うことも述べておきたいと思います。というのは、たとえば、外出自粛要請にしても、大きな家と庭を持っている人の「外出自粛」と公園や公共図書館しか行くところのないアパート暮らしの庶民のそれは全く違いますね。もっというと、働かなくとも不労所得の入り続ける人々と、仕事を辞めればすぐそのまま収入を失う非正規労働者も対照的です。本書の文脈でいえば、貧困の原因である搾取の解消なしに、世界全体としてのコロナ禍からの完全解決がないということになります。大変重い問題提起だと思います。

とはいえ、私たちは、今回のコロナ禍の経験から直ちに資本主義か社会主義かという体制選択を迫るつもりはありません。資本主義経済とは一体何なのかを、『資本論』に即して正確に理解することを通じて、まずは明らかにしてみることが重要だと考えています。体制選択を考える場合にも、資本主義経済が私たちに何をもたらすのか、次の社会に引き継いだり、次の社会の拠り所となる条件なり基盤の整備や手がかりをどのように準備するのかを見定めることが重要だと考えています。

2 『時代はまるで資本論』から『時代はさらに資本論』へ

前著『時代はまるで資本論』から10年余り。この間、2008年のリーマンショックを始め金融危機の新たな進行や、財政緊縮政策の国際的な進展が見られ、極度の格差社会化、富の集中と偏在が進むなか、オキュパイ運動や反緊縮運動の広がりなど、不安と混迷の中におかれた問題状況を克服し、生きがい、働きがいのある人間らしい社会を築いていきたいという欲求が渦巻いています。コロナ禍が浮き彫りにした現代資本主義の経済、政治、社会の脆弱性を含めて、改めて資本主義とは何なのかという問題について、さらに『資本論』を深く学び直すこととします。そうした意味合いを込めて、本書のタイトルを『時代はさらに資本論』としました。

◎本書の構成

前著に比べて本書の特徴は、学び直す『資本論』の対象の範囲を第1巻から全3巻へと広げたことです。再生産表式論からは今日の経済政策の焦点が炙り出されます。信用論や利潤率の傾向的低下や「金融不安」の問題を取り上げることによって、資本蓄積の構造が抱える脆弱性や金融危機といった現代資本主義が有する病理の根源までメスを入れることが可能となりました。そして、地代論を対象とすることによって、人間と自然との物質代謝、資本主義と環境や農業との関係にまで考察の範囲が広がりました。

本書の構成と担当は次のようになっています。

本書は3部構成となっています。

序章では基礎研の「資本論の人間発達読み」について説明します。資本主義は人間を発達させると聞くと、このような矛盾に満ち私たちに貧困、生活苦を強いている資本主義経済の評価としては相容れないと思われるかもしれません。しかし、資本主義のもとで作り出される新たな社会の形成要素を見据えることが大切と考えます。

第Ⅰ部は「いま労働は?」と題して労働に焦点を当て、最初の第1章では、時間こそ人間発達の場であるというマルクスの指摘を踏まえながら労働時間短縮の意義を説明します。「働き方改革」が本当に意味あるものとなれるかどうかは、私たちが自由にできる時間＝自由時間の確保にかかっています。

第2章では、生産力の発展を基礎に相対的剰余価値が生産されるメカニズムを扱います。マルクスの時代の機械制大工業からＡＩ（人工知能）、ＮＥＴ革命へと生産力は大きく発展してきていますが、こうした変革が人間発達にどのような影響をもたらすのか、資本主義を超える物質的基盤が生まれてくるのかどうかを検討します。

第3章では、資本蓄積の下で相対的過剰人口や労働者への「就労圧力」といった貧困化が進むメカニズムを検討します。貧困救済や生活困難支援に登場する「就労圧力」は資本蓄積を補完する機能を果たしているのです。

第4章は、資本主義形成の前提となったいわゆる本源的蓄積とそれによる階級や家族の変化を扱います。家父長的な一夫一婦婚家族と中絶禁止法による生殖強制を労働者階級に強いる人口再生産様式の形成が本源的蓄積には欠かせません。こうした文脈で資本主義と家族のあり方を論じます。

第Ⅱ部は「商品世界と資本の再生産」と題し、資本主義的生産様式のキー概念である商品、貨幣、資本、そして労働、資本と労働の対抗関係を説明します。

第5章は、商品と貨幣で、１９９０年代以降のバブル崩壊後の長期デフレ現象を解明するとともに、近年のアベノミクスによる金融政策の誤算、特に日本銀行が大量の国債発行で株価を維持しても実体経済が回復しないメカニズムを説明します。

第6章は、資本が剰余価値を生み出す仕組み、いい換えれば資本主義的な搾取の原理を説明します。そして、資本はこの価値増殖があって初めて資本として機能しうること、そのために資本家と労働者の間の階級関係が再生産されることを説明します。

第7章は、「雇用によらない働き方」を論じます。今日ではデジタル社会における新しいフリーランスの働き方に注目が集まっていますが、この「雇用によらない働き方」でも実際には資本から逃れられない実態とともに、雇用社会の限界を超えて未来社会に向かう働き方への展望を議論します。

第8章は、『資本論』の第2巻を総括する再生産表式論を扱いますが、これを用いれば「長期平均的に再生産される資本蓄積の長期持続条件」を見出すことができますので、現在の日本経済が直面する労働人口や利潤率、労働生産性の上昇や資本蓄積の推移の問題を読み解きます。

こうして第Ⅱ部では商品と資本の世界の「再生産」が解明されますが、第Ⅲ部では「資本主義の終わりのはじまり」と題して、『資本論』の第3巻が論じた資本主義の限界と新たな社会の兆しについてみていきます。

まず、第9章は、あがないがたく貫徹する資本主義の法則としての利潤率の傾向的低下法則を扱います。これは、今日の日本経済で現実に起きていることで、マルクスの預言のすごさを思い知らされます。また、この結果、賃下げ競争が進んで消費が減退し、モノが売れなくなって投資も停滞、内部留保の拡大で「マネー資本主義化」するメカニズムも解明します。

そして、第10章は、「金融化」現象を読み解きます。『資本論』第3巻の利子・信用論の理解をもとに現代の「金融化」現象を解明し、それが格差の拡大や人々の生活の劣化を進ませている事態の背景に迫ります。

第Ⅲ部の最後、第11章では『資本論』第3巻の地代論を扱うとともに、農業が資本に呑み込まれるメカニズムを論じます。マルクスの地代論は人間と自然との物質代謝過程を論ずるものでもありますが、そのメカニズムを資本主義は破壊します。また、ここでは世界各地で進む自然の利用・管理を巡る共同体や小規模農家の新しい動きに今後の展望を見出します。

最後に、本書の終章は、「資本主義を超えて」と題し、コロナ禍で雇用や生活が破壊される中、世界的に注目を集めているベーシック・インカムを論じます。ベーシック・インカム自体は資本主義を超えるものではありませんし、『資本論』でも取り上げられていませんが、資本主義を超える新しい社会を展望するために必要な論点と考えたからです。

以上、本書は前著『時代はまるで資本論』の全面改訂版を目指しました。編集は、小沢修司、大西広、森本壮亮の3人が担当しました。執筆者全員が基礎研の所員です。１９６８年に創設された基礎研の50周年を機に、記念事業として本書の発行を企画しました。世界中で新型コロナウイルスの感染拡大が猛威をふるう状況が続いていますが、『資本論』が解明した資本主義の運動発展法則と人間発達への想いは、変わることはありません。本書のタイトルを『時代はさらに資本論』とした所以です。

出版にあたっては、前著『時代はまるで資本論――貧困と発達を問う全10講』、前々著『ゆとり社会の創造――新資本論入門12講』と同様、昭和堂にお世話になりました。今回の担当は編集部の越道京子氏です。ここに記してお礼を申し上げます。

小沢修司・大西　広

◎目次◎

第Ⅱ部　商品世界と資本の再生産

凡　例

◎『資本論』の訳本には、大月書店全集版（同普及版）や新日本新書版などいくつかあるため、引用部の表示に際しては、ほとんどの訳本に記されているWerke版原書（Karl Marx, *Das Kapital: Kritik der politischen Ökonomie*, Dietz Verlag Berlin）のページを示しました。たとえば、（Ⅰ365）は、『資本論』第1巻のWerke版の３６５頁を示します。

◎『マルクス・エンゲルス全集』（大月書店）からの引用は、『全集』第＊巻＊頁と表記しました。

◎『マルクス　資本論草稿集』（全9巻、大月書店）からの引用は、『資本論草稿集①』＊頁と表記しました（①などの数字は、巻号を示します）。

◎引用部の「……」については、中略を示します。

序章　いまこそ『資本論』の人間発達読みを

小沢修司
森本壮亮

資本が蓄積されるにつれて、労働者の状態は、彼の受ける支払いがどうであろうと、高かろうと安かろうと、悪化せざるをえないということになるのである（Ⅰ675）。

1　日本経済は、いま

◎『時代はまるで資本論』から13年

戦後75年以上が経ちました。終戦が昭和20年なので、昭和で数えるともうすぐ昭和１００年です。昭和の次の平成の時代も終わり、いまや令和の時代となりました。この間、日本は大きく変わり続けています。終戦直後は、多くの人が戦争で家族や家や仕事を失い、毎日の食べ物にも困る絶対的貧困の状態でした。そこから、経済の復興、高度成長、安定成長、バブルとその崩壊、失われた平成の30年を経て、私たちはいま、２０２０年代の日本を生きています。

前著『時代はまるで資本論』は、２００８年のリーマンショックによる経済危機（恐慌）の最中での出版となりましたが、本書もまた、（当初は全く予想だにしなかったのですが）コロナ禍での出版となりました。１９７３年のオイルショックが高度成長の終わりを告げ、バブル崩壊が安定成長の終わりを告げたように、大きな恐慌の後には、それまでとは異なった時代がやって来るのが、歴史の経験則です。そして２００８年からのこの13年間に起こったのは、東日本大震災と原発事故、携帯電話からスマホへの移行といった象徴的な出来事の中で、それまではあまり下がっていなかった30代後半～40代の賃金が劇的に下がったこと、そしてフリーランスの働き方が増加していることです。

『時代はまるで資本論』では、非正規雇用（特に当時は派遣労働者）の増大に象徴される現代日本の貧困化を告発し、そこからの脱却の道筋として、人間発達の重要性を指摘しました。この２００８年までの間に進行した事態を「貧困化の第1段階」と呼ぶとすると、それからの13年間に進行したのは、「貧困化の第2段階」とでもいうべき事態です。

もちろん、読者の皆さんの中には、この間増加しているフリーランスという働き方に良いイメージを抱いている人も多いと思います。２０１０年代には、どこの病院組織にも属さず、専門医のライセンスと叩き上げのスキルだけを武器に次々と難しい手術を成功させていくフリーランスの女医のドラマが、毎年のように高視聴率を獲得しました。また、子どもが将来なりたい職業として、ユーチューバーが挙げられることも多くなりました。しかし、本書第7章で詳細を論じますが、フリーランスで高所得を得ているのはごく一握りの人だけで、生活保護水準にも満たない収入しか得られていない人も多いのが実情です。もちろん、会社組織に縛られないという意味では未来の働き方といえるかもしれませんが、少なくとも現時点では、フリーランスは新しい貧困の一形態となってしまっています。

もう一つ、２００８年以前と以後との変化を象徴するものとして、若い世代（特に女子）の意識の変化があります。２００６年や07年に、大学1年生のクラスの学生たちに、将来理想とする働き方について筆者（森本）がアンケートをした時は、クラスの半分くらいの女子が専業主婦と答えてきました。大学は違いますが、２０２０年の大学1年生に同様のアンケートをしたところ、専業主婦もしくはパートと回答した学生は見事に一人もいませんでした。２００６年や07年の大学1年生は、ちょうどバブル期に生まれて90年代から２０００年代前半に育った世代です。対して２０２０年の大学1年生は、２０００年以降に生まれて育ってきた世代になります。この後に詳細を見ていきますが、平均賃金が低下しだして貧困化が始まったのが90年代末なので、２００６年や07年の大学1年生は貧困化する以前の日本を知る最後の世代、そして２０２０年の大学1年生は貧困化後の日本しか知らない世代といえ、両者で価値観が大きく異なっているのです。そして、かつての日本で過半数を占めていた「夫が働いて妻は専業主婦」という家庭は、今の若い世代にとっては夢物語となっているのです。同じアンケートで、２０２０年の大学1年生で「仕事中心の人生を送りたい」という回答をした人は、男女合わせても半分もいなかったので、「本当はフルタイムで働きたくないけれど、結婚後も夫婦共に働き続けざるを得ないだろう」というのが、多くの人にとっての本音なのだと思います。

◎「一億総中流」の形成と崩壊――わずか四半世紀だった一億総中流

いまこの書を手に取って読んでくださっている皆さんの中にも、そんなかつての日本を知らない人も多くいるかもしれません。そこで、日本が貧困化する前の「一億総中流」といわれた90年代末までの日本について、まず軽く振り返ってみましょう。

「一億総中流」の特徴の一つに、専業主婦があります。「女は家を守るもの」という古い日本の価値観から、「夫が働いて妻は専業主婦」という家庭が昔から多かったという先入観を持っている人も多いかもしれませんが、実はこれは間違っています。いまでもおばあちゃんが農作業をしているように、農家や自営業を中心に、男性だけでなく女性も働いていたのが、かつての日本です。

それが高度成長とともに、大企業の男性正社員労働者を中心として、終身雇用と年功序列賃金（そして企業別組合）を柱とする「日本型雇用慣行」が広がり、雇用が保証された中で、家族の生活費に比例した賃金を得られるようになっていきました。もし夫がこのような賃金を安定的に得られるのであれば、妻は働かなくても家計はやっていけるし、当時はまだ広範に残っていた「女は家を守るもの」という価値観の影響もあって、高度成長期に専業主婦が増加したのです。結果的に、就職したら定年までその会社で働き続け、年齢を重ねるごとにお給料も上がっていき、安心して結婚も子育てもできる、そして女性の場合は結婚したら仕事を辞めて主婦となって家庭を守るというのが「普通」だと多くの人が思う社会が、１９７０年頃にできあがったのです。

ただ、このような「普通」を享受できた人はそれほど多くないという話もあります。本書の編集母体である基礎経済科学研究所（基礎研）に集う労働者の方々と議論していても、「自分たちの働いている中小企業には、終身雇用も年功序列もなかった」という声を聞く機会がしばしばあります。また「普通」の裏側として、会社を途中で辞めざるをえなくなった人や、結婚しなかったり離婚・死別したりした女性には、「普通」からは排除された厳しい世界が待っていたことも見逃されてはなりません。それでも、「皆が真ん中くらいの生活を送ることができる」という雰囲気が国民の間に広まったのは事実で、「一億総中流」といわれるようになりました。

しかし、バブル崩壊によって安定成長期が終わると、このような「一億総中流」が徐々に崩れ始めます。バブル崩壊によって利潤率（一般的には「利益率」と呼ばれることが多いです）が落ち込んで経営が苦しくなった企業は、少しでも利潤率を回復させようと、人件費削減に本格的に邁進し始めたのです。詳細は第9章で論じますが、ここで重要なのは、安定成長期から利潤率はずっと低下傾向だということです。バブル崩壊はそれをさらに加速させたにすぎません。また、安定成長期にも低下した利潤率を回復させるべく「減量経営」と称して人件費削減が図られています。ですが、バブル崩壊によって「これ以上下がったらどうしようもない」というような水準にまで利潤率が低下してしまった上に（251頁の図2を参照）、不良債権という本業以外のところで負債が爆発的に拡大してしまったので、かつてない規模で、政府をも利用しながら（労働者派遣法などの法規制を企業経営に都合の良いように変えていきながら）人件費削減が進められていきました。その結果として、人々の労働や生活が大きく変化していくことになったのです。

◎貧困化の第1段階——1997年～2007年

このような変化が目に見える状況となってきたのが90年代後半で、具体的には1997年から平均年収が下がり始めました（図1）。ここから現代の貧困化が始まったのです。

「一億総中流」の時代、正社員として年功序列の安定的な賃金を得ている夫という大黒柱がいる「普通」

図１　平均年収と実質賃金の推移

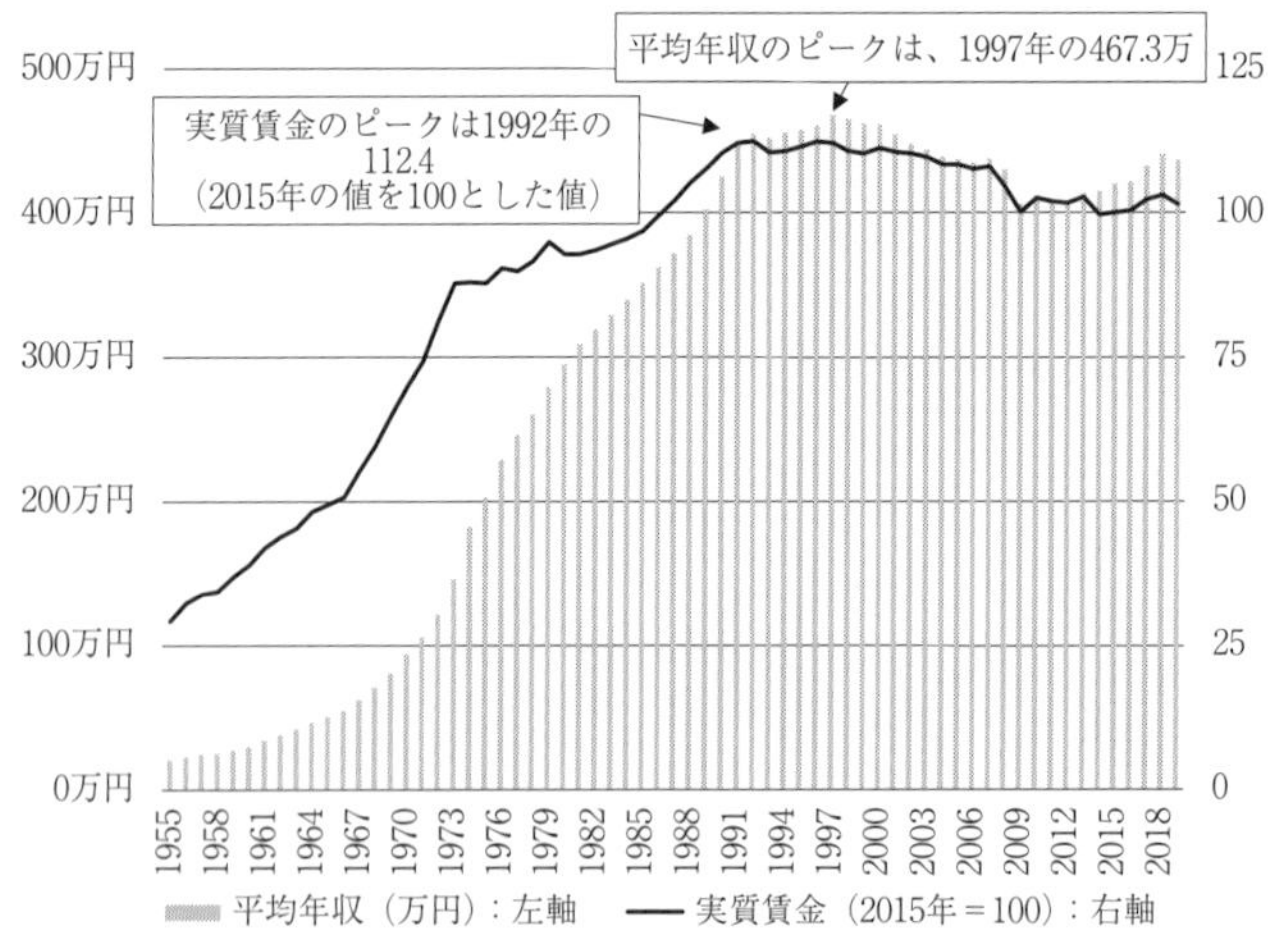

出所：国税庁『民間給与実態統計調査』および総務省『消費者物価指数』より計算して作成。

の家庭においては、主婦パートや学生アルバイトは、家計収入においてプラスαの部分でした。それが97年以降は、非正規雇用が男性労働者という大黒柱部分にも侵食するようになり、家庭の経済的な安定が崩れ始めたのです。そして本来なら国民を豊かにする役割を果たすべき政府までもが、このような雇用の流動化（非正規化）を積極的に後押ししたことに、問題の深刻さがあります。

例えば、いわゆる労働者派遣は、元々はＧＨＱによる経済の民主化政策の中で非民主的な「労働者供給事業」だとして禁止されていたのが、１９８５年に労働者派遣法が制定されたことで一部合法化されました。それでも、例外的に認めるという扱いでした。それが、企業家団体からの要請を受けて１９９９年に原則自由化され、２００４年にはそれまで認められていなかった製造業へも派遣が解禁され、派遣労働者が急増する結果となりました。また、安定的な雇用の象徴である公務員部分においても人件費削減をすべきだというこ

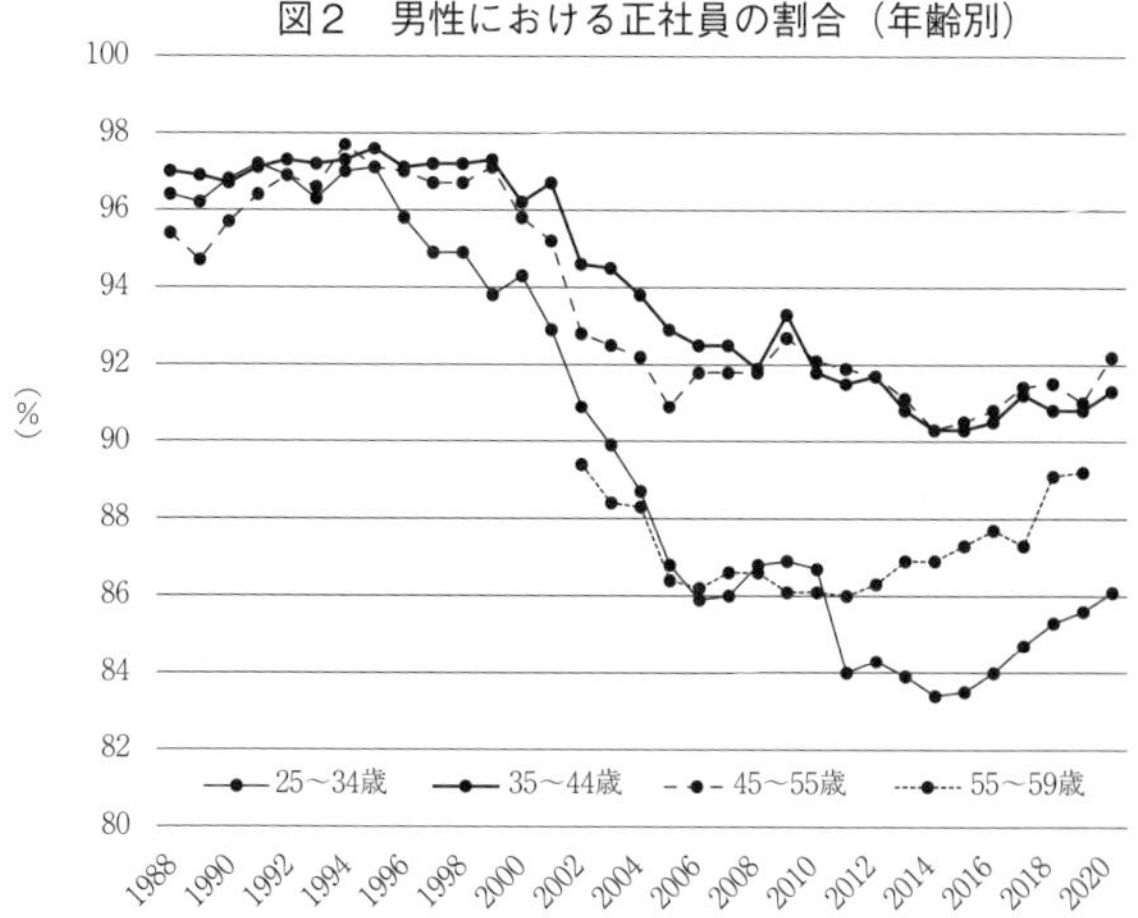

出所：総務省『労働力調査』より作成。
注１：2001 年以前は２月の値。2002 年以降は、１～３月平均の値。
注２：55 ～ 59 歳に関しては、年平均の値。

とから、国の根本にも関わる郵便局や大学、そして日本道路公団をはじめとする社会インフラに関わる公団などが次々と民営化・独立行政法人化され、正社員部分が非正規雇用に置き換えられていったのです。

このような企業と政府とが一体となって進めた人件費削減政策が私たちの労働や生活に与えた影響を確認するために、まず男性における正社員の割合の推移（図２）を見てみましょう。「一億総中流」の時代は、各家庭に終身雇用・年功序列の男性正社員がいることがシステムとして前提されていましたが、図２を見ると、確かに90年代半ばまでは全ての年代において97％近くが正社員だったことがわかります。転職中などの摩擦的失業と呼ばれるものの存在を考えると、ほぼ全ての男性が正社員として働いていたといえるでしょう。それが90年代半ばから、まず35歳未満の若い世代から正社員比率が低下し始め、２０００年代に入ると35歳以上の世代でも正社員比率が低下し始めました。この低下は結局２０１０年代半ばまで続き、25～34歳、すなわち結婚適齢期の男性においては、ほぼ全てが正社員だった状態から、大体6人に1人が非正規という状況にまでなりました。大学の大教室で、6人掛けの椅子に座っている男子学生がいたとしたら、その中の1人は、約10年後の30歳前後の時に非正規で働いているという状況です。「一億総中流」の時代には、学校を卒業したら安定的な雇用があり、結婚や子育てがある程度見通せる感覚がありましたが、少なくとも6人に1人は安定的な雇用にはありつけず、正社員の椅子に座れた人もいつその椅子を失うかわからないような不安な社会へと変貌したのです。

ここで重要なのは、非正規は企業によって「必要な人材を、必要な時に、必要なだけ」というジャストインタイムで雇われているものなので、恐慌がやって来るとすぐに排出（雇用打ち切り）される点にあります（この詳しいメカニズムは、前著『時代はまるで資本論』の第7講をご参照ください）。そして事実、2008年にリーマンショックが起こった際にも、非正規労働者（特に派遣労働者）の雇用打ち切り（派遣切り）が大規模に行われ、仕事も住居も失った労働者が公園などにあぶれ、「年越し派遣村」が大きな社会問題となりました。

このような状況のなか、まず1997年から2007年までの10年間で、20代から30代前半までの比較的若い世代と50歳以上の世代を中心に、賃金（平均年収）が大きく低下していきました（図3）。「就職氷河期」という言葉がありますが、若い世代においては学校を卒業しても新卒で正社員の椅子に座れない人が増え、50歳以上の世代においては早期退職などの形でリストラが断行されることで、企業の人件費削減が断行されたのです（先の図2とも対照させてみてください）。

ここで注目すべきなのは、この時期40代前半はあまり賃金が低下していない点です。企業にとって、40

図３　男性の年齢別平均年収の変化（1997年～2007年）

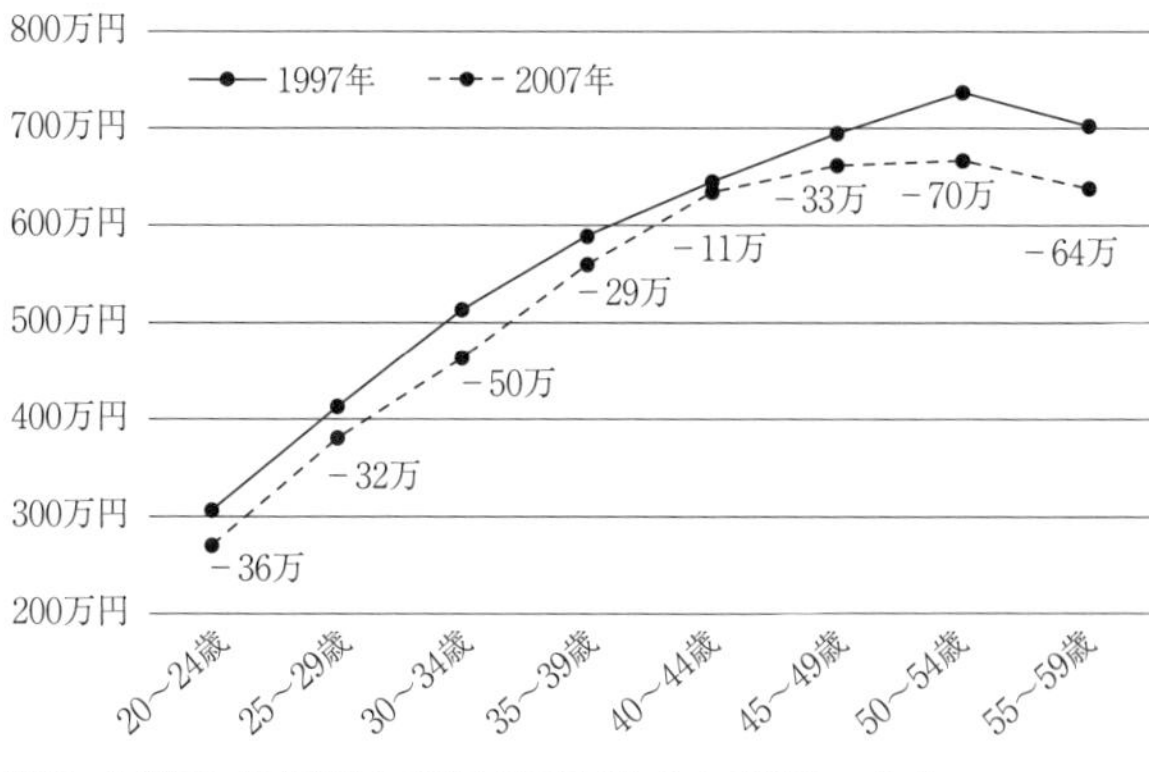

出所：国税庁『民間給与実態統計調査』より計算して作成。
注：１年勤続者の値。

代前半というのは仕事も覚え、ＩＴ技術の変化などにも柔軟に対応できる「最も有用な」世代です。この層に仕事を集中させることで、若い世代と50歳以上を減らしていったと考えられます。けれども、これは労働者にも企業にも無理がかかります。まず40歳前後の中間管理職を中心とした過労死が社会問題化しました。労働者は人間ですし、時間は１日24時間しかありません。最も効率的に処理できるからといって仕事を集中させると、時間内にさばき切れずに長時間労働化し、心身に支障をきたす、場合によっては亡くなってしまうという人が続出したのです。また、若い世代が十分に入って来ないために、様々な現場で技術の継承に問題が生じ始め、以前は考えられなかったような技術的なミスや不正が頻発するようになりました。人を減らすことによる人件費削減は、結局「その場しのぎ」の政策でしかなく、長期的な企業経営の観点から見ても悪影響を及ぼすものなのです。しかし一時的には利益を確保できるため、「株式市場からの要請」を錦の御旗に、このような人件費削減が断行されたのです。以上が、前著『時代はまるで資本論』を出版した２００８年当時まで

図4　男性の年齢別平均年収の変化（2007年～2019年）

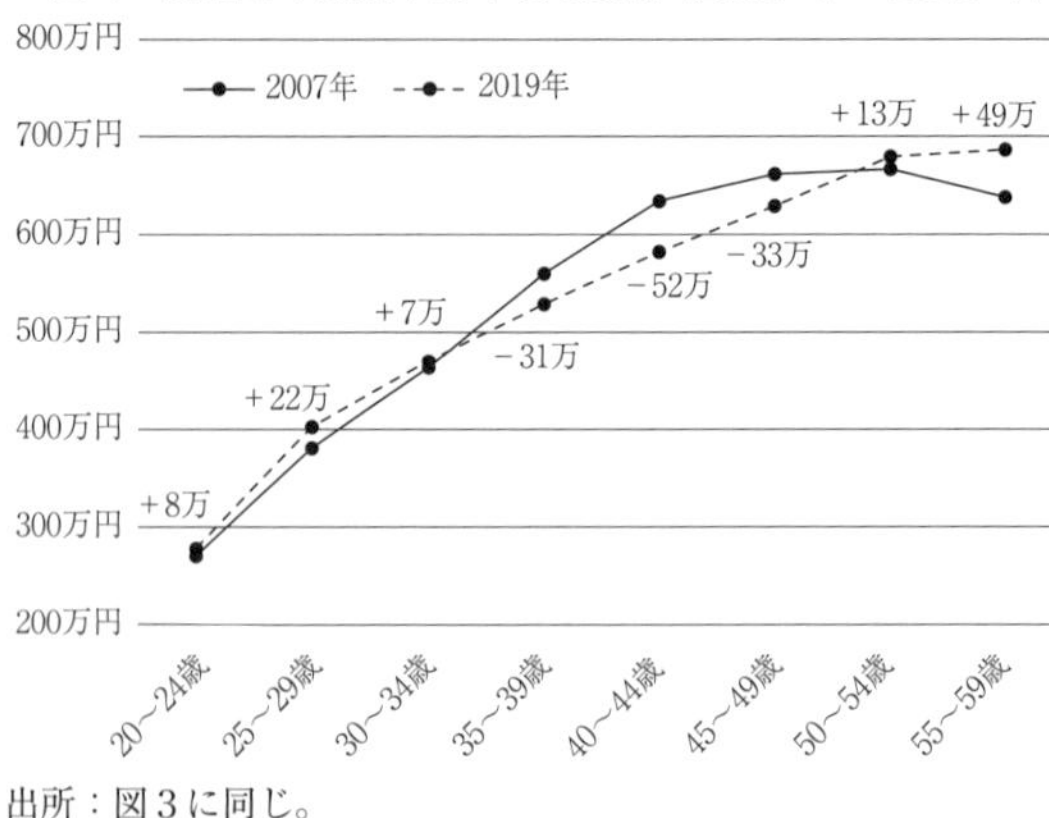

出所：図3に同じ。

の社会背景でした。

◎貧困化の第2段階——2008年～2020年

それから13年が経ちました。この間に状況はどう変わったのでしょうか？　誰もが気づく変化は、携帯電話からスマホに変わったことかもしれません。本書第7章で論じられるように、いまのコロナ禍の中で急速に勢力を拡大しているウーバー・イーツのような働き方は、スマホがあってはじめて成立するものです。また、日本の電機産業が作っていた携帯電話から、アメリカやアジアメーカーのスマホに変わったことにも象徴されるように、栄華を誇っていた日本の電機産業が総崩れとなり、電機産業を中心として日本の製造業がグローバル・サプライチェーンの一部（下請け）へと変貌していっていることも、大きな変化の一つです。

このようななか、私たちの収入のほとんどを占める賃金部分にも、それまでとは異なった変化が生じました。今度はそれまでの10年はあまり下がらなかった40代前半を中心として、賃金が大きく低下していったのです（図4）。リーマンショックが起

図５　男性の年齢別平均年収の変化（1997年～2019年）

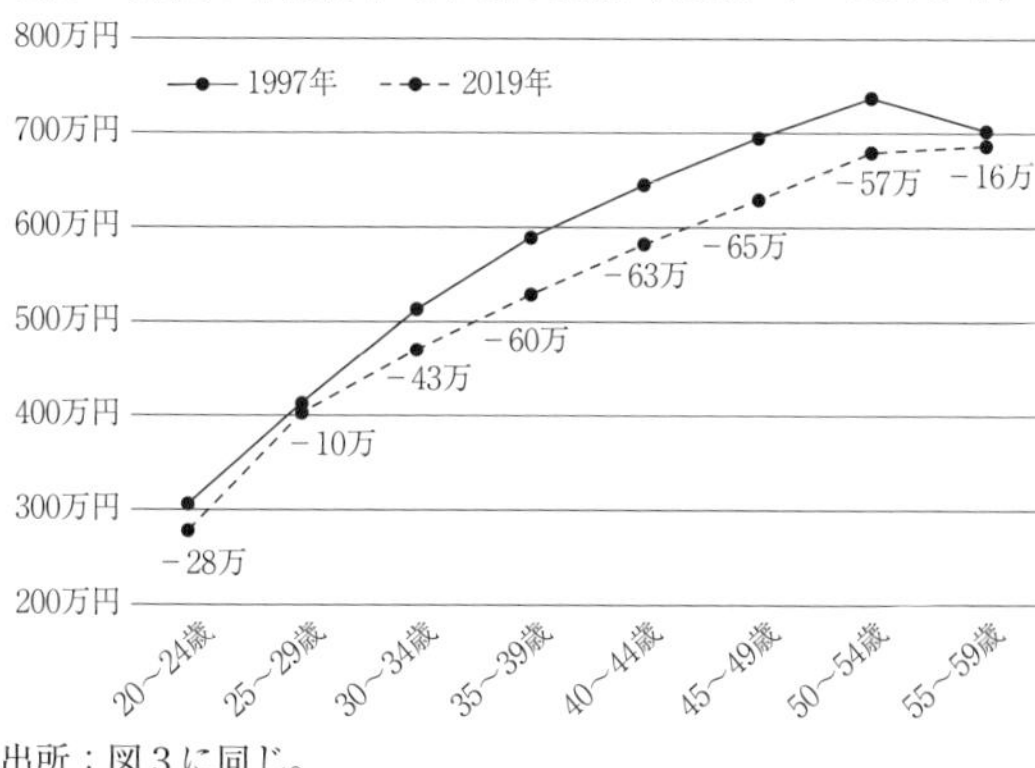

出所：図３に同じ。

こる直前の２００７年と２０１９年とを比べると、40代前半で平均年収が50万円以上低下しています。逆に、先の10年に大きく低下した35歳未満と50代以上では、平均年収の上昇が見られます。

特に20代の若い世代における雇用改善と、かつては早期退職を強いられていた50代以上が働き続けられるようになったことから、これは明るい兆しのように見えてしまいがちですが、企業の中で最も有用な戦力として働き、社会的にも子育てなどで最も消費力の大きい40代前半を中心とした世代が犠牲となっている点は、見逃されてはなりません。また、一部世代で賃金が上がっているといっても、１９９７年と比べると全世代で低下しており（図５）、30代後半から50代前半の子育て世代においては、平均年収で約60万円低下してしまっています。60万円あれば、もしかしたら子どもをもう一人育てられるかもしれません。また、物価変動を考慮すれば、実質80万円ほどの低下になることも指摘しておきたいと思います。このように、１９９７年から現在までの約四半世紀で日本の賃金は全世代で大幅に下がり、かつてのように結婚して子育てをするという安定的な人生を歩むことが「普通」ではなくなってしまい、「一億総中流」は名実ともに崩壊してしまったのです。

◎労働の質的変化

以上が1997年以降の雇用や生活の変化の量的な側面です。これに加えて、変化の本質を捉えるためには、質的な側面も見る必要があります。このような質的変化については、以下の章で、様々な面から論じられることとなるので、ここでは労働観の変化という点についてだけ、簡単に記しておきたいと思います。

1997年までの終身雇用・年功序列の「一億総中流」の時代は、就職した企業に定年まで安定的に働き続けるというのが基本だったので、企業に対する労働者の帰属意識はそれなりに高いものがありました。ことの良し悪しは別として、労働者にとって企業は「もう一つの家庭」であり、企業経営者にも労働者を家族のように可愛がる人が少なからずいました。それゆえに打ち上げや社員旅行といったイベントがあったり、労働者にも仕事に多くの裁量の余地があったり、家庭を犠牲にしてモーレツに働く「企業戦士」となる人も多かったのです。そしてそのような「家族」である労働者の頑張りに企業経営者も報いようとし、儲かったらまずは労働者に還元する傾向がありました。

それが97年以降の変化の中で、労働者は使い捨ての対象へと変わり、監視が強められて裁量が取り上げられていき、企業の儲けは労働者ではなく、株主（2000年代以降は外国人投資家の割合が急上昇しているので、外国の富裕層と読み替えても良いかもしれません）に還元されるように変わりました（図6）。その結果、労働者もかつてのように企業へ帰属意識を持つことはなくなり、「ただ与えられた仕事だけを機械的に行う」という労働様式に変化していっています。そして企業側も、そのような労働なのだから正社員を雇うので

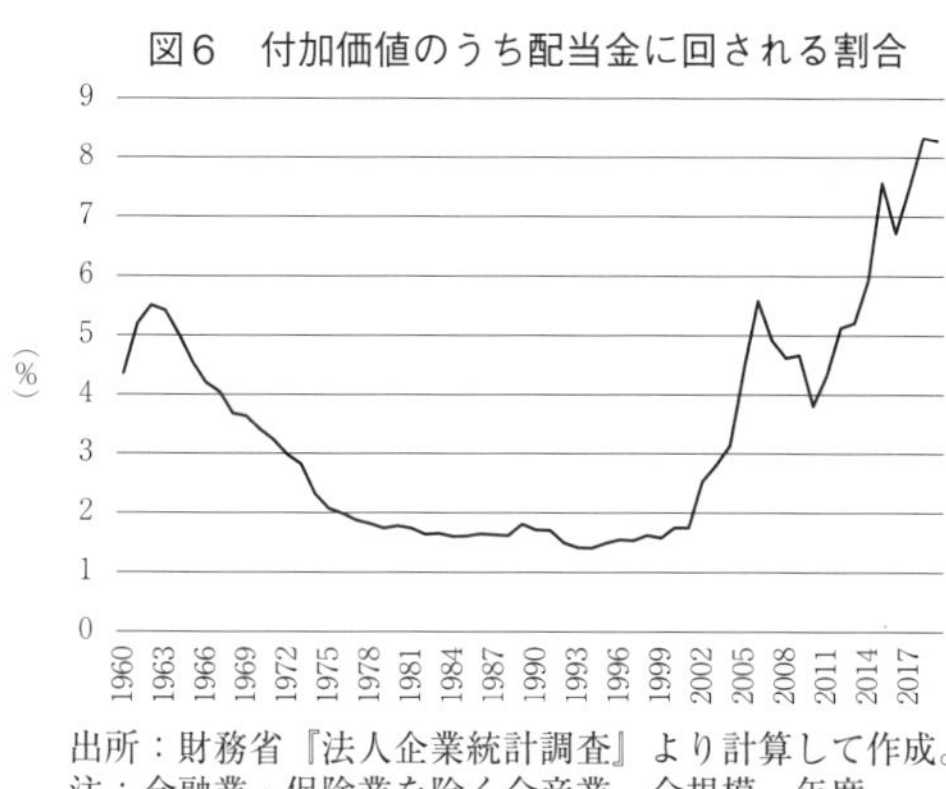

出所：財務省『法人企業統計調査』より計算して作成。
注：金融業・保険業を除く全産業、全規模、年度。

はなく非正規でよい（リーマンショックまでの10年には、派遣の利用が拡大しました）、または外注でよい（リーマンショック後の現在までは、フリーランスの利用が拡大しています）とする流れになってきています。

マルクスはこのような労働の劣化について、「労働の疎外」や「資本のもとへの労働の実質的包摂」といったキーワードを用いて『資本論』で分析していますが、このような傾向が、人々の人生や生活を豊かにするものなのか（いまの日本では働いている人の9割が労働者です）、また企業にとっても生産性を上げるものなのか、私たちは少し立ち止まって考えるべき時が来ているように思われます。

2　『資本論』の人間発達読み

◎資本主義は人間を発達させる

本書の編集母体である基礎経済科学研究所（基礎研）は、1968年の設立当初から「人間発達の経済学」を探求し提唱してきました。あらためていうまでもないことですが、「人間発達の経済学」にとっての最大の思想的・理論的源泉は、マルクスの『資本論』です。上述のような近年の労働の変化について考え、これからの社会を展望するために、まずは長年基礎研が続けてきた『資本論』の人間発達読みについて見ていきましょう。

『資本論』は長らく、資本主義の搾取の秘密を解明し、労働者の貧困の蓄積について資本の富の増大との対比で描き、そして資本主義社会の没落と未来社会としての共産主義社会の到来を明らかにしてきた書物として読まれてきました。貧困化、窮乏化論の書というのです。この理解は、それ自体は間違ってはいません。ただ、それだけでは不十分なのです。

マルクスは、『資本論』で資本主義の経済的運動発展法則の解明を行っています。ただし、誤解を恐れずにいうと、マルクスは資本主義の経済的運動発展法則を明らかにするなかで、資本主義は労働者（人間）の発達をもたらすとの「発見」を行いました。このことが、従来の『資本論』の読み方に対して基礎研が付け加えた読み方なのです。というか、マルクス自身が『資本論』で語っているのですから、マルクスの「発見」を私たちが「再発見」したということになります。

まずは、『資本論』第1巻序文の次の言葉を吟味していただきましょう。

イギリスでは変革過程は手にとるように明らかである。この過程は、ある高さまで進めば、大陸にははね返ってくるにちがいない。それは、大陸では、労働者階級自身の発達の程度によって、あるいはより血なまぐさい形で、あるいはより人間的な形で進むであろう。だから、より高い動機は別としても、今日の支配階級は、労働者階級の発達を妨げる障害のうちで法律によって処理できるいっさいのものを除去することを、まさに彼ら自身の利害関係によって命ぜられているのである。それだからこそ、私は、ことにイギリスの工場立法の歴史、その内容、その成果には、本巻のなかであのように詳細な叙述のページをさいたのである（Ⅰ15）。

◎ポイントは工場法

「変革過程」は「労働者階級の発達の程度によって、あるいはより血なまぐさい形で、あるいはより人間的な形で進む」というのです。そして、今日の支配階級（資本家階級）は労働者階級の発達を妨げる障害のうちで法律によって処理できるいっさいのものを除去することが彼ら自身の利害関係として命じられている、と。資本主義経済が労働者階級を発達させるという場合、資本活動の担い手である資本家階級と労働者階級の立ち位置が問題となります。まず、マルクスのここでの指摘のポイントの一つは「法律」の理解にあります。「法律」とは資本家階級が支配している国家の法律であり、具体的には工場法を意味しています。

資本家階級が支配している国家の法律、すなわち工場法を用いて資本家階級は労働者階級の発達を妨げる障害を取り除くことが資本家階級の利害関係により命じられているというのです。とはいえ、資本家階級が支配している国家の法律である以上、そこには限界が存在します。その限界を超えてまで労働者階級の発達を保障することはできません。その限界については、マルクスは工場法の保健条項に関して述べたところで指摘しています。つまり、工場における継続的な作業にあたっては、医師たちは一人当たり500立方フィートの空間が最小限必要であると指摘しているのですが、そんなことを全ての工場で要求しようものなら小さい規模の資本家たちにとって営業存続はままならず、大資本家が小資本家を一挙に駆逐することを許してしまう事態となります。これは、「資本主義的生産様式の根源を、すなわち資本の大小を問わず労働力の『自由な』購入と消費とによる資本の自己増殖を、脅かす」ことになってしまうのであって、「この500立方フィートの空気ということになると、工場立法も息切れがしてくるのである」と書き、「工場法のこの部分は、資本主義的生産様式はその本質上ある一定の点を超えてはどんな合理的改良をも許さないものだということを、的確に示している。」（『資本論』第1巻第13章、Ⅰ506）と述べています。

このように、資本主義（的生産様式）は工場法を用いて労働者を発達させせます。この場合、労働者階級の発達の程度により、変革過程がより血なまぐさい形で進むのか、それともより人間的な形で進むのかが規定され、そのことが資本家階級にとっての利害関係となるといいます。この指摘を素直に読めば、変革過程が何であるかはひとまず置くとして、血なまぐさい形で変革過程が進むのは資本家階級は望まず、より人間的な形で進むことを望むということになります。

とはいえ、資本家階級が工場法を用いて労働者階級を発達させるという指摘は、かの有名な「われ亡きあとに洪水はきたれ」という言葉とともに受け止めておかなくてはなりません。この言葉は、資本主義経済がいかに労働者の健康や生命の根源を破壊し人類そのものの将来、詰まるところ資本のあくなき増殖欲求の根源をも脅かすことを、資本家がいかに「知って」いようとも、目先の利益確保に気を取られてしまうのであって、個々の資本家の意志の善悪が問題なのではなく、「自由競争が資本主義的生産の内在的な諸法則を個々の資本家にたいしては外的な強制法則として作用させる」（Ⅰ286）ことこそが問題となるという指摘です。したがって、「われ亡きあとに洪水はきたれ」という言葉は全ての資本家、資本主義国家の標語となるのです。とはいえ、この標語には次の一文が付いていることも確認しておきましょう。つまり、「資本は、労働者の健康や寿命には、社会によって顧慮を強制されない限り、顧慮を払わないのである」。そうなのです、「社会によって顧慮を強制される」ことがポイントとなります。社会による顧慮の強制とは、工場法のことを指します。

そして、それだからこそマルクスは「イギリスの工場立法の歴史、その内容、その成果」について詳細な叙述のページを割いたと書いているのです。『資本論』第1巻の該当章は、直接的には第3篇絶対的剰余価値の生産の中の第8章労働日の章ならびに第4篇相対的剰余価値の生産の中の第13章機械と大工業の章です。こうして、『資本論』の人間発達読みにとって、労働日の章と機械と大工業の章は特別な位置を有するものとなります。本書でいえば、第1章と第2章が対応しています。

加えて指摘すれば、マルクスは『資本論』の読み方として友人であるクーゲルマンに宛てた手紙で、「奥さんには、最初に読んでわかるところとしては、『労働日』、『協業、分業、機械』にかんする箇所、最後に『本源的蓄積』に関する箇所を指示してあげてください。」と書いていることとの関連もあります。なぜこの諸章なのでしょうか。それは、（当時の）現実や歴史的事象を取り上げていて具体的でイメージしやすいためですが、これらの諸章を今日の生き生きとした現実感覚や私たちの目の前で繰り広げられている事象と照らし合わせて読むことによって、『資本論』を過去の文献としてではなく現在に生きる資本主義分析の書として読むことができるのです。長年、「資本論を読む会」などでこうした『資本論』読みを続けてきた基礎研として、わかりやすいだけではなく150年も前に書かれた書物であるのに実にリアルで、さも生きてマルクスが語りかけているかのようであるとの反応が得られており、その効果を実感してきています。

◎人間発達と「資本の文明化作用」

さて、経済学で人間発達を論じる場合、人間の欲求の変化を論じることが欠かせません。今日の経済学で支配的とされる新古典派経済学の場合、想定される人間像はいわゆるホモエコノミクス（経済人）であり、価格変動に対して合理的選択的行動を行うものとされています。平たく表現すると、「安けりゃ買う、高けりゃ買わん（価格が安ければ買うけれど、価格が高くなると買わない）」となります。こうした経済人の経済行動は、現実の経済の局面を見ればある場合には当てはまるかもしれません、とはいえ全ての経済局面で経済人のような経済行動が行われると想定することは、あまりにも薄っぺらい経済の姿を想定していることになり、現実からかけ離れた経済となってしまいます。また、このような経済人は欲求を変化させないものと想定されます。欲求を変化させずに価格変動にいわば機械的に反応して消費、購買行動を行う主体であるからこそ、数式を利用した経済局面の分析が可能となります。

ではマルクスはどうか。マルクスは生産力の発展が人間の欲求を変化させていくと指摘しています。ここでは、『資本論』の準備草稿にあたる『経済学批判要綱』（『1857—58年の経済学草稿』）の中の指摘から確認しておきましょう。

> 生産諸力の増大と発展とにもとづく剰余価値生産は、新たな消費の生産を必要とする。……第一に、すでに存在する消費が量的に拡大すること、第二に、現存の諸欲求がより大きい範囲に普及されることによって新たな諸欲求が創出されること、第三に、新たな欲求が生産され、新たな使用価値が発見され創造されること（『資本論草稿集②』16頁）。

生産力の発展によって資本蓄積、資本の増殖が進められていくには消費の増大が必要となり、そのためには、人間の欲望を新たに創造し拡大することが不可欠となります。こうして引き出される人間の欲望の創造と拡大は人間自身の有する多面的な能力や性質を引き出し、人間を発達させていきます。

社会そのものから生じる新たな欲求の発見・創造・充足。社会的人間のあらゆる属性の開発と、可能なかぎり豊富な属性・連関をもつがゆえに可能なかぎり豊富な欲求をもつものとしての、社会的人間の生産─人間を可能なかぎり総体的かつ普遍的な社会的生産物として生産すること──（というのも、人間は、多面的に享受するには、享受能力をもたなければならず、したがってある程度までの高い教養を与えられていなければならないからである）、──これも同様に、資本にもとづく生産の条件なのである。こうしたことは分業〔労働の分割：訳者による補足〕であるばかりではない。つまりこれらは、新たな生産部門の、すなわち質的に新たな剰余時間の創出であるばかりではなく、特定の生産を新たな使用価値をもつ労働として自己自身から突き離すことなのであり、たえず拡大し包括的となっていく、労働種類・生産種類の体系の発展であって、これらの労働種類・生産種類には、たえず拡大されますます豊かになっていく、諸欲求の体系が対応する（同上、16～17頁）。

いかがでしょうか。生産力の発展が切り開く新たで多種多様な労働と生産の体系には、「豊かな属性・連関」をもち「豊富な欲求をもつ人間」が生み出されなくてはなりません。そのことを、多面的に享受するには享受能力が必要であり、高い教養が必要となる、と表現しています。まさに人間の発達です。

このような生産力の発展が人間発達をもたらす生産の体系について、マルクスは「資本の偉大な文明化作用」と書いています。マルクスの言葉で確認しておきましょう。

つまり資本にもとづく生産は、一方では普遍的な産業活動――すなわち剰余労働、価値を創造する労働――をつくりだすとともに、他方では、自然および人間の諸属性の全般的な開発利用の一体系、全般的な有用性の一体系をつくりだすのである。……このようにして、資本がはじめて市民社会を、そして社会の成員による自然および社会的関連それ自体の普遍的取得を、つくりだすのである。ここから資本の偉大な文明化作用が生じ、資本による一つの社会段階の生産が生じるのであって、この社会段階に比べれば、それ以前のすべての段階は、人類の局地的諸発展として、自然崇拝として現れるにすぎない（同上、17～18頁）。

資本は、生産力を発展させ、欲求を拡大し、生産の多様性を発展させ、「自然諸力や精神諸力の開発利用ならびに交換を妨げるような、いっさいの制限を取り払っていく」（同上、18頁）。消費（生活）水準の発展、豊かな享受能力を持つように人間の発達を促していく。このような、人間発達を促す新しい生産の社会段階を創出すること、それを「資本の文明化作用」というのです。

◎「社会的生産力」と「個人的生産力」

ところで、生産力の発展が人間の発達をもたらすという場合、マルクスは「社会的生産力」と「個人的生産力」を区別していることに注意が必要です。資本主義が人間の発達を実現するといっても、日々の労働と生活に追われ余裕が感じられない私たち個々人にとってとてもそのようには思えない、となってしまいますが、それは「社会全体にとって」と「個人にとって」の区別を行うことによって合点がいきます。

生産力の最高の発展は、現存の富の最大の拡大と相まって、資本の減価、労働者の退廃、そして彼の生命力の最もあからさまな消尽と同時に生じるであろう（『資本論草稿集②』５５９頁）。

全体労働者の、したがってまた資本の、社会的生産力が豊かになることは、労働者の個人的生産力が貧しくなることを条件とし」（『資本論』第1巻第12章、Ⅰ383）、「個人のより高度な発展は個人が犠牲にされる歴史的過程を通じてのみ達せられる」（『剰余価値学説史』、『全集』第26Ⅱ巻１４３頁）。

ここでマルクスがいっているように、全体労働者の社会的生産力が豊かになるのは労働者の個人的生産力が貧しくなることを条件とするのであって、個人が犠牲にされる歴史的過程を通じてのみ「個人のより高度な発展（発達）」が達せられるのです。こうして、社会的生産力の発展と労働者の個人的生産力の「貧困化」の同時発生が起こりうる、いい換えれば、発達と貧困の同時発生は全体（社会的生産力を資本が担う場合は資本の生産力）と個人の関係の区別と関連に注目することが必要となります。

とはいえ、全体としては発展（発達）しながら個人としては「貧困化」するというのは、なんと矛盾した過程なのでしょうか。

◎「諸矛盾の発展のなかに新たな社会の形成要素の創出を読み取る」

この矛盾した過程はどのように読み解けば良いのでしょうか。ここに『資本論』の人間発達読みのポイントがあります。

私たちは、マルクスの次のような指摘に着目します。

それ（工場立法の一般化）は、生産過程の物質的諸条件および社会的結合を成熟させるとともに、生産過程の資本主義的形態の矛盾と敵対関係とを、したがってまた同時に新たな社会の形成要素と古い社会の変革契機とを成熟させる（『資本論』第1巻第13章、Ⅰ526）。

とはいえ、一つの歴史的な生産形態の諸矛盾の発展は、その解体と新形成とへの唯一の歴史的な道である（Ⅰ512）。

マルクスは「生産過程の資本主義的形態の矛盾と敵対関係」と書いていますが、ここでは資本主義は社会的生産力を発展させるが個人的生産力自体は「貧困化」させ犠牲にさせると読み替えてみてください。このような矛盾と敵対関係について、困ったことだとかどうしたらいいのかなどと困惑するのではなく、「一つの歴史的な生産形態の諸矛盾の発展」が「その解体と新形成への唯一の歴史的な道」となることを理解すればいいのです。つまりこの引用は、労働者に犠牲が強いられたり矛盾した過程が進行したりする事態をどう見たらいいのかというと、「貧困化の進展の中に人間発達の手がかりの形成を見出す」という見方をしなさいということになります。この見方こそ、『資本論』の人間発達読みのポイントであり導きの糸なのです。

◎『資本論』を貧困化論、窮乏化論としてみる議論

ところで、先ほど『資本論』は貧困化論、窮乏化論として読まれてきたと書きましたが、そうした読み方は『資本論』の中に根拠があります。端的には、第1巻第7篇「資本の蓄積過程」でマルクスが語っていますので、長くなりますが、重要なポイントなので引用して確認しておきましょう。

われわれは第4篇で相対的剰余価値の生産を分析したときに次のようなことを知った。すなわち、資本主義的体制のもとでは労働の社会的生産力を高くするための方法はすべて個々の労働者の犠牲において行われるということ、生産の発展のための手段は、すべて、生産者を支配し搾取するための手段に一変し、労働者を不具にして部分人間となし、彼を機械の付属物に引き下げ、彼の労働の苦痛で労働の内容を破壊し、独立の力としての科学が労働過程に合体されるにつれて労働過程の精神的な諸力を彼から疎外するということ、これらの手段は彼が労働するための諸条件をゆがめ、労働過程では彼を狭量陰険きわまる専制に服従させ、彼の生活時間を労働時間にしてしまい、彼の妻子を資本のジャガノート車の下に投げ込むということ、これらのことをわれわれは知ったのである。しかし、剰余価値を生産するための方法はすべて同時に蓄積の方法なのであって、蓄積の拡大はすべてまた逆にかの諸方法の発展のための手段になるのである。だから、資本が蓄積されるにつれて、労働者の状態は、彼の受ける支払いがどうであろうと、高かろうと

安かろうと、悪化せざるをえないということになるのである。最後に、相対的過剰人口または産業予備軍をいつでも蓄積の規模およびエネルギーと均衡を保たせておくという法則は、ヘファイストスのくさびがプロメテウスを岩に釘づけにしたよりももっと固く労働者を資本に釘づけにする。それは、資本の蓄積に対応する貧困の蓄積を必然的にする。だから、一方の極での富の蓄積は、同時に反対の極での、すなわち自分の生産物を資本として生産する階級の側での、貧困、労働苦、奴隷状態、無知、粗暴、道徳的堕落の蓄積なのである（I 674-675）。

ここでマルクスは、第4篇の相対的剰余価値の生産の諸章について総括を行なっています。相対的剰余価値の生産というのは、生産力の向上によって生活財の生産に要する必要労働時間を縮小することを通じて剰余労働時間が結実する剰余価値（相対的剰余価値）を増大させる方法のことであり、生産力の向上が焦点となります。先ほども確認したように、社会的生産力を増大させるための方法は労働者の個人的な生産力を「貧困化」させ個々人を犠牲にすることになるのであって、以下、生産の発展のための手段は、生産者、すなわち労働者を支配し搾取するための手段となり、労働者は労働能力の部分労働者化が進行し、機械の付属物とされ、労働が労働内容から疎外されて苦痛となり、労働者の生活時間は全て労働時間として搾取され、労働者の状態は悪化せざるを得なくなるのです。まさに資本の蓄積に対応して貧困の蓄積が必然となる、明快な指摘です。ここに差し挟む言葉はありません。

ただし、こうした貧困化理解は人間発達論と統一的に語られてこそマルクスのいわんとすることの全体像が明確になるというのが私たちの理解です。そして、こうした全体像が示されているのも、生産力の向上による相対的剰余価値の生産の方法が語られる第1巻第4篇なのです。

◎「全体的発達」と「全面的発達」

人間の発達という場合、マルクスが「全体的発達」と「全面的発達」を区別して語っていることは有名です。日本でも教育学の分野で話題にされてきました。

まず、「全体的発達」についてですが、先に確認した労働能力の部分労働者化に関わって、「いろいろな社会的機能をかわるがわる行なうような全体的に発達した個人」といういい方を行なっています。それは次の通りです。

> 大工業は、いろいろな労働の転換、したがってまた労働者のできるだけの多面性を一般的な社会的生産法則として承認し、この法則の正常な実現に諸関係を適合させることを、大工業の破局そのものをつうじて、生死の問題にする。大工業は、変転する資本の搾取欲求のために予備として保有され自由に利用されるみじめな労働者人口という奇怪事の代わりに、変転する労働要求のための人間の絶対的な利用可能性をもってくることを、すなわち、一つの社会的細部機能の担い手でしかない部分個人の代わりに、いろいろな社会的機能を自分のいろいろな活動様式としてかわるがわる行なうような全体的に発達した個人をもってくることを、一つの生死の問題にする（『資本論』第1巻第13章、I512）。

いうまでもなく、絶えざる技術革新や新商品の開発は資本家にとっては死活の問題であり、そのためには新しい技術の開発や新商品の開発を担うことのできる労働者の生産能力向上が必要となります。まさにあれもできるこれもできる労働能力の発達が必要なのであって、このことをマルクスは「いろいろな社会的機能を自分のいろいろな活動様式としてかわるがわる行なうような全体的に発達した個人」が必要となると論じています。資本の搾取欲求は絶えず変転し、それに対応して労働に求めることも絶えず変転し、いろいろな労働の転換に応えることのできるような「人間の絶対的利用可能性」が要求されることになります。まさに、資本主義的大工業は死活問題として「全体的に発達した個人」を要求するのです。

ただし、個々の労働者に目を向けると話が違ってくることに気がつきます。資本が要求する新たな労働能力を身に付けるにあたって、例えばある労働者は自前で職業訓練を受けてみたり、現場では役に立たないと使い捨てられながら（退職を余儀なくされ）、失業中に新たな技術を使いこなせるように努力したところで、企業に採用されるのは別の労働者であったりします。つまり、資本から要求される「全体的に発達した個人」は特定のAさんではなく、社会全体から供給される労働者の全体ということになります。これでは、たまったものではありませんが、ここには、「社会的生産力」と「個人的生産力」の乖離が存在しています。

ところが、「全面的発達」についての次の指摘はどうでしょうか。

工場制度からは、われわれがロバート・オーエンにおいて詳細にその跡を追うことができるように、未来の教育の萌芽が出てきたのである。この教育は、一定の年齢から上のすべての子供のために生産的労働を学業および体育と結びつけようとするもので、それは単に社会的生産を増大するための一方法であるだけではなく、全面的に発達した人間を生み出すための唯一の方法でもあるのである（『資本論』第1巻第13章、

Ⅰ507－508）。

「生産的労働を学業および体育と結びつける」というのは、児童・子どもを工場で働かすにあたっては初等教育の実施が必要であるという工場法の規定を指していますが、そうした「生産的労働を学業と体育と結びつける」ことは「未来の教育の萌芽」であり、「全面的に発達した人間」を生み出すための唯一の方法であるというのです。教育の成果は個々人に宿ります。ここには、「全体」と「個人」との乖離はありません。そして、ここで大きな意味を持つのが工場法なのです。

工場立法は、資本からやっともぎ取った最初の譲歩として、ただ初等教育を工場労働と結びつけるだけだとしても、少しも疑う余地のないことは、労働者階級による不可避的な政権獲得は理論的および実際的な技術教育のためにも労働者学校のなかにその席を取ってやるであろうということである。また同様に疑う余地のないことは、資本主義的生産形態とそれに対応する労働者の経済的諸関係はこのような変革の酵素と古い分業の廃棄というその目的とに真正面から矛盾するということである。とはいえ、一つの歴史的な生産形態の諸矛盾の発展は、その解体と新形成とへの唯一の歴史的な道である（Ⅰ512）。

工場法が子どもに対する初等教育の実施を「宣言」し、子どもの労働時間を制限するというのは、資本の「搾取欲求」を制限すると同時に、当時親が子どもを働かせていたという事情のもとでは親の権力（父権）を侵害することを意味します。イギリス議会は長らく抵抗してきました。しかしながら、機械制大工業による資本活動は古い家族関係の基礎を根底から破壊し、父権による制限を突破して子どもに対する初等教育実施や生命力の根源を破壊する長時間労働制限という「子どもの権利」を認めさせるに至るのです。

(工場立法が……家内労働を規制するようになれば) ただちに父権の、すなわち近代的に解釈すれば親権の、直接的侵害として現れるので、このような規制処置をとることには、思いやりのあるイギリス議会は長いあいだためらっているように見えた。とはいえ、事実の力は、ついに、大工業は古い家族制度とそれに対応する家族労働との経済的基礎とともに古い家族関係そのものをも崩壊させるということを、いやおうなしに認めさせた。子供の権利が宣言されざるをえなくなった (I 513)。

こうして、工場法は、資本主義的生産形態という「一つの歴史的な生産形態」に対応した労働者の「部分労働者化」と社会全体で要求される「全体的に発達した」労働能力の発揮という「古い分業の廃棄」とが真っ向から矛盾する事態を乗り越えて「全面的に発達した」労働能力を労働者個々人に結実させる役割を果たすことになるというのです。

◎労働は人間を発達させるが、資本主義では……

ところで、労働能力の発達という場合、マルクスは労働過程論 (『資本論』第1巻第5章) で「潜在的能力」や「潜勢力」としての労働能力とその顕在化について語っています。

労働は、まず第一に人間と自然とのあいだの一過程である。この過程で人間は自分と自然との物質代謝を自分自身の行為によって媒介し、規制し、制御するのである。人間は、自然素材にたいして彼自身一つの自然力として相対する。彼は、自然素材を、彼自身の生活のために使用されうる形態で獲得するために、彼の肉体にそなわる自然力、腕や脚、頭や手を動かす。人間は、この運動によって自分の外の自然に働きかけてそれを変化させ、そうすることによって同時に自分自身の自然［天性］を変化させる。彼は、彼自身の自然のうちに眠っている潜勢力を発現させ、その諸力の営みを彼自身の統御に従わせる（Ⅰ192）。

ここでマルクスは、人間は自然との物質代謝過程を自らの労働という行為を通じて実現していくのですが、その労働は人間自身に備わっている「潜勢力」としての労働能力の発揮に他ならないといっています。まさに、労働が人間を発達させるのです。とはいっても、ここでも資本主義的生産形態の矛盾が顔を出します。資本主義における労働力の発揮は、労働者自らの力によっては実現されません。生産手段を奪われた労働者は自らの労働力を賃金と引き換えに資本家に売り渡します。そして、労働力を手にした資本家が労働者を働かせて労働力を発揮させるのです。ですので、労働能力の発揮による社会的生産力の向上は資本のものとして実現されることになってしまうのです。自らの労働の成果が自らに帰属することなく資本家のものになる。なんと矛盾していることでしょうか。

本章のはじめで、近年の労働の質量ともの変化を見てきましたが、これまで以上に労働者は使い捨ての対象となり企業の儲けは労働者に還元されずに株主（外国の富裕層）に還元されるようになってきたと指摘した状況で、労働が私たち人間を発達させるということは本当に見えなく、わかりにくくなっています。

ですが、労働は人間を発達させるのです。とすれば、何がそうした人間発達の過程の邪魔をしているのか、資本主義は人間発達をもたらすにもかかわらずそのことを阻害しているのは何なのか、資本主義の下で準備され生み出される人間発達の条件や手がかりは何なのか、私たちは『資本論』を拠り所として解明していこうと思います。

◎考えてみましょう

（1）望ましい働き方はどのようなものか、考えてみましょう。そして、現在の日本の働き方や雇用形態と、その望ましい働き方とを比べてみましょう。

（2）人生において、働くことの意味は何ですか？　ただ生活費を稼ぐためですか？　それ以上の意味はありますか？　（1）の望ましい働き方ともあわせて、考えてみましょう。

（3）アルバイトや仕事をしていく中で、会社のためでなく自分のためになった、自分の人間としての能力が高まったなどと感じた経験はありますか？　（2）の働くことの意味ともあわせて、考えてみましょう。

◎推薦文献

中村隆英『日本経済――その成長と構造』第3版、東京大学出版会、１９９３年
基礎経済科学研究所 編『人間発達の経済学』青木書店、１９８２年
白井聡『武器としての「資本論」』東洋経済新報社、２０２０年

第I部

いま労働は？

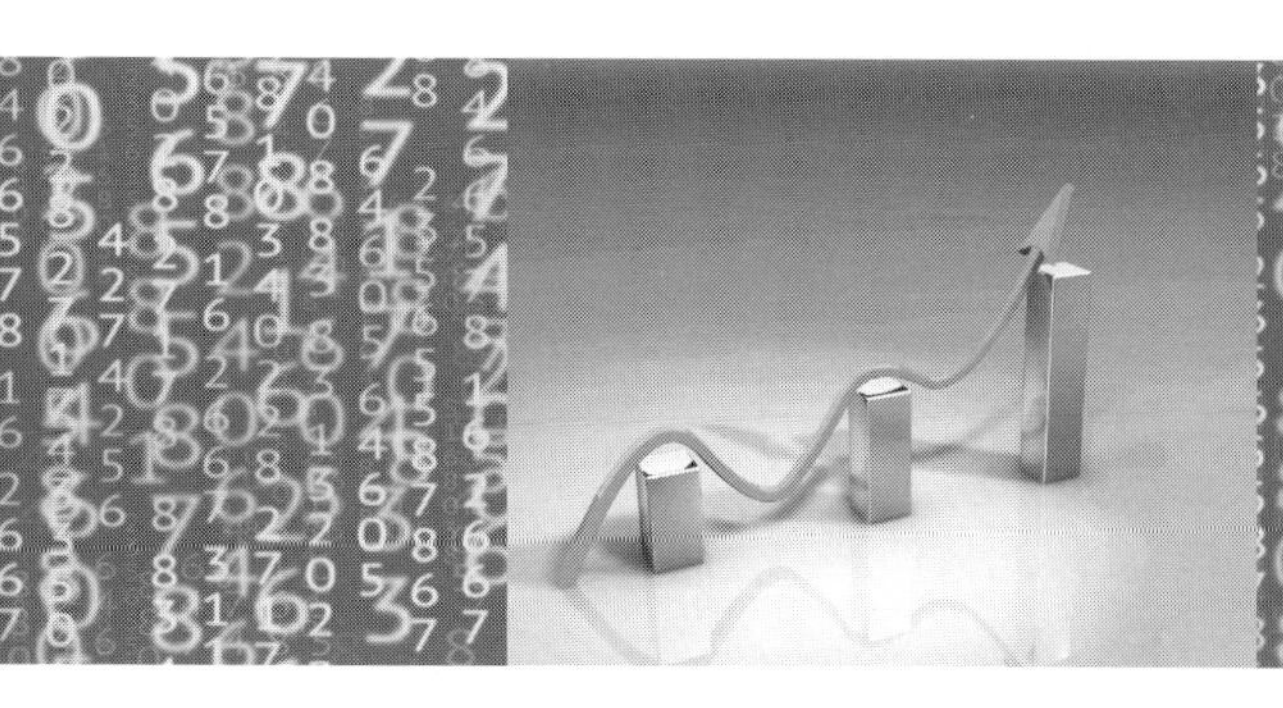

第1章　時間は人間発達の場——労働時間短縮の意義

松浦　章

労働者は、知的および社会的な諸要求の充足のために時間を必要とするのであり、それら諸要求の範囲と数は、一般的な文化水準によって規定されている。それゆえ、労働日の変化は、肉体的および社会的な諸制限の内部で行なわれる（Ⅰ246）。

はじめに

第1章では「労働時間」の問題を取り上げます。私たちは日々会社に出勤し仕事をしますが、労働時間とは、一般的には職場に出勤してから退出するまでの時間、あるいは労働者が使用者の指揮命令下にある時間をいいます。

労働基準法では労働時間について、使用者は原則として1日に8時間、1週間に40時間を超えて労働させてはならないと定められています。しかし現実には多くの労働者が長時間労働に苦悩しています。長時間労働が原因で過労死・過労自死に至る場合もあります。

それでは労働時間はどのようにして決まるのでしょうか。『資本論』をひも解きながら、労働時間の問題をみなさんと一緒に考えていきたいと思います。

◎「価値観が変わる」オランダの生活

個人的な話になりますが、筆者の長男は、農機具メーカーのK社に勤務し、5年前からオランダに赴任しています。オランダを拠点に、月の半分はイタリア、フランス、ドイツや北欧などに出張するという生活を送っています。各国の語学の習得も含め苦労はあるようです。しかし、オランダには長時間労働はありません。まわりのオランダ人労働者はみんな定時で帰りますから、日本人だけ残業してもしょうがないわけですね。有給休暇は完全に取得し、休みの日には各国を旅しています。同じK社でも日本ではこうはいきません。

しばらくは単身赴任生活でしたが、現在は妻と子ども2人もオランダに移り住んでいます。長男の妻は衛生陶器メーカーT社のグローバル社員（総合職）として大阪に勤務していました。そのT社には、配偶者が海外勤務する場合、3年を限度に休職できるという制度があり、それを活用してオランダに転居したのです。

会社規定である3年の期限が来て、彼女は、職場復帰かオランダで生活するかの選択を迫られることとなりました。元々仕事が好きで、ずっと働き続けたいという希望をもっていましたが、彼女が出した結論は、オランダで家族とともに生活するというものでした。なにがその決断をもたらしたのか。彼女はこういいました。「価値観が変わりました」。

オランダの人たちは毎日の生活を大切にします。家族とともに過ごす時間がなにより重要なのです。日本のような長時間労働や単身赴任など考えられません。そのことを3年間のオランダ生活で体現した彼女は、悩みながらも退職を決断したのです。

◎「働き方改革法」にみる日本の前近代性

一方、日本はどうでしょう。2018年6月に可決、成立した「働き方改革関連法」では、残業の上限を単月100時間未満、2〜6か月の月平均80時間以内、年720時間以内（休日労働を含めれば960時間）としています。簡単に月100時間の残業といいますが、1か月に20日働くとした場合、1日の労働時間はどれくらいになるのでしょうか。法定労働時間が1日8時間ですから、残業時間5時間（100時間／20日）を加えると、1日13時間労働となります。

労働時間の歴史を振り返れば、産業革命後のイギリスで、ほぼ全産業に10時間労働法が適用されたのが1864年です。1919年には、工場的企業における労働時間を1日8時間かつ1週間48時間に制限すると規定した「ILO」1号条約が採択され、8時間労働が国際的標準として確認されました。100年以上前のことですが、日本はいまだこの条約を批准していません。

もう一度日本の現状を考えてみましょう。月100時間の残業とは、1日13時間労働でしたね。9時に出勤したとすれば、昼1時間の休憩をはさみ、退勤は毎日23時となる計算です。これが1か月続くことを想像してみてください。これを法律で定めた日本政府の人権感覚は、19世紀のイギリス以下だといわなければなりません。

1 「絶対的剰余価値の生産」と労働時間

『資本論』で労働時間について書かれているのは第1巻第8章です。『資本論』第1巻の中で第8章は、第13章「機械と大工業」に次いで長い章です。そしてその大半が、1日の労働時間をめぐる諸問題とイギリスにおける労働時間短縮のたたかいに充てられています。

ここで描かれているのは、労働者の生命と健康の問題としての労働時間であり、現実の労働者の姿です。マルクスは、『工場監督官報告書』や『児童労働調査委員会報告書』などを活用して、イギリスにおける長時間過重労働の実態を赤裸々に語っています。

同時に第8章は、1日の労働時間がどのように決まるのかを明らかにしています。労働力を買った資本家は、商品交換の法則を盾にとって労働時間の限りなき延長を要求します。これに対し労働者は、睡眠や食事や入浴などの肉体的欲求だけでなく、知的および社会的な諸要求の充足のために労働時間の可能な限りの制限と短縮を要求します。マルクスは、「どちらも等しく商品交換の法則によって確認された権利対権利という、一つの二律背反が生じる。同等な権利と権利とのあいだでは強力がことを決する」（Ⅰ249）と述べています。

標準的な労働時間は、資本家階級と労働者階級とのたたかいで決まるということです。

◎労働日（working-day）とは

ところで、第8章の表題は「労働日」となっています。「労働日」と聞くと、一般的には仕事をしなければならない日、つまり休日ではない日を思い浮かべますね。日本の労働法でも、例えば労働基準法第39条には「全労働日の8割以上出勤した労働者に対して」「10労働日の有給休暇を与えなければならない」とあります。つまり「労働義務のある日」の意味で使われているのです。

多くの辞書でも大体そのように解説されていますが、『世界大百科事典』（平凡社、2007年）の「労働日」の項では、次のように書かれています。

> 1日24時間のうち、労働者が賃金を得るため雇用主に提供する労働時間のことで、必要労働時間と剰余労働時間の合計。労働者は労働による肉体的・精神的疲労を回復するため、睡眠をとり、食事し、休息をとり、さらに市民として慣習的・文化的欲求を満たさねばならない。そのための労働者に自由な時間は弾力的で短縮可能であり、とくに労働者間で雇用と賃金をめぐる競争が激しい場合は、それが労働者を長時間労働に駆りたて、疲労の回復を遅らせたり、極端な場合その回復を不可能にさせる。それゆえ歴史上、労働組合は労働者間の競争を排除しつつ、標準労働日の設定とその短縮を求めてきた。

『資本論』らしくなってきましたね。そのとおり、『資本論』でいう「労働日」とは、労働者の1日の労働時間のことなのです。それではなぜこれまで、労働時間を「労働日」と表現してきたのでしょうか。

マルクスは、労働時間が1日24時間の自然日に制約されることを強調するために、ドイツ語にはなかったa working day（1労働日＝1日の労働時間）という用語を英語から採り入れ、ドイツ語でもDer Arbeitstagと表記しました。それを受けて『資本論』の邦訳は、第1巻第8章の表題を「労働時間」または「1日の労働時間」とせずに、「労働日」としています。

本稿では、「労働日」を私たちのなじみの言葉である〈労働時間〉あるいは〈1日の労働時間〉に置き換えて、労働時間短縮の意義について考えていきたいと思います（「労働日」のほか、日本語訳の一部を〈 〉で適切と考えられるものに書き換えています）。

◎必要労働時間と剰余労働時間

さて、前記の『世界大百科事典』には、労働時間は「必要労働時間」と「剰余労働時間」の合計、とあります。このことを考えてみましょう。

労働者は、自らの商品である「労働力」を売ることによって賃金を得、生計を維持します。この「労働力」という商品の価値は、他の商品の価値と同様、その商品生産（この場合は「労働力の再生産」）のために社会的に必要な労働の量、すなわち労働時間によって決まります。

それでは、労働力を再生産するとはどういうことでしょうか。「労働力」は、当然のことながら生きた労働者を離れては存在することができません。したがって、労働力を再生産するとは、労働者が毎日生活し働くことができるように、労働者自身を再生産するということです。そのためには、衣食住をはじめ、さまざまな生活手段が必要となりますね。この生活手段を再生産する時間が「必要労働時間」なのです。

これに対して「剰余労働時間」とは、労働者が「必要労働時間」を超えて働き、資本家のために「剰余価値」を生み出す労働時間をいいます。そして、この「剰余労働時間」を単純に拡大し「剰余価値」を増やすことが「絶対的剰余価値の生産」です。労働時間が伸びた分だけ利益が上がるわけですから「絶対的」なわけです。ある意味わかりやすいですね。

一方、資本家は、労働時間が一定であったり、労働時間の短縮を余儀なくされたりする場合でも「剰余労働時間」を延長する方法を考えます。それは「必要労働時間」を短くすることです。「必要労働時間」と「剰余労働時間」の合計が1日の労働時間ですから、労働時間そのものが変わらなくても、その内訳を変えることで必然的に「剰余労働時間」が増えるという仕組みです。これを「相対的剰余価値の生産」と呼びます。

なお、「絶対的剰余価値の生産」と「相対的剰余価値の生産」については、本書第6章で詳しく述べています。そちらをご覧ください。

◎彼らの脳は考えることをやめる

それでは、「絶対的剰余価値の生産」が、19世紀のイギリスでどのように行われていたのかを見ていきましょう。

『資本論』第8章第3節では、レース製造業、製陶業、マッチ製造業、製紙業、製パン業などの状況が詳細に報告されています。

ここでは、鉄道労働者の記述を紹介しましょう。大きな鉄道事故で数百人が犠牲となり、ロンドンのある大陪審の前で、3人の鉄道労働者、車掌、機関士、および信号手が証言に立っている場面です。

彼らは陪審員たちの前で異口同音にこう言明している。10年ないし12年前には、自分たちの労働は1日にたった8時間にすぎなかった。最近の5、6年のあいだに、労働は14、18、20時間へしゃにむに引き上げられ、また行楽専用列車の時期のように旅行好きな人々がとくに激しく殺到する場合には、労働は、しばしば中断なしに40-50時間続く。彼らは普通の人間であって、キュクロープスたち（ギリシャ神話に登場する巨人族）ではない。ある時点では、彼らの労働力は役に立たなくなる。感覚麻痺が彼らを襲う。彼らの脳は考えることをやめ、彼らの目は見ることをやめる（I268）。

この一節は、2005年4月25日に発生したJR西日本の尼崎での脱線事故を想起させます。JR西日本は、「安全」をさしおいて「儲けること」を経営方針の第一に掲げ、民営化後17年間で36％もの人員削減を行っていました。JR東日本の15％、JR東海の5％に比して驚くべき規模でした。一方で、残された従業員を日勤教育（懲罰的な再教育制度）でしめつけ、無理な運行スケジュールを押し付けたところに事故発生の原因がありました。

観光バスや長距離トラックなどの長時間労働もまったく同じです。運輸事業では何よりも安全の確保が求められます。それが利潤第一の長時間労働によって損なわれる事態が、19世紀のイギリスと同様、21世紀の日本でいまなおくり返されているわけです。

◎キーワードは「過労死」

また、この節の最後では、婦人服仕立女工と鍛冶工の過労死が取り上げられ、「死ぬまで働くことは……幾千もの場所において、それどころか商売が繁盛しているどの場所においても日常茶飯事なのである」と記されています。まさに、世界に発信されている日本の「karoshi」の先行事例といえるでしょう。

しかし、日本ではいまだに過労死・過労自死が後を絶ちません。

大手広告代理店「電通」に勤務していた高橋まつりさんは、２０１５年12月25日のクリスマスの日に会社の女子寮から身を投げました。東京大学を卒業し同年4月に入社したばかりの新入社員でした。保険会社のインターネット広告についての影響を分析するという業務についていましたが、10月半ばからは証券会社も担当になり深夜勤務が常態化していました。「電通」の入退館記録によると、10月25日の週などは日曜日の夜に出社し水曜日まで会社にいたとのことです。しかしそれでも勤務管理のデータ上では「３６協定」を遵守していたことになっていました。上司からの指示で、時間外労働時間が上限の70時間を超えないよう「勤務状況報告書」を修正させられていたからです。

また、２０１３年7月、選挙報道等の激務により31歳で過労死したＮＨＫ記者の佐戸未和さんは、「みなし労働時間制」の一つである「事業場外労働制」で働き、長時間労働が局内で放置されていました。亡くなる直前1か月の時間外労働時間は２０９時間にのぼっていました。単純計算では、１日の労働時間は18時間となります。もはや言葉もありません。

2　資本の「人狼的渇望」と社会による規制

それでは、過労死に至るまでの長時間労働がもたらされる要因はどこにあるのでしょうか。『資本論』は、自己増殖のために限りなく労働時間の延長を求める資本の「人狼的渇望」にあるとします。

◎資本の「人狼的渇望」は労働者の寿命を短縮する

労働時間とはなにか？　この質問に対して資本はこう答えます。

　労働日〈労働時間〉とは、毎日のまる24時間から労働力が新たな役に立つために絶対欠かせないわずかばかりの休息時間を差し引いたものである（Ⅰ280）。

その言葉通り、資本は労働者から「自由時間」を強奪します。労働者が自由にしうる時間はすべて資本の自己増殖のためのものであり、資本にとっては、労働者の「人間的教養のための、精神的発達のための、社会的役割を遂行するための、社会的交流のための、肉体的・精神的生命力の自由な活動のための時間」（Ⅰ280）など、まったく無意味なものでしかないのです。

資本は、「剰余労働を求めるその無制限な盲目的衝動、その人狼的渇望のなかで、労働日〈労働時間〉の精神的な最大限度のみではなく、その純粋に肉体的な最大限度をも突破して」（Ⅰ280）いきます。そして資本の「人狼的渇望」は、労働者の寿命を短縮することによって、その目的を達成するのです。

今日の日本にそのまま当てはまりますね。高橋まつりさんや佐戸未和さんのように、睡眠時間まで強奪し労働者の寿命を短縮する日本社会。『資本論』のこの一節は圧倒的な迫力をもって私たちに迫ってきます。

◎長時間労働は資本主義に内在する法則

さらに『資本論』は、長時間労働が資本主義社会に内在する法則であることを明らかにします。

〝大洪水よ、わが亡きあとに来たれ！〟これがすべての資本家およびすべての資本家国民のスローガンである。それゆえ、資本は、社会によって強制されるのでなければ、労働者の健康と寿命にたいし、なんらの顧慮も払わない（Ⅰ286）。

〝後は野となれ山となれ〟と同じ意味ですね。それが資本家のスローガンだというのです。ただ、マルクスはすぐそのあとでこう付け加えます。

しかし、全体として見れば、このこともまた、個々の資本家の善意または悪意に依存するものではない。自由競争は、資本主義的生産の内在的な諸法則を、個々の資本家にたいして外的な強制法則として通させるのである（Ⅰ286）。

それは、個々の資本家が善意の人物であるか悪意の人物であるかといったことには関係がないということです。剰余価値の追求という資本主義社会の法則そのものが個々の資本家を支配する、だから資本家は、社会によって強制されない限り、労働者の健康と寿命にたいしなんらの顧慮も払わないのです。長時間労働は、資本主義社会に内在する法則として現れるということですね。

◎「社会による規制」工場法の制定へ

そこで、いよいよ「社会によって強制される」労働時間の短縮、すなわちイギリスにおける「工場法」の制定が現実の問題となってきます。

産業革命後のイギリスで、長時間労働による女性・児童の酷使にたいする社会的批判が高まり、繊維産業に児童12時間の時間規制立法＝「工場法」が成立したのが1833年です。マルクスは、「1833年の工場法——木綿工場、羊毛工場、亜麻工場、および絹工場を包括する——以後、近代産業にとって一つの標準労働日〈標準的な労働時間〉がようやく始まる」（Ⅰ295）と述べています。

その後、1844年に女性12時間法、1848年に10時間工場法が成立しました。そして1850年に48年法の抜け穴をふさいだ追加新工場法が成立し、さらに1864年には、ほぼ全産業に10時間工場法が適用されることとなります。

『資本論』は、イギリスでの10時間工場法の成立を次のように高く評価します。

標準労働日〈標準的な労働時間〉の創造は、資本家階級と労働者階級とのあいだの、長期にわたる、多かれ少なかれ隠されている内乱の産物なのである。この闘争は近代産業の範囲内で開始されるのであるから、それは、まずもって、近代産業の祖国であるイギリスで演じられる。イギリスの工場労働者たちは、単にイギリスの労働者階級ばかりでなく近代的労働者階級一般の戦士であったのであり、同じくまた彼らの理論家たちも資本の理論に最初に挑戦したものである（Ⅰ317）。

そして、このイギリスの工場法は他国にも影響を及ぼします。アメリカの労働者は、１８８６年5月1日、8時間労働を要求してゼネストに入りました。このアメリカでのたたかいを記念して「メーデー」が労働者にとっての国際的祝日とされます。

このようなたたかいを経て、１９１７年革命直後のソ連で、同年フィンランドで、さらに翌１９１８年ドイツ、１９１９年フランスで、8時間労働制が成立しました。イギリス、アメリカでも協約による8時間制度が広まることになります。この流れの中で、１９１９年、工場的企業における労働時間を1日8時間かつ1週間48時間に制限すると規定した「ＩＬＯ」1号条約が採択され、ここに8時間労働が国際的標準として確認されたのです。

◎総資本と総労働の階級闘争として

こうした労働時間の歴史は、労働時間の短縮が資本家階級と労働者階級とのあいだのたたかい、すなわち階級闘争で決着してきたことを示しています。

それではなぜ、労働時間の制限は階級闘争としてあらわれるのでしょうか。第1節でも述べましたが、マルクスはそれを「商品交換の法則」から解き明かします。

資本家は、労働力を購入し1日のあいだ自分のために労働させる権利を手に入れます。資本家の立場はこうです。「私（資本家）が買った時間を、あなた（労働者）が自分自身のために使用するならば、あなたは私のものを盗んだことになる」。このように、資本家は商品交換の法則を楯に取り、すべての買い手と同じように、彼の買った商品（ここでは労働力商品）からできる限り大きな効用を手に入れようとします。

マルクスはここでも、労働時間を延長しようとする資本家の行動は、善意か悪意かという個々の資本家の資質に依存するのではない。自己を増殖し、剰余価値を創造し、労働者からできる限り大きな量の剰余労働を吸収しようとする「資本の本能」から生まれるのだとします。「彼（資本家）はただ人格化された資本」にすぎず、「彼の魂は資本の魂である」（Ⅰ247）というのです。

一方「労働力商品」の売り手である労働者の言い分はこうです。


私の日々の労働力の使用はあなたのものである。しかし、私の労働力の日々の販売価格を媒介にして、私は日々この労働力を再生産し、それゆえ新たに売ることができなければならない。年齢などによる自然的な消耗を別にすれば、私は、あすもきょうと同じ正常な状態にある力と健康とはつらつさで労働できなければならない。……したがって、私は標準的な長さの労働日〈労働時間〉を要求するのであり、しかもあなたの情に訴えてそれを要求するのではない。というのは金銭取引に温情はないからである（Ⅰ248～249）。

このように、労働力の買い手である資本家は、労働時間をできるだけ延長しようと、買い手としての権利を主張します。一方、労働者は、労働時間を標準的な長さに制限しようと、売り手としての彼の権利を主張します。したがってここでは、どちらも等しく商品交換の法則によって確認された権利対権利という一つの「二律背反」が生じることになります。

そして、同等な権利と権利とのあいだでは「力」がこれを決します。「資本主義的生産の歴史においては、労働日〈労働時間〉の標準化は、労働日〈労働時間〉の諸制限をめぐる闘争――総資本家すなわち資本家階級と、総労働者すなわち労働者階級とのあいだの一闘争――として現れる」（Ⅰ249）ということです。『資本論』は、「労働力商品」という「商品交換の法則」から、労働時間の制限が階級闘争としてあらわれる必然性を明らかにしたのです。

3　労働時間短縮の意義

ここで、労働時間短縮の意義についてあらためて考えてみましょう。マルクスの労働時間論からは、労働者への熱い思いと人間発達・人権への深い洞察を読み取ることができます。

◎人間発達と人権へのマルクスの洞察

次の文章は、8時間労働法を国際労働運動の要求として掲げた、1866年の第一インターナショナル・ジュネーブ大会でマルクスの書いた決議案です。

労働日〈労働時間〉の制限は、それなしには、いっそうすすんだ改善や解放の試みがすべて失敗に終わらざるをえない先決条件である。それは、労働者階級、すなわち各国民中の多数者の健康と体力を回復するためにも、またこの労働者階級に、知的発達をとげ、社交や社会的・政治的活動にたずさわる可能性を保障するためにも、ぜひとも必要である。われわれは労働日〈1日の労働時間〉の法定の限度として8時間労働を提案する」(『全集』第16巻、191頁)。

ここでは、労働時間短縮が何ものにもまさる「先決条件」だとしています。しかもそれは、労働者の健康と体力の回復にとどまらず、「知的発達をとげ、社交や社会的・政治的活動にたずさわる可能性を保障するためにも、ぜひとも必要である」と強調したのです。ここに労働時間短縮を求める運動の壮大なロマンを見てとることができます。

また『資本論』は、イギリスで勝ち取った工場法を「大憲章」(マグナ・カルタ)にたとえます。「『譲ることのできない人権』のはでな目録に代わって、法律によって制限された労働日〈労働時間〉というつつましい〝大憲章〟が登場する。それは『労働者が販売する時間がいつ終わり、彼ら自身のものとなる時間がいつ始まるかをついに明瞭にする』。なんとひどく〈大きく〉変わったことか!」(Ⅰ320)。

「大憲章」(マグナ・カルタ)とは、1215年にイギリスの貴族たちが王の専制的権力を制限した歴史的文書です。イギリスではこれが近代の「人権宣言」の源流となり、「立憲主義」の基礎となりました。マルクスは、工場法を「マグナ・カルタ」にたとえることによって、それが労働者の人権の確立の出発点となることを述べているのです(牧野広義『マルクスの哲学思想』文理閣、2018年、203頁)。

◎時間は人間発達の場

マルクスの労働時間論では、『賃金、価格および利潤』に有名な次の一節があります。

時間は人間の発達の場である。思うままに処分〈使用〉できる自由な時間をもたない人間、睡眠や食事などによるたんなる生理的な中断をのぞけば、その全生涯〈全生活時間〉を資本家のために労働によって奪われる人間は、牛馬にもおとるものである〈馬よりも劣悪な状態である〉（『賃金、価格および利潤』『賃労働と資本　賃金、価格および利潤』新日本出版社、1999年、170～1頁）。

「時間は人間の発達の場」とは、自由な時間があってはじめて人間は発達することができるという意味ですね。本章のタイトルにも使用しているこの言葉は、労働時間短縮の意義を端的に表したものだと思います。

なお、「牛馬にもおとる」の原文を直訳すれば「運搬用役畜よりも劣悪である」です。運搬用役畜の代表は馬ですので「馬よりも劣悪な状態である」で良いでしょう。『資本論』第8章には「馬は日々8時間だけしか働けない」（Ⅰ247）というくだりがあります。8時間を超える労働を強いられ、自由な時間をもたない人間は、その馬よりも劣悪な状態だとマルクスはいいたかったのでしょう。

マルクスは、このように「自由時間」を人間の全面的発達に不可欠なものと考えました。

◎労働時間短縮が生産性向上をもたらした

次に、資本が欲してやまない「生産性向上」について触れておきましょう。資本家たちは、1833年の工場法制定以来、さまざまな抵抗を行います。児童年齢を13歳から12歳に引き下げ、思う存分働かせようとする。リレー制度と称して2組の児童を継ぎ替えることによって深夜労働を可能とする、等々です。『資本論』では、「この法がはじめは部分的に、次いで全面的に工場労働を規制した10年の間、工場監督官たちの公式報告書は、法の実施不可能にかんする苦情で満ちあふれている」（Ⅰ297）と述べています。しかしやっと1850年に48年法の抜け穴をふさいだ追加新工場法が成立し、さらに1864年にはほぼ全産業に10時間工場法が適用されます。するとなにが起こったのか。

> 1853～1860年の大工業諸部門の驚くべき発展は、工場労働者の肉体的および精神的再生と手をたずさえながら、どんな弱視の目にも映った。労働日〈労働時間〉の法律による制限と規制とを、半世紀にわたる内乱によって一歩一歩奪い取られた当の工場主たち自身が、〈法律の規制を受ける工場と〉まだ「自由」である搾取領域との対照を自慢げに引き合いに出したほどである。「経済学」のパリサイ人〈偽善的独善者〉たちは、法律による労働日〈労働時間〉の規制の必然性にたいする洞察こそ彼らの「科学」の特徴的な新発見であると宣言した（Ⅰ313）。

労働時間が10時間に規制され始めると「大工業諸部門の驚くべき発展」が起こり、あれだけ工場法に反対してきた工場主やエセ経済学者が、手のひらを返したように絶賛するようになったというのです。本当に痛快なくだりです。

労働時間短縮が、技術革新による生産性向上をもたらしたということですね。

◎資本の要請でもある「全体的に発達した個人」

ここには資本主義的大工業の大きな矛盾が明らかにされています。

これまで述べてきたように、資本家は利潤追求のために労働時間の無制限の延長を要求します。先に第2節で、資本は、「労働日〈労働時間〉の精神的な最大限度のみではなく、その純粋に肉体的な最大限度をも突破していく」というくだりを紹介しました。資本は、身体の成長、発達、および健康維持のための時間をも強奪するということです。

しかし、過労死に至るまでの長時間労働を続けさせ、労働者を使い捨てにすればどうなるのか。大工業にふさわしい労働力を確保することが困難となっていきます。

資本は「一つの社会的な細部機能の単なる担い手にすぎない部分的個人の代わりに、さまざまな社会的機能をかわるがわる行うような活動様式をもった、全体的に発達した個人をもってくることを、死活の問題とする」（Ⅰ512）のです。

労働力の保全と、多面的な能力をもった労働力の養成は、資本にとっても「死活の問題」だということですね。しかし、資本が求めるのはあくまでも利潤追求のために役立つ「有能」な労働力の育成ですから、「労働者が自由にしうる時間はすべて資本の自己増殖のためのものである」という資本の論理に変わりはありません。したがって労働時間の制限は、資本家階級と労働者階級とのたたかいとして今日もなお続い

表1　1人当たり平均年間総実労働時間

就業者 /Total employment　(時間)

年	日本	アメリカ	カナダ	イギリス	ドイツ	フランス	イタリア	オランダ
2001	1,809	1,812	1,771	1,705	1,442	1,526	1,838	1,452
2006	1,784	1,798	1,745	1,669	1,425	1,484	1,813	1,430
2011	1,728	1,782	1,700	1,634	1,393	1,496	1,773	1,422
2016	1,713	1,783	1,703	1,676	1,363	1,472	1,730	1,430

資料出所：OECD Database（http://stats.oecd.org/Index.aspx?DatasetCode=ANHRS）“Average annual hours actually worked per worker” 2018 年 1 月現在

注：データは一国の時系列比較のために作成されており、データ源及び計算方法の違いから特定年の平均年間労働時間水準の各国間比較には適さない。フルタイム労働者、パートタイム労働者を含む。（労働政策研究・研修機構「データブック国際労働比較 2018」より抜粋）

ているのです。

4　日本の労働時間

それでは、日本の労働時間について考えてみましょう。政府はしきりに労働時間が減少したといいます。たしかに1人当たり年間労働時間は以前より短くなっています。しかし、これは非正規雇用の増大による労働時間の長短二極分化によるものです。労働者のおよそ4割を占める非正規労働者は短時間勤務が多いですから、平均すれば全体の労働時間が短くなるのはあたりまえです。見せかけの減少といえますね。

◎いまも続く長時間労働

表面上減少したとはいっても、日本の労働時間の長さはヨーロッパに比べいまも飛びぬけています。総務省・労働力調査によれば、年間総労働時間はなお2000時間あたりで推移しています。厚生労働省・毎月勤労統計調査でも1700時間台です。労働政策研究・研修機構「データブック国際労働比較2018」によると、1人当たり平均年間総実労働時間（就業者）は、2016年度、日本が1713時間、フランスが1472時間、ドイツが1363時間となっています（日本は「毎月勤労統計調査」による）（表1）。

なお、「労働力調査」における約2000時間と「毎月勤労統計調査」における約1700時間の差、およそ300時間の大半はサービス残業と考えられます。労働者本人から就業時間を聴取することによって、正確な労働時間が反映される「労働力調査」と異なり、「毎月勤労統計調査」では、事業所が賃金支払い台帳に基づき回答するため、サービス残業の時間が含まれていないと解されるからです。

さらに深刻なのは正規労働者の長時間労働です。森岡孝二さんは、過去3回の「社会生活基本調査」とOECDの労働時間統計から、日本の「正規の職員・従業員」と他の主要先進国のフルタイム労働者の労働時間を比較しました。それによれば、日本の男性は米英より年約500時間、独仏より年約600時間長く働いています。森岡さんは、同調査2011年の2761時間という男性正規労働者の労働時間は「労働力調査」における1950年代半ばの労働時間とほとんど変わらないといいます（森岡孝二『雇用身分社会の出現と労働時間』桜井書店、2019年、174〜5頁）。

どこが労働時間短縮なのか。国際的にみてもいびつな日本の長時間労働は、戦後から今日まで少しも変わることなく続いてきたということです。

◎政・財界の掲げる「働き方改革」は企業利益偏重の「生産性向上」

「働き方改革関連法」が2018年6月29日の参院本会議で可決、成立しました。政府は厚生労働省の調査データの不備により、裁量労働制の「営業」職等への適用拡大については断念せざるをえませんでした。しかし、「高度プロフェッショナル制度」の導入や過労死ラインを超える残業時間の上限規制などについては、野党の反対を押し切り採決を強行しました。

それでは、政府のすすめる「働き方改革」で、労働時間は短縮されるのでしょうか。否といわなければなりません。その目的が、政府が「働き方改革実行計画」等で明言しているとおり、企業利益偏重の「生産性向上」にあるからです。

日本経団連は次のように述べています。

日本生産性本部によると、2014年のわが国の労働生産性（就業者1人当たりのGDP）は、主要先進5か国において最下位であった。OECD平均と比較すると、製造業は平均を上回ったものの、全産業では大幅に下回っており、ホワイトカラーの多い非製造業の労働生産性が低いことが理由の一つと考えられる（『経営労働政策特別委員会報告』2017年、8〜9頁）。

こうした状況を打開するのが「働き方改革」だというわけです。ここに、低賃金や長時間労働に苦悩する労働者に思いをはせる姿勢はまったく見られません。

筆者がかかわる損害保険業界も同様です。東京海上ホールディングスの永野毅CEO（最高経営責任者、当時）は、「当社の働き方改革は、労働環境の改善ではなく、社員の働き甲斐に重点をおいた会社の成長戦略そのものとして取り組んでいる」といいました（「働き方改革の考え方（哲学）」2018年）。

「哲学」と称するこの言葉は、政府がすすめている「働き方改革」の本質を突いたものといえます。損保業界トップの発言だけに、その労働者無視の姿勢を見過ごすわけにはいきません。

◎時間の「ちょろまかし」「ひったくり」「かじり取り」

損保業界は、政府の「働き方改革」を常に先取りしてきました。労働基準法に抵触する「営業」職への「裁量労働制」拡大などはその最たるものです。

東京海上日動、三井住友海上、損保ジャパンなどの大手損保会社には、「企画業務型裁量労働制」をはじめとする「みなし労働時間制」が導入されており、長時間労働とサービス残業の隠れ蓑となっています。「みなし労働時間制」とは、実際の労働時間にかかわりなく、あらかじめ労使で決めた「所定の労働時間」を労働したものとみなす制度で、「企画業務型裁量労働制」、「専門業務型裁量労働制」、および「事業場外労働制」がこれにあたります。大手損保で導入されているのは、「企画業務型裁量労働制」と「事業場外労働制」ですが、いずれもまっとうな制度とはいえません。

また、大手損保会社には「私的時間」なるものが存在します。これは、就業中の談笑、喫茶、喫煙、化粧直しなどを労働者に申告させて、労働時間から除外しようというものです。一杯のお茶や、仕事の緊張の合間に行うひと時の談笑は、通常の労務の提供下においても当然に生じるものです。近代的な労働契約が、人格的に独立した人間として労働力を提供するという性格のものであるにもかかわらず、この制度は、人格的従属を労働者に強いる前近代的なものといわなければなりません。

『資本論』第8章には、工場法が制定されてからもなお、なんとかして労働時間を延長しようとする工

図１　「社長100人アンケート」政府に期待する働き方改革に向けた施策

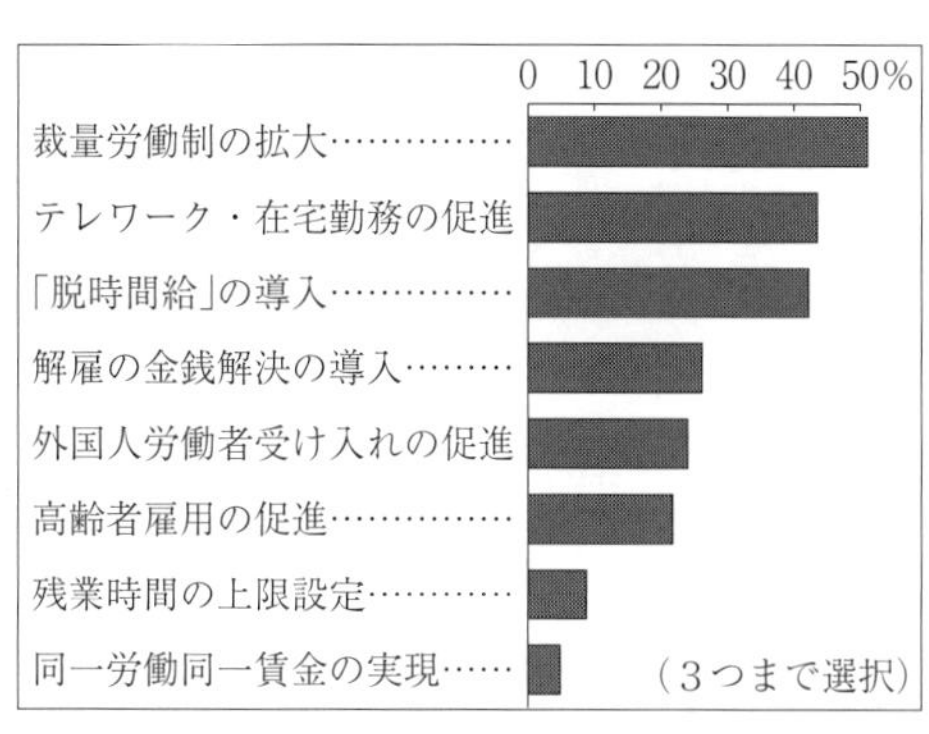

出所：『日本経済新聞』（2016年９月15日付）より作成。

場主たちの動向が、「工場監督官」によって報告されています。

詐欺的な工場主が「あちらこちらで、ほんのわずかの時間を奪い続けることによって得られる毎日１時間ずつの追加は、１年の12か月を13か月にする」（Ⅰ255）というのです。

資本がこのように食事時間や休養時間から「こそどろ」することを、工場監督官たちは「数分間のちょろまかし」「数分間のひったくり」「食事時間のかじり取り」と呼びました。

損保業界の「みなし労働時間」や「私的時間」のみならず、日本であたりまえのようにまかり通っている「サービス残業」は、当時の工場監督官も驚く、壮大な「時間のひったくり」ではないでしょうか。

◎賃上げと労働時間短縮が日本を救う

２０２０年発生した新型コロナは、雇用状況に大きな変化をもたらしました。大企業職場を中心にテレワークが導入され、これまで生活の場であった家庭が仕事の場に変貌しています。オン・オフの切り替えの難しさ、さらなる長時間労働が危惧されています。

かつて日本経済新聞社がまとめた「社長100人アンケート」(図1)によると、経営者が政府へ期待する「働き方改革」について、「裁量労働制の拡大」に次いで、「テレワーク・在宅勤務の促進」が挙がっていました。裁量労働制もテレワークも、「労働時間は労働者が使用者の指揮命令下に置かれた時間」という「労働時間概念」を喪失させる危険性があります。しかしそれでは労働者のモチベーションも高まらず、生産性は低下する一方になりかねません。

第3節で、イギリスの10時間工場法による労働時間短縮が、技術革新による生産性向上をもたらしたことを紹介しました。

「長時間労働の規制が生産性向上につながる」、このことはいまの日本にそのまま当てはまるのではないでしょうか。前述のとおり、日本経団連は1人当たりGDP(国内総生産)を挙げて、日本の生産性は低い、だから「働き方改革」だ、「効率化」だ、といいます。

国民1人当たりのGDPが主要先進国に比して低いことは事実です。OECDの統計によると、2019年度の日本の国民1人当たりGDPは25位(名目GDP、USドル換算)となっています。この点では日本経団連の現状分析に誤りはありません。しかし、それではなぜ日本の1人当たりGDPは他の先進国より低いのでしょうか。GDPとは国内で生み出される付加価値の総額です。そして、付加価値の内訳としては労働者の賃金も大きなウェイトを占めています。賃金が低下すれば購買力が低下しGDPのほぼ六割を占める家計消費が落ち込むことになります。家計消費の落ち込みは経済の長期停滞の原因であるだけでなく、国民1人当たりのGDPの停滞とも無関係ではありえません(松浦章ほか『日本経済の長期停滞をどう視るか』桜井書店、2019年、84~8頁)。

また、低賃金は長時間労働の温床でもあります。8時間働いてもふつうに暮らすことができない賃金は、必然的にダブルワークや時間外労働をもたらすことになるからです。

日本は1997年をピークに労働者の実質賃金が下がり続けている。この賃金低下による消費低迷に根本原因があるのではないか。また、過労死するほどの長時間労働が労働者を疲弊させている。この長時間労働に問題があるのではないか、等々、日本経団連であろうが誰であろうが、もし真摯にOECDのデータに向き合ったとしたら、解決の道は見いだせるはずです。

おわりに

若者が未来に希望をもてる！　そんな社会にすることが求められています。そのためには、労働者を疲弊させ苦悩させる長時間労働の解消が急務です。問題にすべきはいわゆる「ブラック企業」だけではありません。名だたる大企業のブラック化の実態をこそ明らかにしなければなりません。

「裁量労働制」を幅広く導入し、現行労働基準法に抵触する「営業」職にまで拡大してきた損保業界でも変化が生まれています。国会や株主総会においてその違法性を指摘された損保ジャパンは、2017年10月に「営業」職への「企画業務型裁量労働制」適用を撤回しました。また東京海上日動も、2020年1月以降「営業」職への適用を停止しました。大阪損保革新懇をはじめとする損保労働者の運動の大きな成果といえます。

労働時間短縮の社会的意義は、何より労働者の「人間としての発達の場の確保」にあります。マルクスがいうように、「労働時間の制限は、それなしには、いっそうすすんだ改善や解放の試みがすべて失敗に終わらざるをえない先決条件」なのです。そして『資本論』は、労働時間の制限が、資本家階級と労働者階級との間のたたかい、すなわち階級間の力関係で決まることを教えています。

労働時間の短縮と制限をめぐるたたかいは、延長への揺り戻しや逆流的な規制緩和をともなって、まさに今日の日本で繰り広げられています。「労働時間」はいまもなお資本主義社会に内在する中心的問題といえるでしょう。

◎考えてみましょう

（1）『資本論』第8章を読み、労働時間短縮の意義について考えましょう。

（2）職場で進められている「働き方改革」について話し合いましょう。

（3）どうすれば長時間労働やサービス残業をなくすことができるでしょうか。あなたなら自分の職場で何ができるか考えてみてください。

◎推薦文献

K・マルクス『賃金、価格、利潤』新日本出版社、国民文庫、岩波文庫など
森岡孝二『雇用身分社会の出現と労働時間』桜井書店、2019年
牧野広義『マルクスの哲学思想』文理閣、2018年
熊谷徹『5時に帰るドイツ人、5時から頑張る日本人』SB新書、2017年

第2章　大工業からＡＩ、ＮＥＴ革命へ——相対的剰余価値の生産

平松民平

近代工業は、労働者の機能や労働過程の社会的変革をも絶えず変革する。したがってまた、それは社会の中での分業をも絶えず変革し、大量の資本と労働者の大群とを一つの生産部門から他の生産部門へと絶え間なく投げ出し投げ入れる。したがって、大工業の本性は労働の転換、機能の流動、労働者の全面的可動性を必然的にする（Ｉ511）。

はじめに

第1章では剰余価値の拡大のための二つの方法のうちの一つ、全労働時間（労働日）の延長によって剰余労働時間を増大させる「絶対的剰余価値の生産」について学びました。『資本論』ではもう一つの方法、労働日を変えずに労働日に占める必要労働時間の短縮によって相対的に剰余労働時間を増大させる「相対的剰余価値の生産」についても述べています。技術の進歩などで生産力が上昇すると一定生産に要する労

働時間が減るので、全労働時間のうちで、労働者の生活物資の生産に要する労働時間（これは労働—生産サイクルの維持に必要なので、『資本論』ではこれを必要労働時間と呼ぶ）も減ります。例えば8時間労働のうち必要労働時間が4時間から3時間に減って剰余労働時間が4時間から5時間に増えることです。この増加分は資本家の取り分になり、これを「相対的剰余価値の生産」と呼びます。ですから資本家は科学技術発展に強い動機を持ち、科学技術は資本主義発展の駆動力になっているのです。このように「相対的剰余価値の生産」の実体は生産力の増大による生産性の向上ですから、『資本論』ではマニュファクチュアから機械制大工業に至るまでの生産力の発展を緻密に調べています。一方、今日の生産力の中心はコンピュータ化された機械とそれにより展開されている産業です。『資本論』の時代の機械制大工業に比べると、そこには「情報」を取り入れた「新しい機械」による「新しい産業」への飛躍があります。日本経済新聞（2018年10月5日付）のトヨタの豊田章男社長との会談でソフトバンクの孫正義氏は「いままでの自動車はボルトやナットだったが、これからは半導体の塊になる」と宣言しています。半導体とはコンピュータであり、中心はソフトウエア（情報）で、彼はまさに「新しい機械」を語っているのです。

今日の生産力の発展は、経済での主役企業が物質的なモノづくり企業から情報やサービスを扱う企業に交代しつつあることに現れています。例えばGAFA（Google, Amazon, Facebook, Apple）と呼ばれる4大IT企業の株式時価総額合計は400兆円、日本のGDP500兆円の3分の2を超えていますが、GAFAは伝統的なモノづくり企業ではありません。GAFAの提供する商品は現代社会に様々な便利さを与えるものですが物質的な「モノ」ではありません。現代社会では多くの効用が「モノ」だけでなく「モノでないもの」からも与えられています。スマホから得られる効用は物質的なモノからではありません。物質的「モノ」とは限らないものの核心に「情報」があります。「情報」は『資本論』の時代には経済活動としては無視できる存在でしたが、現代社会では資本が世界を支配する武器としても、資本の支配から脱するポスト資本主義社会の物質的土台としても、どちらにも決定的な役割を持つに至っています。本章では『資本論』の機械制大工業と対比しながら現代の生産力の理解に必要な情報生産の要素的、原理的な事柄について考えていきます。情報生産の理解は今日の生産力の実体とその運動を知ることと、ポスト資本主義社会の物質的基盤を探ることにつながると思われます。

本章は以下の構成で話を進めます。

第1節　『資本論』時代の機械制大工業
第2節　情報とは、情報の生産とは何か
第3節　情報生産が社会にもたらした変化

1　『資本論』時代の機械制大工業

相対的剰余価値そのものについては第6章で詳しい説明があるので、ここでは述べません。『資本論』はマニュファクチュアから機械制大工業に至る相対的剰余価値生産の発展を具体的に述べていますが、その主要な論点は次の3つです。

◎何が生産力を増大させてきたか

生産力の増大にあたってマルクスが重視したのは「結合労働」「機械の導入」「科学法則の利用」の3要素です。

第一に結合労働による生産力の発展は次の通りです。マニュファクチュアは分業による協業が基本で、資本主義の出発点でもありましたが、ここでの「分業による協業」は個々の労働の算術的加算（例えば500kgの荷を50kg×10人で運ぶ）を超える、労働者相互の競争や学習を含んだ動的で発展的な労働で、これを結合労働と呼んでいます。結合労働は資本家にとっては賃金などの費用の増加なしに生産量を増加させることができる、資本が作り出した新しい無償の社会的生産力ですから、『資本論』ではこれを「生産力の創造（Ⅰ345）」と捉えています。

第二に機械の導入による機械制大工業の発展です。マニュファクチュアでは「職人が道具を使って」の生産でしたが、産業革命後には機械が導入され、機械が「職人と道具」に取って代わりました。『資本論』では、

> 労働道具とともに、それを操縦する技巧もまた、労働者から機械に移行する。……マニュファクチュアにおける分業の土台をなしている技術的基礎が排除されている（Ⅰ442）。
>
> マニュファクチュアと手工業では労働者が道具を自分に奉仕させるが、工場では労働者が機械に奉仕する。……機械は労働者を労働から解放するのでなく、彼の労働を内容から解放する……生産過程の精神的

諸力が手の労働から分離する……労働者が労働条件を使用するのでなく、逆に、労働条件が労働者を使用する……この転倒……生産過程の精神的諸力能が手労働から分離する……これら力能が労働に対する資本の権力に転化する（Ｉ445～446）。

と述べています。手先の器用さはどうでもよく、機械がやってくれる、手先の器用さは不要になるのです。機械化によって機械に移るものは「物質的な道具」そのものだけでなく、機械を使う主体としての労働者の側にあった「道具を操縦する技巧」など非物質的なものも一緒に機械に移るのです。この両者が埋め込まれた機械は資本家の所有物となり、労働者の主人になるのです。つまり労働者と生産手段の主客の転倒です。

資本にとって機械の導入は労働の節約による生産性の増大と、労働者の生理的限界に縛られない生産性の増大、の二つの意味があります。このことを見てみましょう。

機械の導入によって商品生産時の労働（生きた労働）が減少しても、その機械の生産に要する労働（過去の労働）が大きければ、全労働が減少しているとは限りません。これを『資本論』では「機械に含まれる価値の生産物への価値移転」として論じています。機械を使って商品Ｎ個を生産すれば機械の生産に要した労働は商品1個当たりではＮ分の1に分散されるので、これが機械を使わない場合の商品生産時の労働より少なければ機械化によって全労働量が低下、すなわち生産性が上昇したことになります。これが機械化による相対的剰余価値の生産です。

さらに機械は労働者の生理的限界に縛られずに強度も持続時間も増大でき、限界は科学技術水準と資本力だけです。こうして、機械制大工業は、今日に至る生産力の限りない増大をもたらしています。

第三に「結合労働」と「機械」とは別の第三の生産力として「自然力と科学法則」です。『資本論』ではこう述べています。

科学も自然力と同じである。電流の作用範囲内では磁針が偏向することや、周囲に電流が通じていれば鉄に磁気が発生する法則も、ひとたび発見されてしまえば、一文の費用もかからない（I 407）。

これは二つの認識を含んでいます。一つは科学法則＝知識によって機械が設計され機械の構造として機械に埋め込まれ、機械の能力を発展させること、一つは機械に埋め込まれる以前の科学的知識（今日でいえば知的生産物）の存在です。しかし、後者について、『経済学批判要綱』では、

一方での剰余労働の創造に、他方での負の労働、不生産的労働の創造が対応している。……科学芸術の生産のための時間の創造である（『資本論草稿集①』524〜5頁）。

と、科学芸術に関わる労働を「負の労働、不生産的」と捉えていたのです。当時、科学的知識は独立した生産物としては存在できず、機械に埋め込まれることによってしか使用価値を実現できなかったからと思われます。しかし科学技術を自然力と対比させて生産力の要素として捉えていたのはマルクスの非凡な着眼です。

◎機械それ自体と資本主義的効用の区別

機械は人間労働を軽減することと、人間労働の限界を超えた働きをなす、これが機械それ自体の効用です。一方、機械は資本主義の中では剰余価値生産に役立つこと、資本の増殖に役立つこと、これが資本にとっての効用で、これ抜きに存在できません。機械本来の効用である労働の軽減が、資本主義では労働強化という真逆の働きに反転することがあるのです。この反転は今日に続く資本主義と機械の原理的な関係で、『資本論』ではこう鋭く指摘しています。

機械はそれ自体としては労働時間を短縮するが、資本主義的充用では労働日を延長する、それ自体は労働を軽くするが、資本主義的充用では労働強度を高くし、それ自体は自然力に対する人間の勝利だが、資本主義的充用では自然力によって人間を抑圧し、それ自体は生産者の富を増やすが、資本主義的充用では生産者を貧民化する（Ⅰ465）。

◎しかし機械制大工業の発展は労働者の全面的な人間発達をももたらす

機械制大工業の発展は、求められる労働の変容と、それに伴って労働者自身の人間発達も必要としてゆきます。資本は搾取強化の手段として機械制大工業を推進し、人間性の抑圧を伴う搾取強化をもたらしますが、搾取強化に伴う高度な労働が労働者の全面的な人間発達をも推進するのです。機械の持つ人間労働軽減の効用が資本主義的利用により反転して人間抑圧の手段となりますが、さらにその先に、資本主義自体を変革する主体としての労働者をも生み出すのです。資本主義の一面的否定に留まらない、資本主義が担っている歴史的役割の全面的な把握、これが『資本論』の真髄です。『資本論』ではこう予見しています。

大工業は、一つの社会的細部機能の担い手でしかない部分個人の代わりに、全体的に発達した個人をつくることを一つの生死の問題にする（Ⅰ512）。

大工業は家事の領域のかなたにある社会的に組織された生産過程で婦人や子供に決定的な役割を割り当てることによって家族や両性関係のより高い形態のための新しい経済的基礎を作り出す（Ⅰ514）。

2　情報とは、情報の生産とは何か

情報は現代の生産力の中心です。ここでは『資本論』からいったん離れて、情報はどこに存在しているのか、経済的にどのような性質があるのか、どのような労働によって生産され、どのような形態で商品となって、どのような効用を持つのか、などを考えます。この作業を進めてゆくと、『資本論』で考えられていた生産過程の枠組みを広げる必要性を感じます。ここでは新しい生産過程の枠組みを考えてその中に情報生産を位置付けることで、『資本論』の時代のモノ生産と現代の情報生産を統一的に把握でき、これによって現代の生産力の全体像がより明確になると思われます。章末コラムの「デジタル技術とは何か」も参照してください。

◎情報とは何か、その本質は非物質性と非所有性にある

情報の定義は多様ですが、経済活動の理解には、以下に述べる二つの性質が重要です。

第一に「情報の非物質性」です。情報はハードディスクの磁化パターン、脳細胞の活動パターン、空気振動のパターンとしての音声、書物や壁画の文字や図形、コップや皿などのモノの形状、として存在しています。物質とエネルギーは常にパターンを持って存在し、パターンに担われているのが情報です。情報は物質から離れては存在できませんが、特定の物質に固着せず、物質から物質へ渡り歩く、つまり、情報の本質は非物質性にあると言えます。情報も物質であると言い切るとこの両面性を見落とします。

これをガラスのコップを例に見てみます。ガラスのコップは「ガラスの粒子＝物質」と「粒子の位置情報＝物質のパターン」の統一物です。これはアリストテレスの「質料と形相」概念の今日的適用（吉田民人「第二次科学革命」より）で、具体的にはこうです。①物質は情報を負荷し、情報は物質に負荷される、物質と情報は不可分である。②ただし物質と情報の統合は特定な値に限らない。ガラスでないコップ、コップでないガラスがある。③ガラス粒子に与える位置情報によって、ガラスはコップや皿になり、コップを割ると粒子の位置情報が失われて非コップのガラスとなる。④物質の形態変化としてのモノづくりは実は物質への情報の埋め込みであり、物質的モノとは設計情報を埋め込まれた物質的構築物である。

第二に「情報の非所有性」です。情報は使っても、分けても効用が減らない財で、具体的にはこうです。①情報の利用は物質の消耗を伴わない。②それは情報の非物質性による性質で、所有と効用が分離され、所有することなく効用が得られる。③高さや距離を知る三角測量法は情報財で、使っても他者に分けても効用は減らない、所有なき、非ゼロサム的な財である。④これと対照的に例えばリンゴなどの物質財は分

ければ、食べれば減ってしまう、所有なしには食べるという効用が得られない、効用が所有に宿る、1人の取り分の増加が他者のそれの減少を伴う、ゼロサム的な財である。

情報の非物質性は『資本論』の時代には認識されていなかった、財としては特異な性質です。いま一つの非所有性は非物質性から生じるもので、社会全体が所有を介して関係づけられている資本主義との基本的な矛盾をはらんだ性質です。これが生産力としての情報を考える上での重要なポイントです。

◎情報の生産は多層的である

『資本論』では「建築師は蜜房を蝋で築く前にすでに頭の中で築いている（Ⅰ193）」と、労働過程に先行して人の頭脳の中に観念的な設計図が生まれていると捉えています。これは現代の目で見れば情報の生産そのものです。モノづくりに先立って常に「頭の中での観念＝情報の生産」があるのです。そして脳内で生まれた情報が人の外に出て様々なモノの形として固定される、これが『資本論』で言う「モノに凝固した労働（Ⅰ204）」、モノづくりの生産活動です。生産される情報はモノに固定されないので、個々の情報は擦り減らず無制限の多層的集積が可能で、「文明」に結果します。これを仮に7層に分けて見てみます。

1層：外界の刺激に応じて脳細胞が特定の活性パターンを生成する。これが思考としての情報です。

2層：脳内に生成された情報は文字や音声などの言語や、身振りなどに担われて「身体の外に実体化」され、共同体内のコミュニケーション手段として機能します。

3層：情報は手足の労働によって材料の形や色などの変化として「モノに埋め込まれ」有用なモノとなり

ます。『資本論』の「モノに凝固した労働時間（Ⅰ204）」とは物質的モノへの情報の埋め込みです。

4層：モノの有用性をモノ自体の形や属性によらずコンピュータとプログラムで実現するのがＩＣＴ機械で、情報はプログラムとしてぜんまいやバネや水銀を使わない時計や秤や温度計などを動作させます。

5層：モノに内蔵されない、モノから自立した純粋な情報が広義の言語によって知的生産物となります。

6層：言語や物質的モノとして実体化した情報は体系化され科学、技術、芸術となります。

7層：情報は世代的、地域的な広がりをもって集積、伝搬されて文化、文明をつくり、遺伝子によらない人間の進化をもたらし、自然とともに人をつくる環境となる。マルクスの言う文化など上部構造とはこの情報の最上層のことではなかろうか。

◎情報の生産を担うのは非物質代謝過程

『資本論』では人と自然の間の物質代謝をすべての生産活動の基盤としています（図1）。

労働過程は使用価値をつくるための合目的的活動であり、人間の欲望を満足させるための自然的なものの取得であり、人間と自然とのあいだの物質代謝の一般的条件で……人間生活の永久的な自然条件で……人間生活のあらゆる社会形態に等しく共通なものである。労働者を他の労働者との関係の中で示す必要はなかった。一方の側にある人間とその労働、他方の側にある自然とその素材それだけで十分（Ⅰ198〜199）。

図1　「非物質的代謝」と「物質的代謝」を分ける

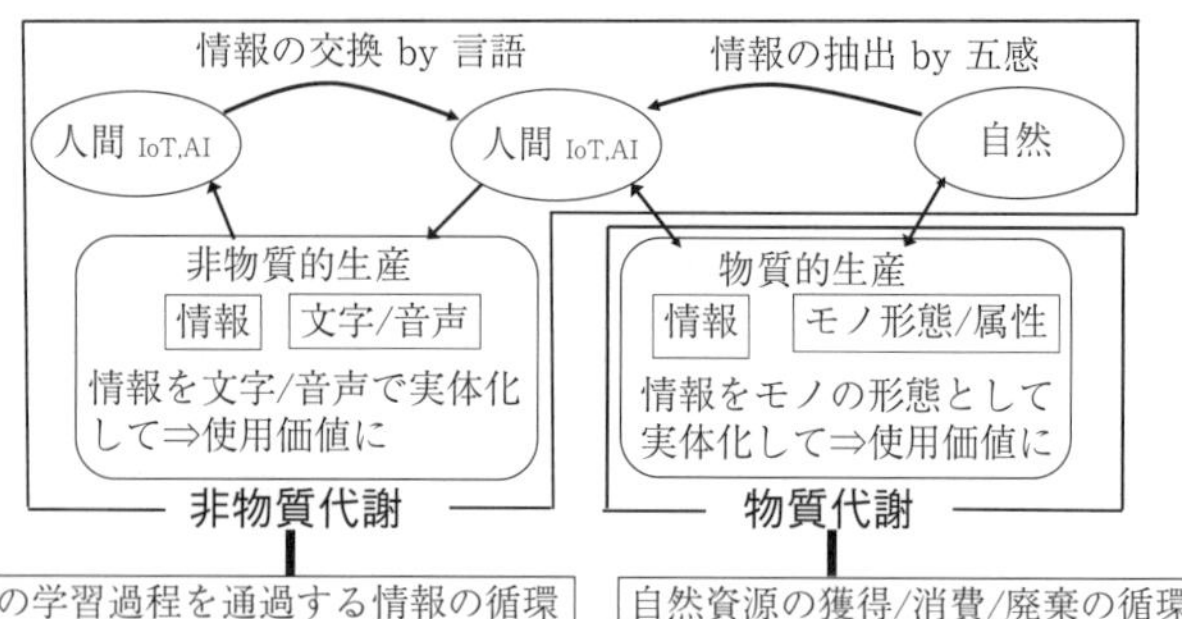

表1　代謝と生産過程と生産物の関係
―― IoT（Internet of Things）や AI も情報生産を担っている

	生産過程	生産物（労働の固定先）
非物質代謝	・脳の意識による情報生産 ・IoT、AI による情報生産 ・情報循環 by インターネット	非物質的な情報の生成
物質代謝	・手／機械によるモノの加工 ・農水林鉱業でのモノの採取 ・物質循環 by 工場、農水産	物質的モノの加工 食料と資源の収穫採取 食用エネルギーの生成

出所：本章のすべての図表について、筆者作成。

情報の生産を、この「人と自然」の間の物質代謝の中に位置付けるのは無理があります。人の脳内で生成された情報は言語によって声や文字として体外に出て、多くの他者の学習過程を通して循環し、社会的に生産されます。この循環は人と自然ではなく人と人の間でなされ、循環している本体は情報です。このことを明確にするため、本章では、「非物質代謝」を導入します。マニュファクチュア時代の主要な生産力要素の一つであった結合労働は、実は情報が人の学習過程を経て循環する非物質代謝過程でなされていたと言えます。今日の結合労働は物質に媒介されずにインターネット上での非物質代謝過程としてなされています。

図2　労働（生産物価値）の有機的構成——情報生産と物質化労働

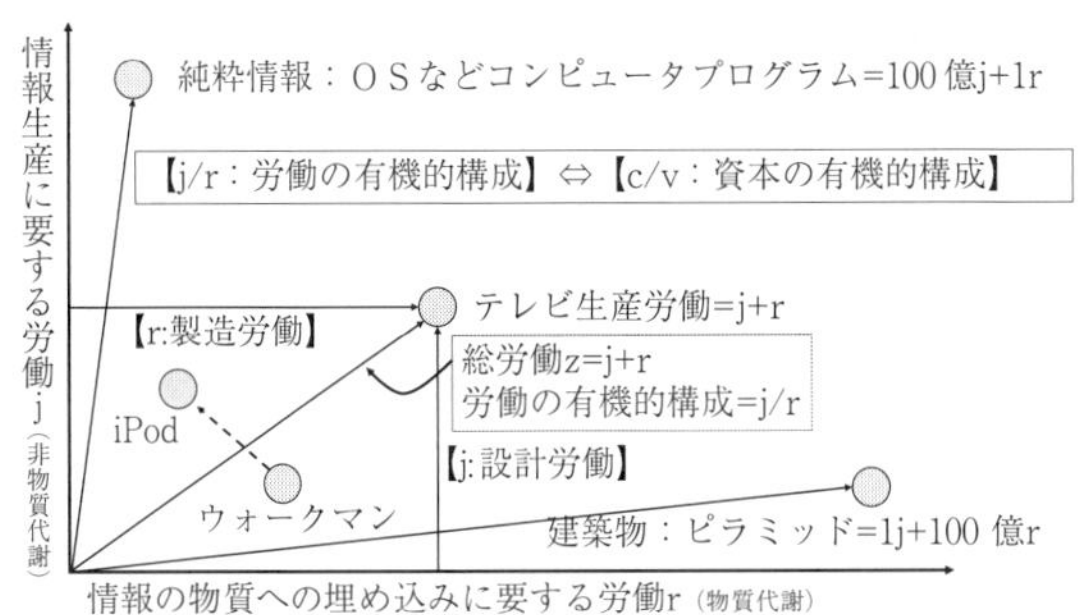

資本の有機的構成ｃ/ｖと労働の有機的構成ｊ/ｒ：有機的構成の２段階の高度化

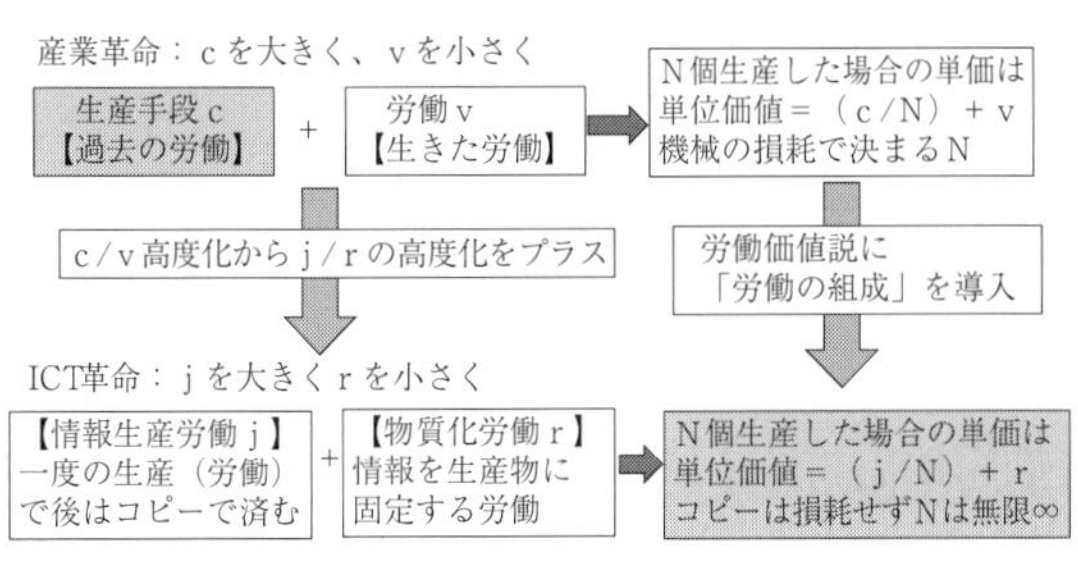

◎物質／非物質代謝系に対応する労働の有機的構成を導入することの提起

１個１００億円のピラミッドは２００億円で、何個作っても１個１００億円ですが、コンピュータの基本ソフトであるMicrosoft Windowsなどは１個１００億円でも複製費用０なので１億個作れば１個１００円になります。これは労働価値論によって説明できます。そのために本章では「労働の有機的構成」を導入します（図２）。

生産過程を「情報の生産」と「情報の物質への埋め込み＝物質化」の直交（情報と物質が互いに独立性が高いから）する２軸に分けて考えます。労働はこの二つの組成で構成されていると捉えて、これを「労働の有機的構成」と呼びます。それぞれの労働を縦軸ｊ（情報の生産に要する労働）と横軸ｒ（情報の物質化に要する労働）とすれば、生産物1個を作るのに要する労働zはz＝j＋rと表されます。生産量Nの場合の一個当たり労働量を求めます。全労働量はN×z＝N×（j＋r）となりますが情報は1度生産されれば労働0でコピーできるので生産ごとの労働は不要でj→（N×j）と置き換えられ、生産物一個当たり労働量はz＝（j／N）＋rになります。情報生産労働はN分の1されて個々の生産物に移転されるのです。これは『資本論』が機械制大工業で述べている「機械の生産に消費された労働は個々の生産物に徐々に引き渡される」と同じ関係です。『資本論』では生産過程は「原料を含む生産手段C」と人間の「生きた労働V」で構成され、両者の比率C／Vを資本の有機的構成と呼んでいますが、純粋な情報の生産の場合、生産手段は「すり減らない機械と減らない原料（Nが無限大）」と見なせます。これを純粋な情報から広げて一般化するために、生産物に転化される労働の組成に着目して「労働の有機的構成」を導入します。これは労働価値説のバージョンアップです。これによって純粋な情報の生産から物質財の生産までを労働価値説によって統一的に扱うことができるようになります。

　労働の有機的構成の高度化とは、労働をrからjにシフトさせることで、習熟や資本の有機的構成の高度化によらず大量生産時の単位生産物当たりの労働量を減少させることができます。マニュファクチュアから機械へ、機械からICT機械へ、の生産過程の発展は資本の有機的構成の高度化から始まって、労働の有機的構成の高度化へのシフトでもあったのです。産業の情報化によって労働価値説の無効化がいわれることがありますが、労働価値説によってこそ情報化した生産過程の正確な理解もできるのです。

表2　生産物としての情報の形態①〜⑤

①モノの形状⇒モノに埋め込まれモノの形状を規定する静的情報。
②コンピュータプログラム⇒モノの動作を規定する動的情報。
③物質性の薄い純粋情報⇒①②で実体化する以前の知的生産物。
④人の身体の実演⇒身体的パフォーマンスによる情報の実体化
⑤エントロピー財⇒清掃／冷暖房／美容／ゴミの分別労働に物理的意味を与える。

生産物の有機的構成：	【情報】	+	【物質】
労働の有機的構成：	【j：情報の生産】	+	【r：物質への情報の埋め込み、実体化】
①メガネ：	【光学で計算された形状情報】	+	【ガラスの形状加工】
②書物：	【言語、図形情報】	+	【紙面にインクで文字情報を印字】
②電子ブック	【言語、図形情報】	+	【画素単位で半固定的に発光表示】
① IT 機器：	【プログラム】	+	【コンピュータ動作によって効用を生成】
③純粋情報：	【算法、知識、文学、理論】	+	【広義の言語表現、物質的モノから独立】
④パフォーマンス	【音楽、踊り、落語】	+	【人の身体実演による情報の実体化】
⑤エントロピー財	【秩序化＝情報の付加】	+	【清掃などエントロピーを減少させる労働】

◎情報はどのような形態で商品として存在しているのか

情報は様々な形態で実体化され、生産物として商品化されています。生産物一般を物質と情報の統一物として把握することが重要です。表2ではこのことを、物質的モノの形状情報、コンピュータプログラム、純粋情報、身体パフォーマンス、エントロピー財などに分類して示しています。

3　情報の生産が社会にもたらした変化

前節では情報とは、情報の生産とは、など原理的な事柄について考えてきましたが、本節では情報の生産が資本主義の社会にどのような変化をもたらし、人間発達の条件や可能性をどのように成熟させてきているかを7つの領域で見ていきます。

◎その1　生産手段の変容

マニュファクチュアから現代のＩＣＴ機械までの生産手段の変容を情報的見地から考察します（図3）。

マニュファクチュア時代、「道具の使い方」は技として職人の身体の内にありました。この「道具の使い方」が人から分離して、機械の構造として機械の中に取り込まれたのが機械制大工業でした。その後、機械は機械本体と機械を制御するコンピュータに分かれ、機械の機能がコンピュータプログラムとして機械の外部に分離されました。これがＩＣＴ機械です。つまり、情報財としての「道具の使い方」が、人から機械へ、機械からプログラムへと移っていったのです。ＩＣＴ機械の意味を４つの面から見てみます。①機械と労働の主客関係は、機械制大工業では機械が人を使う主客転倒でしたが、ＩＣＴ機械は人が記述したプログラムが機械を使うので主客の再反転です。②機械固有の機能がプログラムとして、機械の外に独立した知的生産物となり、これによって機械自体の価値の有機的構成の高度化（＝情報化）が飛躍的に進みました。③プログラムは使っても分けても減らない財です。生産物への移転価値は極小で済み、寿命無限の機械と同じです。④プログラムは言語的労働が固定された知的生産物です。労働が手から言語へ変化し、産出物は機械から独立したソフトウエア商品となりました。言語的労働が生産過程に組み込まれ、生産過程を通じた人間発達の新しい可能性を開くものとなりました。

図３　生産手段の変容――情報的見地から理解

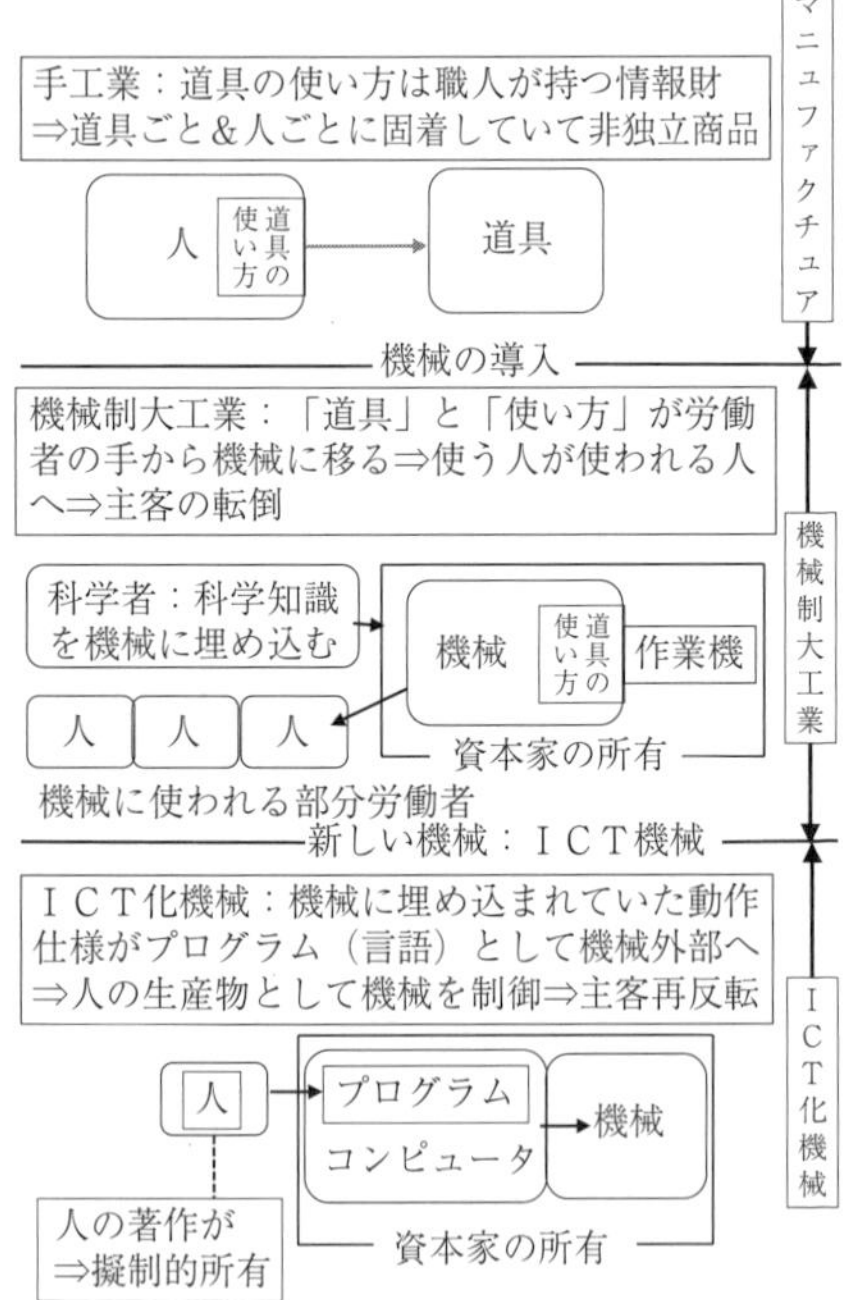

◎その2　消費手段の変容

生産手段としてのコンピュータはデジタル技術によって極小化、低価格化（＝低価値化）され、消費手段としても生産されるモノ自体にも内蔵され、コンピュータの動作がモノの効用を担うことを可能にしました。秤や時計をバネやゼンマイによらず「コンピュータチップ＋プログラム」で実現する、これは生産手段の革命と同じ構造の、消費手段の革命です。物質的モノの形状や属性に担われていた効用を物質から分離したプログラムが担うようになったのです。ＩＣＴ化による消費手段の有機的構成の高度化です（図４）。

モノづくりの変容をソニーのウォークマンを駆逐したアップルのｉＰｏｄ音楽プレーヤーに見てみます。ウォークマンはテープ駆動機構と専用電子回路など多様な物質的材が機能を担っていますが、ｉＰｏｄはこれを切手大のコンピュータチップとプログラムに置き換えました。２００７年にアップル社のＳ・ジョブズはｉＰｏｄがウォークマンになぜ勝ったかをマイクロソフト社のＢ・ゲイツに語っています。「iPod is really

図４　消費手段の変容

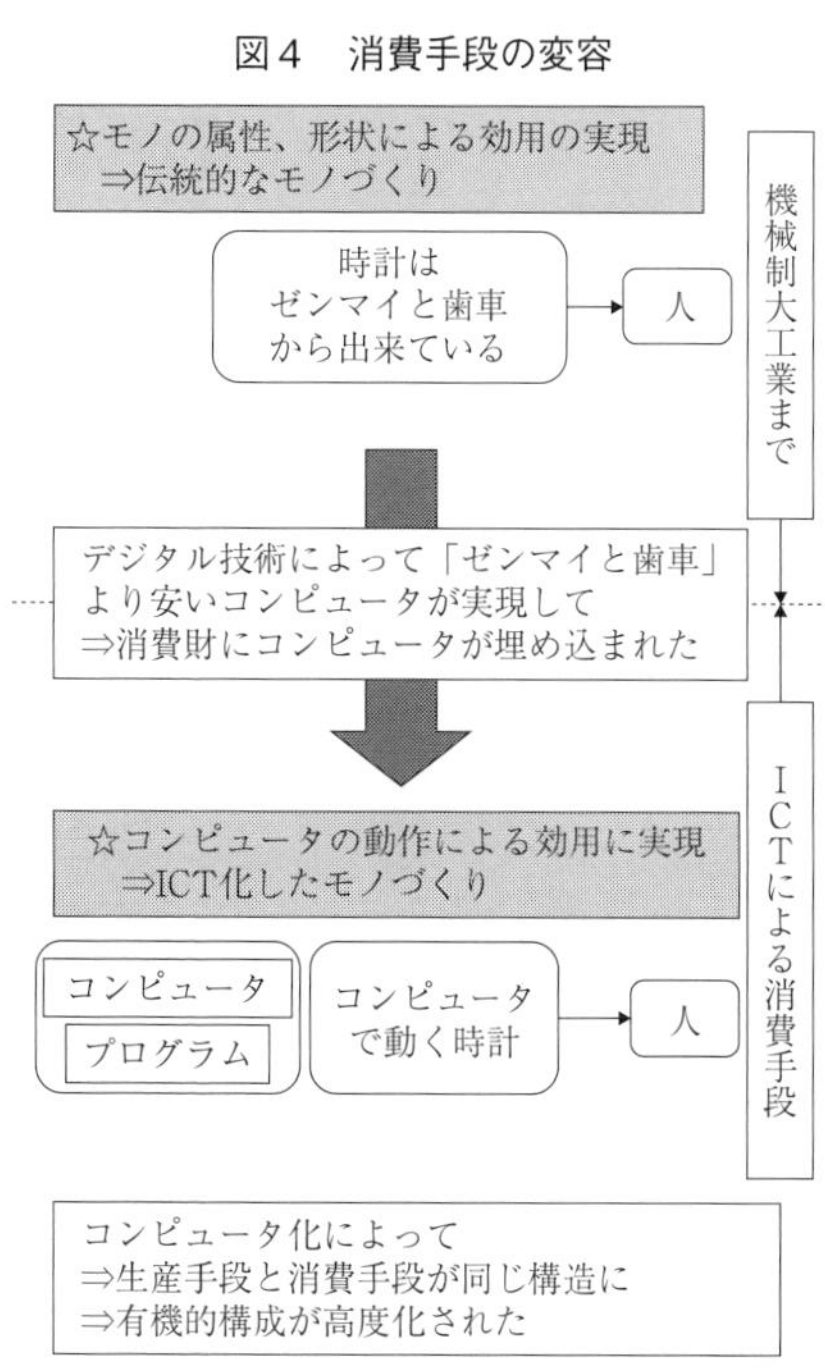

just a software：iＰｏｄはソフトウエアそのもの。日本メーカーは市場に合ったソフトウエアを作ることも考えることもできなかった」。日本のモノづくり産業が気づかなかったことが二つあります。一つはモノの機能を担う要素が１０００個の物質的部品から複製コスト０の１万行のプログラムに置換されたこと。一つはモノの効用の源泉の非物質性へのシフトで、iＰｏｄはＣＤやテープなど物質財の所有なしにネット上の音楽の無制限な利用という決定的な効用を実現しました。

ＩＣＴ化の本質は脱工業化ではなく工業の情報化、工業自体の内部での発展で、脱モノづくりでなくモノづくり自体の発展ですが、日本の多くのモノづくりメーカーはこれに後れを取ったのです。Ｓ・ジョブズが語っているのはこのことです。

◎その３　所有の変容

情報財は前述したように所有なき財で、分けても使っても減りません。物質財はこの反対で、両者は所有に関して対極にあります。情報財と情報技術が所有に関して資本主義からどのような制約を受け、逆に資本主義の所有関係にどのような変化をもたらし、資本主義を変質させているかを見てみます（図５）。

資本主義は物質財の交換と分配に適した仕組みで、基本的人権はじめ社会全体が「所有」を介して関係づけられています。例えば、生産過程は生産手段を所有する資本家が剰余価値の処置も含めて生産過程全体を掌握していて、労働者は生産過程から疎外されています。一方、情報財の生産では生産物（ソフト）も生産手段（インターネット）もどちらも所有なき財で構成され、疎外の物質的基盤を持っていません。したがって所有に基盤を持つ権力（資本家、革命権力、国家など）による支配関係も土台を失います。言い換えれば、社会主義が疎外なき社会であるとすれば、それは所有から離れた経済を基本とするものではないかと予見されます。情報財の浸透に伴って、資本主義がこれに抵抗し情報財を資本主義に取り込もうとする局面と、部分的に後退しつつ活路を求め変化する局面とが生まれています。この両局面を擬制的所有権とシェアリングエコノミーに見てみましょう。

第一に、資本主義の抵抗として、所有なき財に所有権を与える擬制的所有権があります。所有なき財である情報財を資本主義に組み込むには所有の根拠が必要で、それが擬制的所有権としての特許など著作権です。情報財に物質財と同じ所有権を与え、資本主義にとっての合理性の枠組みの中に埋め込むもので、特許は公開を条件に独占的使用権を与えて「技術の社会性と個の利益の確保」の両立を図る工夫です。他方、生産手段を持たない労働者が自己の生産物に対する権利としての所有権「生産物は生産者の所有に」は意味があります。資本による情報財の囲い込みへの反逆と、生産者労働者の権利の擁護、の両面を持つコピーレフト運動が生まれています。知的生産物の生産者の権利として、利用者に「あなたはこれを自由

図５　財の情報化による所有の変容

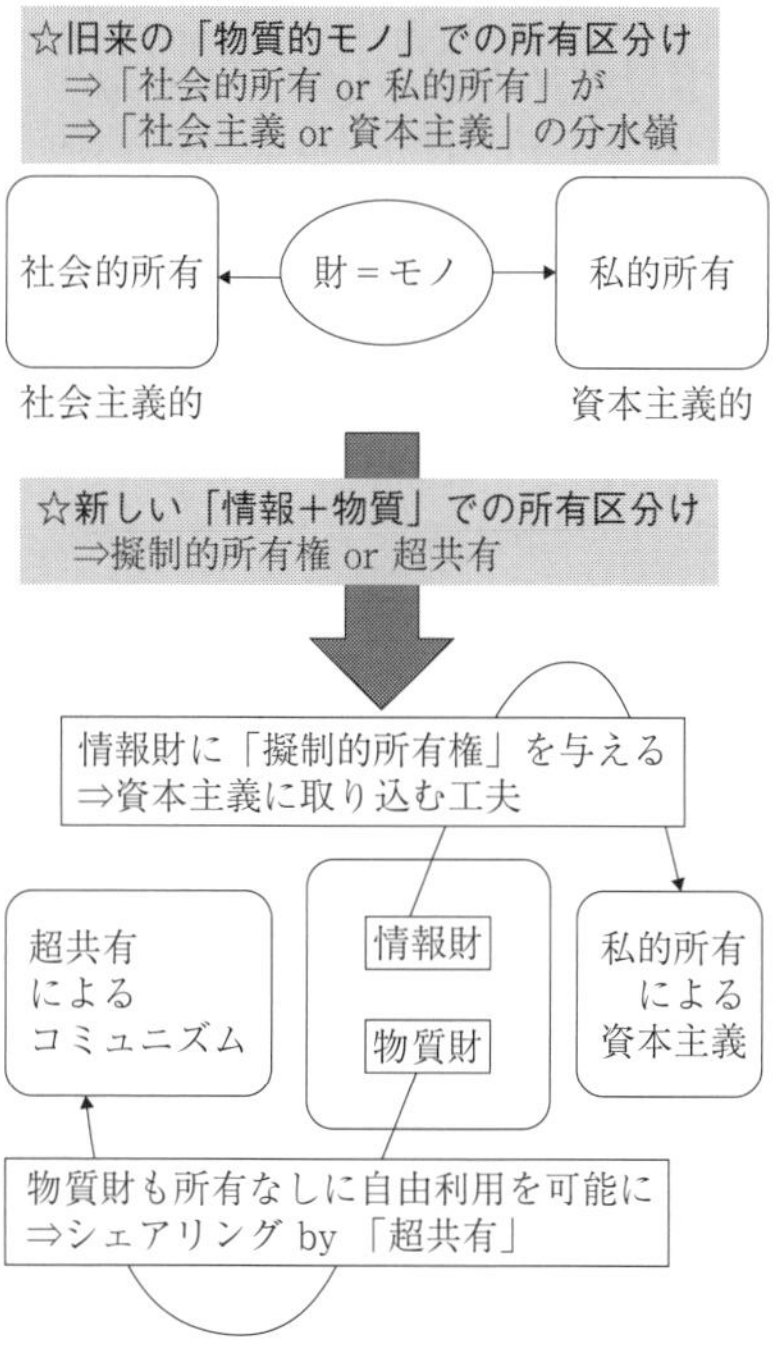

☆旧来の「物質的モノ」での所有区分け
⇒「社会的所有 or 私的所有」が
⇒「社会主義 or 資本主義」の分水嶺

社会的所有 ← 財＝モノ → 私的所有
社会主義的　　　　資本主義的

☆新しい「情報＋物質」での所有区分け
⇒擬制的所有権 or 超共有

情報財に「擬制的所有権」を与える
⇒資本主義に取り込む工夫

超共有による コミュニズム
情報財
物質財
私的所有による 資本主義

物質財も所有なしに自由利用を可能に
⇒シェアリング by 「超共有」

に使ってよろしい、ただしこれを使ってあなたが作った作品は他者へのコピーを禁止してはいけない」と強制する、所有権の放棄でない、生産者としての強い権利の主張です。これが「コピー禁止の自由を制限する」積極的な共有ルールでコピーレフト（copy left：all rights reserved の right の逆で left）と呼ばれている著作権です。情報財の「使っても減らない」と「共有により効用が増幅される」性質がもたらした合理的なシェアリングルールです。

第二に、資本主義の部分的退却として、所有と効用を分離するシェアリングエコノミーがあります。人が財から得る効用は物質財であっても時限的なものが多いのです。例えば電話は1人1日に10分程度しか使いません。ですから電話は例えば利用者10万人に対して1000人分の同時通話能力で足ります。この他にも、交通機関など社会的インフラはシェアリングが前提ですが、近年、環境的圧力（経済外）と低価格化圧力（経済内競争）によって、インフラ以外の私的な財においても社会的共有が「シェアリングエコノミー」として台頭しつつあります。シェアリングエコノミーとは財の個人所有なしに効用の個人利用を可能にする、「財の共有」と「個人の自由利用」の両立です。物質財は所有と効用が一体なので、一般にはこの両立は困難ですが、効用の時限性を利用すれば、「誰がいつ使うのか、誰がいつ提供するのか」の需要と供給の動的で精密なマッチングを情報技術によって実現できれば両立は可能です。従来の共有とは一線を画す新しい共有で、ここではこれを「超共有」と呼びます。

需給調整は旧社会主義国では計画経済の範疇で、うまく機能せず社会主義崩壊の一因となりましたが、現代ではこの需給のマッチングはインターネットのプラットフォーム上で非集中的に、非権力的に、市場により調整されて実現されています。シェアリングは消費手段と生産手段の両分野で、超共有により実現しています。

消費財の分野では、音楽や映像や文書など著作物はもともと物質性が薄いので、すでにレコードや本などの物質的メディアから離れてインターネットへ移され超共有が実現しています。さらにモノ、場所、資源、移動手段など物質性の強い分野でシェアリングが資本主義の新しいビジネスモデルとして台頭しつつあります。シェアリングの動的調整はインターネットのプラットフォーム上で機能しますが、このプラットフォームの独占がGAFAのビジネスです。

一方、生産手段の分野でも超共有が進んでいます。インターネットは知的財の生産手段で各利用者は自分が占有するのは短時間（例えば1000分の1秒）で、この短時間の作業を集めて生産過程を完結します。超共有は、世界中の情報を一瞬で把握し結合するほどの巨大な生産手段をあたかも各生産者が個別に所有しているかの如く自由に利用できるのです。現代の生産過程での「資本の有機的構成の高度化」の実体はインターネット上に超共有された巨大な通信システムです。

これは、『資本論』の

> 資本主義的生産は……それ自身の否定を生み出す。……この否定は、私有を再建しはしないが、資本主義時代の成果を基礎とする個人的所有をつくりだす。協業と土地の共同占有と労働そのものによって生産される生産手段の共同占有とを基礎とする個人的所有を再建する（Ⅰ791）。

の端緒と考えられます。個々の生産者が自分の思うままに生産手段を使う自由と、生産が社会的に行われることの両立で、『資本論』では「個人的所有の再建」の具体像の言及はありません。本章でのいままでの議論と重ねると、再建されるのは個人的「所有」ではなく、シェアリングによる個人の意志による「自由利用」と考えられます。「個人的所有の再建」は政治的変革を経ずに物理的には「超共有」として資本主義の先端で実現されています。資本主義はすでにマルクスの予見した次の社会への準備を終えつつあるといえます。

◎その4　民主主義の変容

言論の社会的流通には放送や出版など一定規模の物質的基盤が必要で、言論空間はこれら物質的基盤の所有者（資本や国家や党）の半ば支配下にありました。しかし現代の情報生産力は、インターネットによって言論を物質的制約から解放しつつあり、個から社会へのボトムアップ発信の爆発が起きています。「圧倒的多数の受け手＋ごく一部の発信者」だった言論世界が「受け手＝発信者」へ変容しています。これが量から質へ転化して新しい民主主義に達するのか、言論的テロやポピュリズムへ向かうのか、両極の可能性があります。もう一つの新しい問題はインターネットの実質的支配者が誰か、ＧＡＦＡなど大資本か国家か、ですが、これはブロックチェーン技術などによって解決が探られています。

◎その5　労働の変容

情報生産に伴う労働の変容は人間の全面的発達を推進しています。このことを見てみます。

一つは生産過程の中心が複製から創造へシフトすることによって、労働がより自由な個人主体になることです。社会的生産は初めの一個を作る創造とそれを複製する二つの過程から成っています。物質財の生産では材料と労働の大半を消費するのは複製過程ですから、創造過程は無視できて「生産＝複製過程」です。一方、情報財の生産では複製はワンクリックで、材料も労働も無視できるので「生産＝創造過程」となります。そして、物質財の生産＝複製過程では差を生まない均質性と規律重視の、個を滅却した労働が求められます。情報財の生産＝創造過程では異質性と多様性の豊富な、自立した自由な個による労働が重要です。額に汗する規律ある集団的活動から、個人がより主体的に活動する労働への変容です。

いま一つは手の労働から言語の労働へのシフトです。これによって結合労働の場が工場からインターネットに移ります。労働の場が資本の直接的な影響下から離れます。『資本論』の時代の結合労働は物質的モノに媒介された労働の結合ですが、情報生産での結合労働は物質的モノの媒介のない言語による知の結合です。結合労働の場が、資本ごとに分散した無数の工場から世界で一つのインターネットへ移ります。また手から言語への労働の変化は、生産過程の多様性が広がり、いままでにない多様な労働者が生産過程に参加することが可能になります。

◎その6　生産力の質的発展

生産力とはどれだけの富を、どれだけの労働を消費して生産できるかの社会的能力のことです。一方、生産とは、質的にも量的にも具体的で、例えば環境や人口問題を考慮しての、与えられた生産力を使っての、その時々の需要に応じた選択です。生産力は自由の源泉で、これは史的唯物論の認識ですから、このことから生産量の増大をマルクス由来の史的唯物論の帰結と見ることがありますが、それは生産力と生産の区別を欠いた誤りです。今日の社会の情報化やサービス化は現代の生産力が人間欲望を吸収する富を物質財から非物質財にシフトすることを可能にしたことによって現れた現象です。

多くの未来社会論ではゼロ成長を条件として語られますが、それは「自然との物質代謝＝自然との収奪と廃棄」が地球の有限性と抵触するからです。しかしゼロ成長は地球環境にとっては望ましいかもしれませんが、人間存在の見直しにかかる問題をも含むので慎重さが求められます。一方、情報財は自然との物質代謝なしに人間欲望を吸収できる、自然との代謝が格段に少ない富です。したがって物質代謝は人間の生物学的生存に必要な最低ラインに限定し、それを超える欲望は非物質代謝が引き受ける選択も環境問題への解決になりえます。現代の生産力はこの選択を可能にしています。未来社会イコールゼロ成長を選択する前に、「人間の自由な発展、解放は物的基礎の上に」を「人間の自由な発展、解放は自然との物質代謝の最小限化と非物質代謝の最大限化で」と修正して再検討すべきではないでしょうか。

◎その7　ＡＩ：情報化がもたらす相対的剰余価値生産の極限としてのＡＩ

Ｒ・カーツワイルは２０４５年ごろにパソコンの性能が現在のスーパーコンピュータを超えると予想して、その結果、人の知性を超えるＡＩが現実のものとなると語っています。「人間以上の機械」の出現は人類史的に重大ですが、この議論は本章の枠を超えています。ここでは、目の前に迫りつつある社会問題「人は仕事がなくなり生活できない、社会がなりたたないのではないか」についていままでの議論をもとに考えてみます。

そもそも人の仕事は分業によって内容が定まっているので全面的に人を超えるＡＩでなく、特定の能力に限定された現代のICT技術で十分に人の仕事の代替ができます。現在のICT技術はすでに、例えばCAD（computer-aided design）では、深いレベルまでの人の知的作業を代替しています。技術者が1か月を要した設計作業を1時間あるいは数秒で終えることもあります。これはインターネットによる人の知の集積（結合労働）の成果で、人工知性でなく世界的規模での人間知性の結合と集積によっているのです。つまり人を超えるAIを待たずに、我々はすでに労働時間が無限小に向かう技術の加速度的発展の真っただ中にいるのです。この行きつく先をマルクスの予見と対比させて見てみましょう。

すべての生産的労働が機械としてのAIに代替されることは文明の一つの肯定的な到達点です。『資本論』ではこう予見しています。

自由の国は窮乏や外的な合目的性に迫られての労働がなくなったときに始まる。本来の物質的生産の領域のかなたにある。この国のかなたで自己目的として認められる人間の力の発展が、真の自由の国が始まるのである（Ⅲ828）。

マルクスは「無政府性からの脱却」と「合目的性に迫られた労働からの脱却」という位相の異なる二つの社会的変革を視野に置いています。前者は資本主義から社会主義への移行で、後者は生産のために人が働く必要がない人類全体の「必要労働からの解放＝豊かな失業」です。マルクスの予見では、無政府性からの脱却の後に生産的労働からの脱却があるのですが、今日の問題は後者が資本主義のただ中で到来することです。カーツワイルらの技術的シンギュラリティ予想は資本主義など社会システムの変革には言及していませんが、資本主義のまま労働が消滅すれば、大量の失業者と少数の超富裕層へ社会が分断されるのは明らかです。資本主義を維持して大惨事を迎えるか、資本主義を根本治療するか、の選択を迫られています。労働時間の極小化は人類史的には「豊かな失業」ですが、資本主義ではそれが多くの個の「貧しい失業」に行き着くと思われます。資本主義は労働時間の極小化においては合理性を失う経済システムです。生きるために強制される労働の極小化は人間性の全面的発達を可能にする豊かな社会の土台でもあるべきです。

おわりに

ここまでの情報の生産の考察を通して、今日のＩＣＴ化した生産過程の分析においてこそ労働価値説がさらに有効であることがわかりました。加えて本章では「労働の有機的構成」を導入して、情報的財と物的財の生産の統一的理解を進めることができました。今日まで資本は機械制大工業時代と変わらぬ論理で生産力の発展を推進してきましたが、「質的に発展してきた生産力」とそれを推進する「変化しない資本の論理」の両者のせめぎあいが、さまざまな経済的、社会的現象となって現れ、これからの可能性を見せ、選択を求めています。この生産力を使って、ＧＡＦＡなどＩＣＴ巨大企業は物質的財の所有の独占から情報の独占へ支配の手段と対象をシフトさせて世界支配を競っています。しかし一方で、すでに資本主義を必要としないポスト資本主義への物質的土台の準備が十分に進んでいることもわかりました。今日の情報の生産力を誰が、どのように支配するかが、どの可能性が選択されるかのカギでもあるでしょう。

◎考えてみましょう

（1）情報を支配するGAFAなどの企業の利益の源泉はどこにあるのでしょうか。

（2）相対的剰余価値生産の極限で労働0（ゼロ）社会が予想されますが、そこでの合理的な社会経済システムはどのようなものでしょうか？

◎推薦文献

P・ドラッカー『ポスト資本主義社会』ダイヤモンド社、2007年
野口悠紀雄『情報の経済理論』東洋経済新報社、1974年
K・マルクス『1861-1863年草稿抄　機械についての断章』（マルクスライブラリ②）大月書店、1980年
P・メイソン『ポストキャピタリズム』東洋経済新報社、2017年

コラム：デジタル技術とは何か

デジタルとはマクロ的には連続量である自然界の物理量を人工的な閾値処理によって不連続な離散値として扱う技術で、第一に、半導体素子では耐雑音性が格段に向上し、小型、高速、低電力などのメリットを同時に獲得できます。一般に機械のメリットはあちらが立てばこちらが立たず、で相反的ですがデ

ジタル技術では、例えば小型、高速、低電力化を同時に1000倍し最終性能を10億倍にすることが可能で、切手サイズの高性能コンピュータが数百円で実現しています。第二に、デジタルは情報と相性がいいのです。例えば質的に効用が異なる文字、音、映像は情報量の差は1：10^3：10^6で情報の世界は効用の質的違いが情報の量的差に還元される量質転換の世界です。そして情報の量による費用の差がアナログでは1円：100円：1万円ですがデジタルでは前記の高性能化により1円：5円：10円に圧縮されるのです。情報化により質が量に転化され、量はデジタルが担うのです。情報量の差に由来する機器の多様性の根拠はデジタル化によって失われ、多くの産業が発展的に消滅しました。デジタル技術は情報の量的差を低価格差で吸収することでICT革命を推進する物質的基盤となっています。

第3章　資本蓄積と貧困——相対的過剰人口論の現代的あらわれ

瀬野陸見

社会の富、機能資本、機能資本の増大の範囲と活力、したがってまたプロレタリアートの絶対的大きさおよび彼らの労働の生産力、これらが大きくなればなるほど、それだけ産業予備軍が大きくなる（I 673）。

はじめに

資本主義社会の特徴の1つとして、労働者は労働力を販売し賃金を得ることによってしか生きることはできず、他方、資本家は労働力を購入し、労働者が生み出した剰余価値を取得することで富を蓄えるという関係が再生産されていることがあげられます。資本の蓄積とは剰余価値を資本に追加することで資本の規模を大きくすることですが、それは拡大された規模での資本＝賃労働関係の再生産を意味します。もちろん、農業を営むとか、自営業を行うといった、賃労働以外の選択肢は現在でも残されていますし、それを選ぶ人々も当然います。しかし、実際には、労働者としての選択をする人々、つまり雇用される人々の割合が増加しています。つまり雇用社会化が進んでいるといえましょう。いわゆる個人商店が減少し、街中ではスーパーなどが増えている、ということが最もイメージしやすいでしょうか。前著『時代はまるで資本論』では「日本では1989年から2007年までの20年間に労働者数は4048万人から5120万人へ、1000万人あまり増加しました」と書かれていますが、2020年現在ではさらに、5601万人へと増加しています〔総務省「労働力調査（詳細結果）」2020年7月～9月期平均〕。また、2020年のこのデータは、コロナ禍による失業によって減少した結果ですが、その前年、2019年の平均では5669万人でした（「令和元年　労働力調査年報」）。いまでも資本蓄積が進展し続けていることがうかがえます。多くの大学生が何の疑問もなく就活をしていますが、それほどまでに、雇用されるという選択肢が当然のものとなっているともいえましょう。その中で、資本にとって必ず必要となるものは何か、資本主義経済において何が不可避なのかを考えてみましょう。

1　相対的過剰人口の発生

資本の蓄積は右肩上がりで進むような単調なものではなく、大小の変動を伴っています。急速に進むこともあれば、停滞の時期もあります。少なくとも、ずっと同じように横ばいになっているということはありません。さて、資本がそのように変動を伴うとするならば、そのために必要な「装置」は何になるでしょうか。特に重要な役割を果たすのが、職を求めて待機している労働者のプールです。例えば、生産が急激に拡大する際には、資本は追加の労働力を必要としますが、この労働者のプールがあれば、そこから労働力を補填することができます。裏を返せば、労働力を確保することができなければ、資本蓄積は妨げられてしまうでしょう。また、景気が後退し、資本が縮小する際には、この労働者のプールに過剰な労働者が戻されることで、バランスを保つことができます。ですから、このプールが形成されることが資本主義経済が維持される条件となっています。そしてこの労働者のプールのことを「相対的過剰人口」と名付けているわけです。マルクスは相対的過剰人口について、「現実的人口増加の制限にかかわりなくいつでも使える搾取可能な人間材料」すなわち「産業予備軍」と名付けています（I661）。部分的に見れば、特定の業種や職種で労働力不足が生じ、労働市場がいわゆる「売り手市場」となり賃金が一時的に上昇することはありえても、全般的な労働力不足によって賃金が騰貴し、資本蓄積が妨げられるという事態が生じることはありえません。それは別の側面からみれば、資本主義経済は相対的過剰人口をたえず生み出すものであり、失業問題を抱えることになります。

ところで、マルクスは単に「過剰人口」と呼ばないで「相対的」という言葉をつけています。また「絶対的過剰人口」ではなく、あくまでも「相対的」だというのです。「相対的」とは、「資本の中位の増殖欲求にとって余分な、それゆえ過剰または余剰な」（I668）という意味です。つまり資本の増殖が飛躍的にすすむ時期にはそれは減少するし、停滞する時期には増加するのです。

では、相対的過剰人口はどのようにして創り出されるのでしょうか。技術の発展に伴い、生産力が向上し、資本主義が発展するにつれ、機械設備や工場などの生産手段の規模はどんどん大きくなります。手作業や簡単な機械で作っていた段階と比べれば、機械に任せてモノを生産する要素が大きくなり、人手が必要とされる要素はどんどん減っていきます。つまり、生産力の向上の一方で、必要な労働者数それ自体は減少していくのです。これを少し抽象化してみましょう。機械などの生産手段に投下された資本を不変資本とよび、その下で就労する労働力への賃金支払いの資本のことを可変資本と呼びます。生産力が向上することは機械への投資割合が大きくなることですから、不変資本の割合が大きくなります。一方で必要な労働者数が減るということは、当然、賃金の総額も減少することになります。よって、不変資本の大きさは可変資本の大きさを大きく上回ることになります。この変化のことを「資本の有機的構成の高度化」と呼んでいます。言うまでもなく、不要になった労働者は職を失い、相対的過剰人口のプールに投げ込まれることになります。もちろん、資本の総量の増加速度が、資本の有機的構成の高度化以上に速まり、飛躍的に総量が増加するならば、雇用される労働者数は減少するどころか、増加することも可能性としてはあります。この意味であくまで「相対的」過剰人口なのです。この概念は、資本蓄積の進展が、可変資本そのものの絶対的大きさの増大を排除しているわけではないのです。とはいえ、資本蓄積というしくみは、このように労働者人口を相対的に過剰人口として扱い、失業に追いこむ作用を持っていることは間違いありません。

2　資本蓄積と労働力供給への作用

ところで、資本主義経済には様々な「市場」があると経済学では考えますが、労働力の取引が行われるのが「労働市場」です。素朴な発想をするのであれば、労働力の価格＝賃金は、需要と供給の均衡点で決まる、と考えることもできましょう。しかし『資本論』では、需要（資本蓄積）と供給（労働者人口）が相互に独立した関係にあって、両者の量的関係で賃金が決定されるという労働市場のとらえ方は正しくないとしています。なぜなら、資本は労働市場の需要面だけでなく供給の側面にも同時に作用しているからであり、資本蓄積はそれ自身のなかに労働供給の限界を打破する機構を具えていることを強調しています。それゆえマルクスは「サイコロはいかさまだ」（Ⅰ669）というのです。では、その打破する機構、すなわち資本が労働供給面に作用する仕組みを見てみましょう。

第一に、技術革新をともなう労働生産性の上昇は、先に見た理屈により、労働需要の相対的減少をもたらすことに加えて、労働者の入れ替えを進めます。機械化が進展することにより、労働者に熟練が不要となるや、資本は相対的に高賃金の熟練労働者を労働過程から追い出し、かわりに低熟練労働者として女性を労働過程に引き入れます。無用となった熟練労働者は過剰人口のプールに追いやられます。かつては追い出される熟練労働者として男性が、引き入れられる低熟練労働者として女性や子どもが該当しました。

第二に、相対的過剰人口が就業労働者にたいして加える圧力の作用があります。就業労働者にとって、仕事を奪われる可能性はなくなったわけではありません。絶えず失業の状態に追い込まれる可能性があります。代わりの人はいくらでもいる、という圧力がかけられた場合、それを避けるためにもっと働く、すなわち長時間労働に向かっていくことはいくらでもあり得ることです。長時間労働をするということは、就業労働者1人当たりが支出する労働量が増大するため、労働需要が増加しても全体の雇用の増加を行って対応することが先延ばしされます。それゆえ、可変資本が増大しても就業労働者数が増加するとは限りません。このように、その時代および社会における労働支出のあり方に関する労働基準の内容が、相対的過剰人口の形成に大きく作用しています。

労働基準（たとえば昔の工場法や、現代の労働法）が未確立の社会では、労働時間の延長や労働強度（労働時間単位あたりの労働支出量、端的にいえば労働のキッさ）の極大化が野放しにされているため、資本の大きさと比べて就業労働者数は少なく、その分の相対的過剰人口は増加します。逆に過剰人口の圧力、すなわち「失業への恐怖」によって就業労働者の過度労働をさらに強めるという関係が形成されています。この点について、『資本論』では次のように述べています。

> 資本の蓄積が、一方では労働にたいする需要を増大させるとすれば、他方では労働者の「遊離」によって労働者の供給を増加させるが、それと同時に、失業者の圧迫が就業者により多くの労働を流動させるよう強制し、したがってある程度、労働供給を労働者供給から独立させる。この基板の上における労働の需要供給の法則の運動は、資本の専制支配を完成する（Ⅰ669）。

過度労働を規制し、労働基準を確立することは働き過ぎ社会を規制するためのみならず、失業問題の改善にとっても不可欠の課題です。そもそも、労働規制がある程度存在しているはずの現代日本においても、長時間労働や過労死の事例が後を絶たないことは何を意味しているのでしょうか。日本の労働時間規制は長らく甘いままでしたが、ようやく「働き方改革」によって長時間労働にもメスが入ることになりました。人間は休みなく働き続けると死んでしまう、その当たり前の事実をまず考えてもらいたいものです。

3　相対的過剰人口の存在形態

マルクスは「相対的過剰人口は、ありとあらゆる色合いのもとに実存する。どの労働者も、なかば就業している期間中または全く就業していない期間中は、相対的過剰人口に属する（Ⅰ670）」と述べ、相対的過剰人口の存在形態として流動的形態、潜在的形態、停滞的形態、の三つをあげ、その下に受救貧民が存在する、としています。詳しく見てみましょう。

まず、流動的過剰人口とは、資本によって放逐された労働者で、別の職を求めて待機している失業者です。マルクスが想定したのは、近代的産業の中心（工場や鉱山など）で失業することになった労働者です。比較的短期間の失業の後、資本によって再び雇用されることもありますし、一方で長期にわたって過剰人口に留まる。この場合は、後出の停滞的過剰人口に移行することになるでしょう。

次に、潜在的過剰人口は農村に居住して都市工業への雇用の機会を待っている労働者のことを示します。資本主義経済の影響は農業にも及びました。すなわち、農業の資本化および機械化によって、農業に必要な労働力は減少し、その少ない雇用機会を多くの農業労働者が奪い合うような状態になります。工業と異なり、生産手段としての農地の拡大は容易でないため、生産規模の拡大や、それに伴う雇用機会の増加可能性はあまりありません。だから日頃は農村に留まりつつも、都市で働く機会があれば一時的に農村を出て働く、つまりは出稼ぎに行き、仕事がなくなればまた農村に舞い戻ります。潜在的過剰人口は、資本からすれば労働力の供給を増大できる手段でもあり、都市の労働者を低賃金に留める原因となることがあります。

第三に、停滞的過剰人口です。一般に、失業者は仕事がない、つまり生活の糧としての賃金を得ることができないため、「まったく就業していない」状態に長期にわたってとどまることは困難です。だからこそ、収入を得るためのなんらかの方法を探す必要が生まれるのです。そうした労働者は、不安定で不規則な仕事でもよいからとにかく仕事を探し、熟練が要求されない仕事に就くことになります。「なかば就業」という形を取るのですが、彼らは就業期間中は現役労働者でもあるという性格を持ちます。マルクスの時代には近代的家内労働がその具体例であり、「女性の労働力および未成熟の労働力のむきだしの濫用、あらゆる正常な労働条件および生活条件のむきだしの強奪、そして過度労働および夜間労働のむきだしの残酷さ」（Ⅰ494）が広がっていました。大工業の外側に位置し、そのかぎりで価値生産を担っていたのです。引用にもあるように、その労働条件は過酷なものでした。大工業で労働力の需要が増加した場合にはそこから動員されるという意味で「資本にたいして、使用可能な労働力の汲めども尽きぬ貯水池」（Ⅰ672）と表現されたのです。

それらの下に受救貧民は存在するのですが、これはさらに三つの部類に分かれます。一つは労働能力があり産業予備軍となりうる人びとで、生産が拡大する場合には雇用される可能性があります。いま一つは孤児や受救貧民の子どものように将来は現役労働者または産業予備軍となりうる層です。さらに、受救貧民のなかには産業予備軍の機能を果たすことが困難な、労働能力を失った人びと（高齢者、労働災害の被災者、病人など）も含まれています。マルクスは、資本はこれらの受救貧民を維持するための費用を自ら負担することを回避し、労働者階級や下層中間階級に転嫁すると述べています。日本で生活保護費をはじめ、社会保障費の財源をどこから確保するのかが常に議論となり、そもそも生活保護費は常に削減圧力に晒されています。非正規雇用者に対して被用者保険（健康保険・厚生年金）などの適用拡大をしようというのが近年の政策動向ですが、それによって使用者の保険料負担、すなわち法定福利費の増大が起こるため、一定の反発は常に生じています。マルクスのこの指摘はいまもたいへん示唆的です。

ところで、現代の労働問題として、いうまでもなく非正規雇用やワーキングプアの問題が重要になっています。では、これらの問題を相対的過剰人口論の視点から捉える場合、前記の過剰人口の四つの形態のうちどれに当てはまるのでしょうか。素朴に考えると、停滞的形態にあてはめて論じやすいのですが、それは正確とはいえません。現代において非正規雇用は労働力としての主力となりつつあり、そのような就労形態を意図的に資本ならびに雇用政策において作り出しているのが現状です。例えば飲食チェーンにおいては、非正規のパートタイマーがなくては回らない現場が多くありますし、正社員でもないパートが店長という店もあります。小零細企業の非正規雇用のようにマルクスの時代の停滞的過剰人口に類似の労働者も存在しますが、現代の非正規雇用を停滞的過剰人口としてひとくくりに捉えることはできません。彼らは相対的過剰人口としての不安定さをもちつつ、同時に現役労働者としての労働倫理と労働強度を強く課されていると表現できるでしょう。非正規雇用の「辛さ」というのはこの点にも存在します。

4　資本主義的蓄積と貧困化

これまで見たような理論を踏まえて、マルクスは資本蓄積と労働者状態、つまり貧困化との関連を整理し資本蓄積論のまとめとしています。

資本蓄積と労働者状態をめぐっては「資本主義経済のもとで、生産性が上昇し、経済成長が拡大することで労働者状態は改善される、したがって労働者は資本蓄積にたいして協力すべきだ」という議論が時代を超えて繰り返されてきました。労働者が資本蓄積に対して行う協力とは何でしょうか。企業がその業績不振を理由として、大規模なリストラを実施したり、労働者を正規雇用から非正規雇用へ置き換えることは多々行われてきましたし、いまでも見られる光景です。そのことによる人件費削減が、企業の競争力を高め、それによって労働条件は改善されるのだ、という考え方です。このような主張は経営者のみならず、一部の労働組合の幹部からも出されることがあります。はたして資本蓄積が進み、資本の力が強まると労働者状態は改善されるのでしょうか。『資本論』の理論はこうした議論にたいして、次のように明確に批判しています。

> 第4篇で相対的剰余価値の生産を分析したさいに見たように、資本主義制度の内部では、労働の社会的生産力を高めるいっさいの方法は、個々の労働者の犠牲としておこなわれるのであり、生産を発展させるいっさいの手段は、生産者の支配と搾取との手段に転化し、労働者を部分人間へと不具化させ、労働者を機械の付属物へとおとしめる……。（中略）しかし、剰余価値の生産のいっさいの方法は、同時に蓄積の方法であり、その逆に、蓄積のどの拡大も、右の方法の発展の手段となる。それゆえ資本が蓄積されるのにつれて、労働者の報酬がどうであろうと、――高かろうと低かろうと――労働者の状態は悪化せざるをえないということになる。最後に、相対的過剰人口または産業予備軍を蓄積の範囲と活力とに絶えず均衡

させる法則は、ヘファイストスの楔がプロメテウスを岩に縛りつけたよりもいっそう固く、労働者を資本に縛りつける。この法則は、資本の蓄積に照応する貧困の蓄積を条件づける。したがって、一方の極における富の蓄積は、同時に、その対極における、すなわち自分自身の生産物を資本として生産する階級の側における、貧困、労働苦、奴隷状態、無知、野蛮化、道徳的堕落の蓄積である（Ⅰ674〜675）。

さて、これは何をいわんとしているのでしょうか。資本の蓄積、そして生産力の拡大によって剰余価値生産過程に包摂される労働者人口は「吸引」や「反発」をともないながら増大し、資本に従属させられる関係はより強化されていきます。個々の局面では賃金上昇などがありえても、全体として剰余労働を強いられる根本的な関係は打破されず、労働者の個別の状態の抜本的向上はありえないことになります。相対的過剰人口の存在は就業労働者にたいして過度労働を強制しながら、労働者人口を資本、すなわち賃労働関係に縛りつける機能を果たしています。資本主義経済の仕組みは、相対的過剰人口の形成によって資本＝賃労働関係の拡大再生産を一方でもたらしつつ、貧困状態におかれる労働者の範囲を拡大し、その結果として多様な貧困の様相がみられるようになります。マルクスはこれを「資本主義的蓄積の一般的法則」（Ⅰ674）と名づけています。一般的法則とまでいうほど、資本主義経済において、この現象は不可避だというのです。

5　資本蓄積と貧困

さて、ここまではマルクスが『資本論』で展開した資本蓄積の理論についてかみ砕いてきました。では、これらの理論によって現代を見渡した際、何がいえるのでしょうか。

一つは、労働者に対する貧困問題についてです。貧困という状況になる原因は多様なものがあります。病気やケガ、天変地異などの理由もありますが、その中でも失業という理由は、個人の「怠惰」、つまり単なるサボりから来ているのではないか、という非難はいまも昔もよくいわれることです。しかし、相対的過剰人口の発生理由を考えれば、それは資本主義経済において必然的な産物であることは、ここまで読まれた読者の皆さんにはよくわかることでしょう。

日本の貧困研究における先学の一人であった小沼正は、以下のように書いています。

貧困は時代や社会によりそのあらわれ方は大きく異なるが、現代資本主義社会における社会問題としての貧困は資本主義そのものの所産である。また貧困の原因は、怠惰、無知などの個人的責任や天変地異その他にあるとされていたが、資本主義の進展とともに、むしろ社会そのものにあると考えられるようになった。労働力以外に生産手段をもたない労働者階級が成熟するなかで、極貧の過剰人口が累積し、膨大な沈殿層を形成していく。こうした貧困者は生活が非常に低位にあり、必然的に肉体的・精神的荒廃をもたらし、社会的に見放され、制度的に遠ざけられ、陰蔽される。これらは集合して層（band）を形成し、固定され、長期化する性格をもつ。さらに再起しえない悲惨な貧困地域を随所に発生せしめる（『世界大百科事典』から「貧困」。閲覧はJapanKnowledgeを使用）。

小沼が指摘するように、貧困がもたらすものは生活の荒廃だけではなく、社会的に見放されること、何より「固定される」ことが大きな問題です。一度貧困状態に陥った場合、容易にその状況から脱することができないのです。

具体的な貧困の状態をどうやって捉えるのか、先学は常にそのことにも挑戦してきました。マルクスの盟友であったエンゲルスは、１８４４年に労働者街を調査して、産業革命直後の労働者の悲惨な労働と生活を報告しています（F・エンゲルス、全集刊行委員会訳『イギリスにおける労働者階級の状態』大月書店、１９７１年）。そこには、衣服はボロボロで、小さな住居にすし詰めにされ、満足のいく食料も手にしていなかった、あまりにも酷い労働者の現状が描き出されています。また、実業家でありながら大規模な社会調査を行ったブースは、ロンドンでの貧困調査の結果を地図にした「貧困地図」を作成し、都市における貧困の様相が一目でわかるようにしました。いまでもウェブサイトで見られます（https://booth.lse.ac.uk/）。

現代の貧困はどのような状況でしょうか。エンゲルスが描いたような「見た目にわかりやすい」ものは現代の日本では少ないかもしれません。しかし、見えにくくなったものの、現代でも確実に貧困層は存在します。貧困を考える際には大きく「絶対的貧困」と「相対的貧困」という二つの概念があります。絶対的貧困は、肉体的な生存が維持できるかどうかの水準で考えるものであり、いまでも発展途上国で見られるような、栄養不足や飢饉に苦しむような状況を指すものです。これに対し、日本も含めたいわゆる先進諸国で問題となるのが相対的貧困です。これは、一般社会の標準的な生活水準からどれぐらい離れているかで貧困線を設定するものです。ＯＥＣＤなどでも用いられる、国際的に最も普及しているやり方としては、世帯可処分所得（世帯内のすべての世帯員の所得を合算）を世帯人数で調整した値（等価世帯所得）の中央値の50％を貧困線とし、それを下回る世帯の割合を「相対的貧困率」としています。

相対的貧困率を「国民生活基礎調査」から割り出した調査の報告書を使い、２０１２年と２０１５年の相対的貧困率のデータを比較してみます（阿部彩（２０１８）「日本の相対的貧困率の動態：２０１２から２０１５年」科学研究費助成事業（科学研究費補助金）（基盤研究（Ｂ））「「貧困学」のフロンティアを構築する研究」報告書）。勤労世代（20歳から64歳）の男性の貧困率を就労状況別に見ると、圧倒的多数を占める「主に仕事」をしている人の貧困率は10・３％から９・７％へと減少したものの、「仕事なし（その他）」の貧困率は30・３％から33・２％へと上昇し、現在でも失業は貧困の大きな理由となっていることがわかります。勤労世代の女性の場合は、多数を占める「主に仕事」をしている人の貧困率が13・０％から13・６％へと、若干ですが増加しています。「仕事なし」の貧困率は34・２％から28・３％へと減少していますが、仕事がない状況はやはり貧困に陥りやすいことは変わらないようです。日本には貧困は存在しない、と主張する人々が未だに存在しますが、これらのデータを見ても、貧困の存在を無視することはできましょうか。

大学生にとってもそのしわ寄せは来ています。日本学生支援機構の「平成30年度学生生活調査結果」によれば、大学（昼間部）において、学生の収入総額は前回調査（平成28年度）よりも３・５万円の増額となった約２００万円となっていますが、そのうち、アルバイトによる収入は40万１５００円であり、割合も

18・1％から20・1％と上昇しています。何らかの奨学金を受給している者の割合も、47・5％であり、学部生のほぼ半数が奨学金を得ていることになります。アルバイトも立派な雇用労働であるわけですが、大学生のうちから、雇用労働の圧力にさらされていることがうかがえます。当然、クラブ・サークル活動に没頭するどころか、アルバイトに追われ、大学での学びに十分に時間を注げない学生も増えてきています。加えて、このコロナ禍において、職種によってはそのアルバイトさえも減少しており、生活の糧を得る重要な機会も減っていることが、より大学生の生活を不安にさせる要因になっているといえましょう。

6　就労圧力と労働倫理

もう一つ、マルクスがもたらした相対的過剰人口論の見方によっていえるのは、その就労圧力の高さから引き起こされる労働倫理にまつわる問題です。

先に述べた貧困の問題からは、資本主義経済において、過剰人口＝失業者が発生することは不可避であり、よって国家は何らかの失業対策を行う必要がある、ということが導かれます。これ自体は、いわゆる新古典派経済学の考え方に基づく需要・供給の概念でも簡単に導き出せることでもあります。失業状態は需要と供給のバランス（＝均衡状態）が崩れた際に発生するものであり、その不均衡の状態から均衡点に戻るまでは時間がかかるため、一定程度は失業者が存在することになります。これがいわゆる「摩擦的失業」です。

しかし、相対的過剰人口の概念がもたらしてくれるものは、それ以外にもあります。現代の労働社会においては、労働倫理がせめぎ合っており、相対的過剰人口として追いやられても、労働市場から無縁ではいられない、ということです。つまり、それは絶えず、労働市場の中へ投げ返され、また投げ返されることを強制され、就労への圧力が常にもたらされる、ということです。それは、本人の就労意欲とはまた無関係にもたらされることです。

例えば、日本における生活保護制度を考えてみましょう。生活保護は、所得が一定の基準に満たない場合、その不足分を支援してくれるわけですが、そこには常に自立という名前の「働けるなら働け」という就労圧力がかかっています。それは、理念としては、長く生活保護を受給している状態に留まらないように、という理屈ですが、実際にはその過程で、不適切な就労支援を受けることも少なくありません。

1990年代から、福祉（Welfare）と労働（Work）を掛け合わせた「ワークフェア（Workfare）」という言葉がイギリスで生まれ、多くの福祉国家に浸透していきました。これは、「就労を前提とした福祉」であり、就労することを義務づけた上で、福祉的給付を行う、というものです。しかし、日本はこのような言葉が生まれる前から、たぐいまれなる「ワークフェア」国家であり、生活保護制度は非常に「ワークフェア」的であるといえましょう。何より、就労圧力は「働ける能力がある」ということが大前提ですが、そもそも就労意欲はあるにしても、重度障害などによって通常の就労が厳しい人、すなわち「働きたいのに働けない人々」はどうやって処遇すればいいのでしょうか。

また、ひとり親家庭の貧困は常に問題となりますが、その中でも母親と子どもの家庭、いわゆるシングルマザーの家庭の生活の厳しさはいまでも変わりません。先の報告書においても、勤労世代の女性のうち、配偶者と「離別」した人の貧困率は、2015年で32・3%と高く、2012年の36・0%よりは低下したものの、依然として高い値です。このような世帯において、親は就労意欲のない「怠けた」人々なのでしょうか。厚生労働省「平成28年度　全国ひとり親世帯等調査結果報告」によれば、母子世帯の母の就業状況において、81・8％が就業しており、就労意欲はかなり高いことがわかります。しかし、そのうち「正規の職員・従業員」として働いている人は44・2％にすぎず、「パート・アルバイト等」が43・8％も存在します。正規雇用と比べ、一般的にパート・アルバイトの賃金は低いですから、高い就労意欲にもかかわらず、生活は苦しいことになります。実際、この調査で示された「母子世帯の母の年間就労収入の構成割合」においては、平均年間就労収入は２００万円であり、最も多い階層は、「１００万～２００万円未満」の35・8％です。「１００万円未満」の層も22・3％存在しています。就労支援とはまた異なる、生活保障のための支援が必要だといえましょう。

労働市場の中へ投げ返された労働者はどうなるか。熾烈な競争の中に放り込まれることになります。その中で、十分な収入と安定した雇用に結びつけばよいですが、現代では、非正規雇用という不安定な就業形態に結びついてしまうことも多くあります。その本質からすれば、必ずしも正規雇用がよくて、非正規雇用が悪い、という単純なものでもありませんが、現実には、非正規雇用の多くは賃金が低く、また継続的とはいい難い不安定な雇用のため、生活不安と失業への不安を絶えず抱くことになります。そのような、短期的な見とおししか得られず、働いても働いても十分な生活の糧が得られない状況の下で、自らの能力を十分に発揮し、人間発達の糧をも得ることができましょうか。それでは労働の「負の側面」ばかりが強まることでしょう。

7　コロナ禍がもたらしたもの

加えて、現在の新型コロナウイルス感染症による一連の対応は、特に雇用不安を抱いている層に対して厳しい結果をもたらしました。「労働力調査」の２０２０年（令和2年）10月分を詳細に見ると、非正規の職員・従業員数は２１１１万人であり、前年同月に比べ85万人の減少、８か月連続で減少しています。また、完全失業者数は２１５万人で、前年同月に比べて51万人の増加であり、９か月連続で増加しています。完全失業者の求職理由をみてみると、「勤め先や事業の都合」が対前年同月と比べ22万人も増えており、コロナ渦で失業に追いこまれた労働者が増加していることが伺えます。別の調査もみてみましょう。労働政策研究・研修機構（ＪＩＬＰＴ）による「第2回　新型コロナウイルス感染症が企業経営に及ぼす影響に関する調査（一時集計）」においては、２０２０年9月時点での人件費を前年同月と比較すると、26・8％減少しています。減少している企業の8割以上が3割程度以内の減少であるものの、飲食・宿泊業では減少した企業の22・４％が5割以上の減少となっており、産業間の差が大きくなっています。経済活動が縮小した結果、過剰人員を抱えることになった企業も少なくないのですが、それでも維持している理由を問うと「雇用維持は企業の社会的責任だから（51・４％）」「社員のため（解雇すると従業員が路頭に迷うことになるから）（50・２％）」という理由から、案外持ちこたえていることがわかります。とはいえ、この9月現在の生産・売り上げ額等の水準が今後も継続する場合に現状の雇用を維持できる期間を尋ねると、15・６％の企業が「1年ぐらい」、11・９％の企業が「半年ぐらい」と回答しており、「２、３か月ぐらい」

「既に雇用削減を実施している」を含めると2割弱（18・0％）の企業で半年以内、3分の1（33・6％）の企業で1年以内に現状の雇用を維持できなくなることが見こまれています。ここまでの雇用維持は、企業側の意識だけではなく、雇用保険における雇用調整助成金の活用や、その他の補助金の活用によって一定程度の効果があったものと推察できますが、それでも企業側の努力だけでは雇用維持が極めて困難になっていることがわかります。また、その雇用維持も多くは正社員を中心としたものと考えられ、「景気の調整弁」ともいわれてきた非正規雇用は真っ先に削減の対象になっていることは変わりありません。コロナ禍以前のような経済活動に戻れる見込みがいまだ立たないなか、このような情勢が続くのであれば、相対的過剰人口はさらに増加するでしょう。

8　問題にどう立ち向かうか

相対的過剰人口の問題には、労働者はなすすべがない状態なのでしょうか。そうではありません。最後にこの点について考えてみましょう。一つは、労働者がどのように団結するか、もう一つは、貧困層にどうやって支援を行うか、ということです。

前著『時代はまるで資本論』第7講では、労働組合が様々な試みをすることの重要性を論じていますが、その重要性はいまでも変わりません。これ自体はマルクスも、「正規雇用と非正規雇用の協力を組織して」（I 669）という表現でその重要性を示しています。労働運動の中核となるべき組織である労働組合の組織数は緩やかに減少を続けており、組織率も低下の一方です。令和2年（2020年）の労働組合数は

2万3761組合、労働組合員数は1011万5千人であり、推定組織率は17・1%です（厚生労働省「令和2年労働組合基礎調査の概況」）。組合員数はここ4年ほど若干増加していますが、雇用者数の増加がそれ以上のため、推定組織率は低下しています。令和2年の推定組織率は令和元年の16・7%よりは増大していますが、これはそもそも、コロナ禍の影響により労働者数が激減したことが理由です（調査は令和2年6月30日現在の状態を集計している）。しかし、労働運動そのものが必ずしも下火になったわけではありません。現在では、かつて主流だった正規雇用の人々による労働運動ではなく、非正規雇用の人々による労働運動が、少しずつ、しかし着実に広まっています。ここ最近の動きとして興味深いのは、非正規雇用の人々が「ストライキ」を前提とした労働運動を繰り広げているところです。図書館司書や自動販売機の設置会社、私立学校の教員など、公的施設から民間企業まで、幅広い人々が運動を起こしています（『POSSE』Vol.42、堀之内出版、2019年）。「正規雇用と非正規雇用の協力」という状況まではまだ遠いといわざるを得ないのですが、それでも、非正規労働の人々による労働運動が目立ってきたことは、大きな意味を持ちます。何より、ストライキという労働争議の手段は、最近の日本で行われていることそのものが珍しいのですが、それほどまでに、労働者の状況が耐えられないものになっているともいえましょう。少し前に『逃げるは恥だが役に立つ』（海野つなみ作、講談社）というマンガ（およびそれを原作にしたドラマ）が一種の社会現象にもなりましたが、過酷な状態から逃げることが必要な場面は当然あり、恥でも何でもありません。その一方で組織を離れずに声を上げるという手段も労働者は持っており、それもまた立派な「選択肢」であること、そして法的には「権利」であることを覚えておいて下さい。

もう一つ。貧困層に対する公的支援は十分とはいえないものの、民間のものを加えれば多様な支援が生まれつつあります。ホームレス支援の一つの形として確立してきたのが、『ビッグイシュー』の事例でしょう。ホームレスの人々が雑誌（ストリート・ペーパー）を売るという仕事を通じて、その売り上げから生活の糧となる収入を得て、支援を受けつつも自らの力で生活を立て直すことを目指す活動です。単なる何かの給付ではなく、雑誌を売るという行為を通じて、社会との繋がりを保ちつつ生活の糧を得るというこの手法は、当然、雇用ではないものの、労働というものがもたらす正の作用をどのように当事者にもたらすことが可能か、一つの可能性として重要な意味を持っているでしょう。こうした民間支援によって隙間を埋めつつも、本質的には、社会保障による再分配によって、どれだけ安定的な生活を担保することができるかが重要であることは変わりません。

おわりに

冒頭で述べたように、資本主義経済において、労働者は労働力を販売する、つまり雇われて賃金を得ること以外で生活の糧を得ることはできません。そして労働者は絶えず相対的過剰人口のプールへ落とされる可能性、つまり失業する可能性にさらされており、かつ相対的過剰人口になった場合も、絶えず就労圧力にさらされています。このことは現代でも全く変わりません。当然ながら、失業する可能性が高まれば、労働者個人に失業不安を大きく抱かせることになり、長期的にスキルを形成し、安定して働くことが厳しくなります。

現代の国家は、労働そのものに関するルール（労働法など）とは別に、社会保障というルール・制度を作り上げました。社会保障の目的は、資本主義経済におけるリスクを緩和することですが、そのリスクの主たる部分は、相対的過剰人口の存在が引き起こすものと言ってもよいでしょう。失業が起こった際に、雇用保険からの給付があれば、失業時の生活の悪化を緩和し、次の仕事への「つなぎ」になってくれるでしょう。また、生活保護制度が上手く機能してくれれば、低所得状態になった際に、生活の支えとなり、生活不安を緩和してくれるでしょう。とはいえ、その社会保障システムが、リスク緩和のために十分な水準なのか、また十分に機能しているか、常に検討しなくてはなりません。本章でも論じたように、母子世帯の貧困問題については、単なる就労支援を行ってもうまくいきません。資本主義経済における最適な労働システムの検討と共に、それと密接につながりをもった社会保障システムも考えなくてはなりません。

労働というものは、賃金を得るために行うものとはいえ、そこから得られるものは賃金だけではありません。仕事を通じて身につける様々なスキルや、やりがい、働きがい、社会との繋がりの実感……実に多様なものがあります。確かに賃金は重要ですが、賃金だけで割り切れるものでもありません。これらを通じて、労働者の「人間発達」が行われるわけですが、相対的過剰人口が引き起こす雇用不安は、その人間発達の効果を打ち消してしまうでしょう。社会保障のシステムにより、相対的過剰人口が引き起こす、負の側面をなるべく抑え、正の側面である人間発達の効果を最大限にすることができるのです。雇用社会化が進んだ現代だからこそ、相対的過剰人口が発生することの意味と、人間発達のために何が必要か、いま一度考えることが重要でしょう。終章で論じられるベーシック・インカムと合わせ、働くことの意味を改めて見つめ直してみましょう。

◎考えてみましょう

（1）日本における失業問題には具体的にどのようなものがあるか、最近3か月分のニュースから調べてみましょう。

（2）最近半年分のニュースを調べ、貧困にまつわるニュースを選び出し、なぜそのような状況になってしまったのかを検討すると共に、どのような報道のされ方をしているのか、できれば複数の新聞社・通信社の報道を見比べながら検討してみましょう。

（3）失業したときに使える社会保障制度や、そのための行政機関には何があるでしょうか。調べた上で、その役割と意義は何か、批判的に検討してみましょう。また、貧困層に対して、どのような支援をしている団体があるのかも調べてみましょう。

◎推薦文献

阿部彩、鈴木大介『貧困を救えない国　日本』ＰＨＰ新書、２０１８年

金子充『入門　貧困論』明石書店、２０１７年

権丈善一『ちょっと気になる社会保障　Ｖ３』勁草書房、２０２０年

第4章　資本の本源的蓄積論と階級・家族——経済外強制としての人口再生産

青柳和身

一方の極に労働条件が資本として現れ、他方の極には自分の労働力以外に売るものがなにもないという人間が現れるというだけでは、十分ではない。このような人間が自発的に自分を売るように余儀なくされるだけでも、まだ十分ではない。資本主義的生産が進むにつれ、教育、伝統、慣習によって、この生産様式の諸要求を自明な自然法則として承認するような、労働者階級が発展する。十分に発達した資本主義的生産過程の組織はあらゆる抵抗を打破し、相対的過剰人口の絶え間ない生産は労働の需要供給の法則を、それゆえ労賃を、資本の増殖要求に照応する軌道内に保ち、経済的諸関係の無言の強制は労働者にたいする資本家の支配を確定する。……ものごとが普通に進行する場合には、労働者は「生産の自然法則」に……まかせておくことができる。……資本主義的生産の歴史的創成期の中では、事情は違っていた。勃興しつつあるブルジョアジーは、労賃を「調節する」ために——すなわち貨殖に適合する制限内に労賃を押し込めるために——労働日を延長して労働者自身を標準的な従属度に維持するために、国家権力を必要とし、利用する。これこそは、いわゆる本源的蓄積の本質的な一契機である（I 765〜766）。

はじめに

◎本源的蓄積論の研究課題

『資本論』の第24章「いわゆる本源的蓄積」は、第7篇「資本の蓄積過程」の一部となっています。しかしこの章の導入部の第1節「本源的蓄積の秘密」では、資本主義的生産様式の結果としての資本蓄積論では剰余価値生産による剰余価値生産という循環論法に陥ってしまうので、その出発点としての蓄積を「本源的」蓄積と呼んで、その現実的内容として資本主義的生産様式の歴史的形成と発展過程を研究することを課題として設定しています。

第1節では、アダム・スミスが、勤勉で、聡明で、倹約的な人々と、怠惰で、自分の必要なもの以上を浪費する浮浪者たちとの存在を想定し、その結果として資本の形成と蓄積が行われるという説明を行っていることを批判的に紹介しています。このような説明では労働者大衆の貧困と労働する必要のない富裕者との関係の歴史的形成を説明できないからです。その上でスミスを含む「ものやさしい経済学では昔から牧歌が支配していた。昔から正義と『労働』が唯一の致富手段であった。……実際には本源的蓄積の諸方法は、他の一切のものであっても、決して牧歌的なものではない（I742）」と辛辣に批判しています。

この批判にもとづいて、資本主義的生産様式の形成の現実的研究課題は、前資本主義的社会には存在しない資本主義的労働者、すなわち奴隷的・農奴的強制からの自由と生産手段所有からの自由（生産手段の非所有）という二重の自由にもとづくプロレタリアート（生産手段を所有しない労働者）の創出であることが強調されています。その上で資本家の形成による資本賃労働関係は自由なプロレタリアートの形成による封建的搾取の資本主義的搾取への転化にもとづいて形成され発展するものであることが主張されています。この過程は農村の生産者である農民からの土地収奪が基礎であり、その最も典型的な形態はイギリスに見られるとして、近世・近代のイギリスの歴史を中心として資本主義の形成と発展過程を研究しています。

◎人口再生産問題の研究

しかしこの研究には実証的には重大な限界がありました。歴史的変革によって形成された資本主義的階級関係が人口再生産と増殖を通じていかに再生産されるかという根本的な問題は全く検討されていなかったからです。しかしマルクスは１８８０年末以降には奴隷制、農奴制および資本主義を含む階級社会の形成には独自の家族形態による階級的人口再生産にもとづく階級関係の再生産が不可欠であることを認識するようになりました。本章では、本源的蓄積論の歴史的内容を前提とした上で、資本主義独自の人口再生産様式についての現代の実証的歴史研究の内容を補足しつつ資本主義的生産様式総体の歴史を検討し、それを前提として現代の人口再生産問題と外国人労働者問題について考察します。

1　資本の本源的蓄積と資本主義的生産様式の発展

◎農村民からの土地の収奪によるプロレタリアートの形成

最初に、農村の生産者からの二重に自由な労働者層の創出をもたらした歴史的変革がいかにして行われたかについて明らかにしましょう。

資本主義的生産様式の基礎を作り出した最初の変革は、封建家臣団の解体を前提として、15世紀の最後の3分の1期および16世紀の最初の数十年に進行した大封建領主（封建社会の支配層）による農民の土地からの駆り立てによる共同地の横奪であり、それが大量のプロレタリアートを作り出しました。その刺激を与えたのはフランドルの羊毛マニュファクチュア（工場制手工業）の繁栄に刺激された耕地への牧羊地の転化や共同地横奪でした。共同地は家畜の放牧のための土地であり、また家畜は肥料の供給源でもあって、それらは農民経営の重要な生産手段の再生産条件でした。共同地の横奪はその条件の収奪を意味しています。

16世紀の宗教改革は、最大の封建領主たる教会領の盗奪による国王の寵臣への贈与または借地農場経営者や都市ブルジョアへの売却によって、大封建領主による土地収奪と同様な結果をもたらしました。17世紀末の名誉革命期には、国有地の盗奪・私有地化による土地収奪をもたらし、18世紀には共同地囲い込み法による共同地収奪が行われ、18世紀末から19世紀にかけての最後の土地収奪過程は「土地の清掃」と呼ばれるこの過程の頂点となりました。

これらの変革は農業革命と呼ばれ、その内容は次のように指摘されています。

> 教会領の略奪、国有地の詐欺的譲渡、共同地の盗奪、横奪による、そして容赦のない暴行によって行われた封建的所有および氏族的所有の近代的所有への転化、これらはみないずれも本源的蓄積の牧歌的方法であった。これらは、……都市工業のためにそれが必要とする鳥のように自由なプロレタリアートの供給を

つくり出した（Ⅰ760–761）。

◎15世紀末以来の被収奪者に対する流血の立法による就労強制と労賃引き下げ

こうして形成された二重に自由なプロレタリアートに対してさらに暴力的な流血の立法による就労強制と労賃引き下げが権力的に遂行されました。

暴力的土地収奪によって形成された自由なプロレタリアートは、形成されつつあるマニュファクチュアには十分に吸収されず、新しい生活規律にもなれることができず、大量の乞食や盗賊や浮浪人に転化しました。これらの人々は、15世紀末から16世紀にわたって西ヨーロッパ全体で乞食や浮浪者にたいする浮浪罪によって罰せられました。イギリスでは16世紀の諸法律で強健な浮浪者にたいする鞭打ちの刑が科されました。また労働することを拒む者はそれを告発した人の奴隷になることが規定され、労働能力のない者としての「鑑札」（「乞食免許」――『全集』）をもたない乞食にはその雇用者が存在しない場合には鞭打ちと焼き印の刑が科され、再犯の場合は死刑に処せられました。これらの刑は18世紀初頭まで存続しました。これらの法律は鳥のように自由なプロレタリアートにたいして、奴隷的条件での就労を強制する法であり、極度の労賃引き下げのための強制法であったと言えます。この総括として、本章の冒頭で引用した文章によって本源的蓄積の歴史的性格を明確に規定しています。

労働者の搾取を目的とする賃労働立法は14世紀の「労働者規制法」であり、法定賃金より高い賃金を支払う者とそれを受け取る者の両者は禁固刑が科され、その後この刑罰を厳しくし、労働者の団結を禁止する法が制定され、労働者の団結は重罪とされました。賃金引下げの法は19世紀初頭まで、団結禁止法は

1825年まで存続しました。

◎資本主義的借地農場経営者の形成

自由なプロレタリアートの創出は資本家の形成にどのような役割を果たしたのでしょうか。借地農場経営者の歴史を中心に資本家の形成を検討しましょう。

農業革命期としての15世紀の最後の3分の1期から16世紀の時期には賃労働の使用と共同牧場の横奪によって資本家的借地農場経営者の富裕化が進行しました。16世紀以降の価格革命（新大陸からの大量の銀の流入によるインフレ）により、労賃の低下、穀物や畜産物を含む農業生産物の価格上昇、貨幣地代負担の低下の結果、16世紀末には富裕な資本主義的借地農場経営者層が階級的に成立しました。

◎産業資本のための国内市場の形成

産業資本（生産過程において賃労働雇用による剰余価値生産を行う工業部門の資本）の発展のための国内市場の形成はどのように行われたのでしょうか。

農村民の収奪は同職組合（同一職業の手工業者が中世に結成した組合）の外部の都市工業にプロレタリアートを供給しました。その結果農業革命による農業生産力発展にもとづいて一部の農民の離農は都市の産業資本のための労働力を形成しました。また原材料としての都市への農産物販売が行なわれ、その見返りとしての工業生産物の農村への販売によって資本主義的国内市場が発展しました。

◎産業資本家の形成

産業資本家はどのように形成されたのでしょうか。それは資本家的借地農業経営者の形成のような漸次的過程でなく、資本主義的国内市場にもとづいて同職組合の小親方や独立小手工業者や一部の賃労働者が小資本家に転化し、賃労働の搾取の拡大と資本蓄積によって急速に本格的な資本家に成長しました。中世以来存在していた商業資本と高利貸資本によって形成された貨幣資本は農村では封建制度によって、都市では同職組合制度によって、産業資本への転化を妨げられていました。しかし、封建家臣団の解体と農村民の収奪によって阻止的条件が解消され、新たなマニュファクチュアが古い都市制度や同職組合制度の外部に形成されました。16世紀以降の世界市場の形成と資本主義的な国内経済制度の形成を通じた貨幣資本の略奪的形成はこの過程を温室的に助長しました。

アメリカにおける金鉱産地の発見、原住民の根絶と奴隷化と鉱山への埋没、アメリカの征服と略奪の開始、アフリカの商業的黒人狩猟場への転化は資本主義の開始を特徴づけるものであり、これらは本源的蓄積の主要な契機となりました。そのあとに続くのが、地球を舞台とするヨーロッパ諸国民の商業戦争です。イギリスでは、本源的蓄積の契機は17世紀末以降の植民制度、国債制度、近代的租税制度および保護貿易制度による集中的な貨幣財産の形成によって特徴づけることができます。これらのどの制度も、「封建的生産様式の資本主義的生産様式への転化過程を温室的に促進して過渡期を短縮するために、国家権力、すなわち社会の集中され組織された暴力を利用する。暴力は新しい社会をはらむあらゆる古い社会の助産婦である（I 779）」と特徴づけられています。

これらの歴史的検討の総括として次のような重要な指摘が行われています。

資本主義的生産様式の法則に道を切り開き、「一方の極では社会的な生産手段および生活手段を資本に転化させ、反対の極のでは人民大衆を賃労働者に、近代史のこの芸術作品である自由な『労働貧民』に転化させるには〝このような骨折りを必要とした〟のである。……資本は、頭から爪先まで、あらゆる毛穴から、血と汚物とをしたたらせながらこの世に生まれてくる。（Ⅰ787-788）」

◎生産様式の転換

以上のような変革過程は、生産様式としてはどのような歴史的転換をもたらしたのでしょうか。それは階級社会としての奴隷制と農奴制を含む前資本主義的生産様式から資本主義的生産様式への転換であり、その基礎は奴隷制と農奴制を構成する小経営生産様式（賃労働者の雇用なき家族労働経営の生産様式）の解体による転換にほかなりません。小経営生産様式については次のように特徴づけられています。

社会的・集団的所有の対立物としての私的所有は、労働手段と労働の外的諸条件とが私人に属する場合にのみ存立する。しかしこの私人が労働者であるか非労働者であるかに応じて、私的所有もまた異なる性格をもつ。……労働者が自分の生産手段を私的に所有していることが小経営の基礎であり、小経営は、社会的生産と労働者自身の自由な個性の発展のための一つの必要条件である。確かに、この生産様式は、奴隷制、農奴制、およびその他の隷属的諸関係の内部でも実存する（Ⅰ789）。

小経営生産様式の解体による生産様式の転換は次のようにとらえられています（Ⅰ789－790）。

この生産様式は、土地やその他の生産手段の分散を想定し、その集積を排除し、生産過程における協業や分業や社会的生産力の自由な発展を排除していました。しかしこの生産様式が特定の高さに達すれば、分散的生産手段の社会的に集積された生産手段への転化、人民大衆からの土地や生活手段、労働用具の収奪が資本の前史をなすことになるとして、歴史的検討の内容を要約しています。個々独立の労働者個人とその労働条件の癒着にもとづく私的所有は、他人の、しかも形式的には自由な労働の搾取にもとづく資本主義的私的所有によって駆逐されるとして資本主義的生産様式への転換が総括されています。

◎資本主義的蓄積の歴史的傾向

資本主義的蓄積の歴史的傾向の特質について考察しましょう。それは諸資本の集中による資本家による資本家の収奪であり、それは小経営の収奪の発展形態としてその歴史的特質が次のようにまとめられています（Ⅰ791）。

少数の資本家による多数の資本家の収奪によって、大規模な協業形態、科学の意識的な技術的応用、土地の計画的利用、共同的にのみ利用される労働手段への労働手段の転化、結合された社会的労働の生産手段としてのその節約、世界市場の網の目へのすべての国民の編入による資本主義の国際的発展として資本主義経済の歴史的発展過程が特徴づけられます。この過程を通じて、いっさいの利益を横奪し独占する大資本家の数の減少につれて、「貧困、抑圧、搾取、隷属、堕落、搾取の総量は増大するが、しかしたえず膨張するところの、資本主義的生産過程そのものの機構によって訓練され結合され組織される労働者の反抗もまた増大する」とされています。その結果、資本独占は生産手段の集中と労働の社会化と調和できなくなる一点に達し、「資本主義的私的所有の弔鐘がなる。収奪者が収奪される」という句で結ばれています。生産手段収奪の結果は生産手段の共同占有を基礎とする個人的所有の再建という未来社会が展望されています。

◎剰余価値の持続的搾取のための人口再生産

以上のように資本主義的生産様式の歴史的形成と発展は資本主義的剰余労働の搾取体制の成立と発展ですが、それには労働者の人口再生産と増殖が前提とされています。この問題について補足的に検討しましょう。

この問題にかんしてマルクスは、資本関係形成に不可欠な条件として、労働力の売り手は生殖によって「自己を永久化しなければならない」とし、労働力の再生産に必要な生活手段として労働者の子どもたちの生活手段を含めています（Ⅰ186）。それを前提として、労働者の人口再生産に支出される生活手段の生産のための労働時間を必要労働と規定し、それが労働者にとって必要であるだけでなく、「それは資本とその世界にとって必要である。なぜなら、労働者の永続的な定在は資本とその世界との基礎だからである」として決定的に重視しています（Ⅰ231）。しかし次世代再生産を含む必要労働と剰余価値生産の基礎としての剰余労働とは本質的に対立的関係です。このことは絶対的剰余価値生産の歴史的検討を通じて実証され、剰余価値生産としての搾取強化は未来の人口減少を予想させるものだとして、必要労働と剰余労働との対立関係が強調されています（Ⅰ285）。このような対立関係は剰余価値生産総量の次のような定式化にもとづいて法則的に検討されています。

剰余価総量W＝m／v×V

（1日の剰余労働時間による個々の労働者の平均剰余価値生産m、個々の労働者に払われる賃金の価値v、労働者人口を雇用する総賃金の価値V）

この定式にかんして、第一法則（m増加＝剰余労働時間延長）、第二法則（v減少＝賃金低下）および第三法則（V増加＝労働者人口増加）という三つの剰余価値生産法則が規定されています（I 322〜325）。この定式は絶対的剰余価値生産の法則を定式化したものですが、生産力発展による生活手段の低廉化による労働力価値低下にもとづく剰余価値生産の法則的関係をも包括した内容となっており、剰余価値生産一般の法則の定式化となっています。

この定式の歴史現実的内容は、一方では第一法則の剰余労働のための長時間労働と第二法則の労賃低下やその限定化は次世代再生産を含む人口再生産のための必要労働を圧迫すると同時に、他方では第三法則としての人口再生産と増殖が行われなければならないということを意味しています。このような第一・第二法則と第三法則との対立的両立化は剰余価値搾取の体制的成立に不可欠な条件です。

◎本源的蓄積論の実証的限界と新たな歴史研究

しかし第24章の本源的蓄積論は第一・第二法則による剰余価値搾取を規定する歴史的条件の形成を中心

に検討していますが、次世代再生産にもとづく人口再生産については歴史具体的な検討を行っていません。農村民の土地収奪によって新たに形成された労働者人口の次世代再生産と増殖、およびその結果としての相対的過剰人口の生産にかんしては歴史的現実として前提化されていますが、人口再生産の実態自体は全く研究されていません。それは『資本論』執筆段階のマルクスは人口再生産問題の本格的研究を行っていなかったからです。

しかし1880年末以降のモーガン『古代社会』の研究によるマルクスの新たな歴史認識は労働者階級の人口再生産の研究にたいして新たな視点からの研究の可能性を与えています。次の第2節ではモーガン研究による新しい歴史認識がどのような新たな歴史的研究課題を提起しているかについて考察します。さらに第3節ではその研究課題に即した資本主義的労働者階級の家族形態と人口再生産様式の歴史についての実証的研究を検討し、それにもとづいて現代の人口再生産の特質についての検討を行います。

2　新たな階級社会認識と資本主義的労働者階級の歴史的研究課題

◎『古代社会』研究による新たな歴史認識

ここでは人口再生産様式にかんするマルクスの新たな認識について、『モーガン『古代社会』摘要』(『全集』補完④257～474頁、以下モーガン・ノートと略称)による新たな歴史認識について検討し、その歴史認識の視点から労働者階級の形成についての新たな研究の可能性について検討します。具体的にはモーガン・ノートの末尾の節で、マルクス自身が実証研究を行った古ゲルマン社会の研究と、それにもとづく「ヴェ・イ・

ザスーリッチの手紙の回答の下書き」（『全集』⑲386〜409頁）およびそれに直接関連するモーガン・ノートの内容における歴史的家族認識にもとづいて検討します。

マルクスはモーガンの研究にもとづいて、家族の歴史を未開時代における氏族制度（氏族を社会構成の基本単位とする社会のしくみ）にもとづく対偶婚家族から文明時代における家父長制的一夫一婦婚家族への転換ととらえ、モーガン・ノートの注釈として、次のようなきわめて重要な指摘を行っています。

> フリエは一夫一婦婚と土地の私有とを文明時代の特徴としている。近代家族は、servitus（奴隷制）だけでなく、農奴制をも萌芽として含んでいる。……それは、のちに社会とその国家のなかに広く発展してくる諸敵対のすべてを、縮図として自己のうちに含んでいる。（『全集』補巻④、291〜292頁、傍点は原文）

これはモーガン研究によって発見した全く新しい家族認識でした。なぜならそれ以前の家族観は最古の家族を含む超歴史的家父長制的家族観であり、無階級社会であろうと階級社会であろうと家族形態には本質的相違はないものとしてとらえていたからです（『全集』㉑477頁、『全集』補完④161〜168、189頁）。したがって家父長制的家族による人口再生産形態も超歴史的なものとしてとらえられていました。このような家族観の根本的自己批判が前記の注釈には含められています。

◎対偶婚家族と家父長制的一夫一婦婚家族の人口再生産様式

マルクスはモーガン・ノートの末尾の節で古ゲルマン社会の家族形態について、カエサルの時代（紀元前一世紀中葉）とタキトゥスの時代（紀元1世紀末）のゲルマン社会について比較検討しています。その結果、前者の時代は、氏族制度による対偶婚家族であり、土地は個別家族ではなく氏族単位で配分されていたと結論づけ、後者の時代は、一夫一婦婚家族であり、土地は貧富の差に応じて個別家族に不均等に配分されていたと結論づけています。

モーガン・ノートにもとづいて対偶婚家族の歴史的特質を検討しましょう。対偶婚家族とは、婚姻の形式の下における1人の男子と1人の女子の間の配偶に基礎を置くが、排他的な同棲を伴ったものではなく、婚姻関係は、当事者の心にかなう間だけ続く関係であって、離婚・再婚も自由な家族形態でした。対偶婚関係で女性の地位が低くないのは、女性が母系氏族制の場合のみならず、父系氏族制の場合でも自己が所属する氏族の庇護を受けられたからでした。このような対偶婚家族制度の下では女性に婚姻や出産を強制するような制度は存在することができず、独自の自由な人口再生産様式となります。対偶婚家族の場合には、氏族制社会の首長等による経済的搾取によって長時間労働や貧困化がたとえ一時的に発生したとしても、それに対抗して女性は自己の生活水準維持のため、婚姻と出産を抑制し、次世代再生産的必要労働を短縮することができます。その結果労働力人口が減少し、経済的搾取の試みは挫折せざるをえません。

しかし一夫一婦婚家族の場合、氏族制度は解体し、男性家長による土地や生産手段の所有関係が成立しており、女性が家長の妻として家族経営の担い手になる場合のみ生存が保障される制度であり、また財産の家族的相続の保障のために次世代再生産を強制される制度です。一夫一婦婚家族制度が社会的に確立した場合にはこの家族制度に内在する生殖強制すなわち婚姻・出産強制の結果、次世代再生産的必要労働は剰余労働搾取による長時間労働の強制や貧困化の下でも存続せざるをえません。剰余労働搾取と人口再生産との両立化という搾取体制はこのような一夫一婦婚家族の歴史的形成を前提としてはじめて成立することができます。「ヴェ・イ・ザスーリッチの手紙の回答の下書き」では古ゲルマン社会の研究によってこのような家族経営の実態が実証されています（『全集』⑲405〜407頁）。

一夫一婦婚家族の歴史的性格にかんするフーリエの肯定的引用の意味は、奴隷制、農奴制および資本主義という階級社会が成立した時代としての「文明時代」の家族形態を、フーリエの家族観と同じく性差別的家族形態としての家父長制的一夫一婦婚家族としてとらえたことを意味しています。奴隷制および農奴制の下での小経営生産様式の場合、男性奴隷は土地を占有し（中村　２０１８年）、男性農奴は土地を事実上所有することで家父長制的一夫一婦婚家族を構成し、女性は家父長制的条件での生殖すなわち婚姻と出産を強制されています。その結果剰余労働強制と次世代再生産とが両立化し、剰余労働の制度的強制のための基礎的条件が成立します。モーガンの研究にもとづいて、前資本主義的階級関係の再生産の基礎的要因は解明されました。

◎資本主義的一夫一婦婚家族の形成要因の未解明

しかし資本主義の場合どうでしょうか。生産手段を持たない資本主義的労働者における家父長制的一夫一婦婚家族の形成要因は全く解明されていません。剰余価値搾取と次世代人口再生産との対立的両立化という資本主義的階級関係再生産の基礎的条件は全くの未解明問題として残されています。これは次世代再生産を含む必要労働と剰余労働との対立的両立化という資本主義的搾取体制にとっての根本問題であり、この問題は、超歴史的家父長制的家族観を払拭した後のマルクスが直面した根本的な考察課題となったことはまちがいありません。フーリエの家族観の肯定的引用はこの自覚の表明でもあったと考えられます（青柳 2009年）。

◎貧困による多産という不合理な現象

剰余価値搾取による貧困と次世代再生産との両立化の問題にかんしては、『資本論』でもその現象の存在自体は指摘されています。労働者階級の最貧困層としての相対的過剰人口における貧困と多産との両立という独自の「不合理な」現象が取り上げられ、それを資本主義的法則と規定しているからです（I 672）。

ここでは剰余価値搾取による貧困と多産による次世代人口再生産とが両立化した形態が明示され、両者の関係の考察にとって最重要な問題が法則として規定されているにもかかわらず、この法則にたいする何らの理論的および歴史的解明も行ってはいません。しかしこの事例のように、貧困者層の多産という独自現象の解明には、資本主義独自の歴史的生殖強制要因の考察が不可欠であり、そのためにはこの時代における中絶禁止法の影響という要因を無視することはできません。モーガン研究以後のマルクスに時間的余裕があれば、この不合理な法則の根本的な再検討を最優先して行い、中絶禁止法の社会的影響の問題を検討し、その結果、資本主義的労働者階級の人口再生産様式の本格的検討を行った可能性を否定することはできないと思います。しかしマルクスはこの問題を解明しないまま1883年3月に死去しました。第3節ではこの問題を含め、労働者階級の人口再生産の歴史にかんする現代の実証研究の検討を行います。

◎中絶禁止法の社会的影響と生殖様式の歴史にかんする研究

第3節では中絶禁止法の人口再生産にたいする社会的影響の問題を検討した実証研究を紹介した上で、19世紀の中絶禁止法へと至る16世紀以降の生殖様式の歴史を研究した現代の代表的研究を検討します。この研究の検討にかんしては、紙幅の都合で、詳細な実証分析の内容には立ち入らず、ただその結論的指摘のみを紹介するだけにとどめます。

19世紀の中絶禁止法体制下での中絶問題を検討した研究は次のように指摘しています。

> 19世紀には違法中絶サービスがかなり確立し、さまざまな形で存在したといえます。……とくにアメリカの記録によると、20世紀に近づくにつれてますます医師が介入するようになりました。そして既存の資料は、堕胎産業が受益者の収入によって区分され、人口の大多数を占める貧しい人々は、まず助産婦（おそらく器具を使った）と薬事商（自分で始末する薬品を配布）に頼った、というわたしたちの常識的推測を裏づけてくれます（ポッツ他、１９８５年、131頁。（　）は原文のママ）。

この指摘は、19世紀における貧困多産という独自問題の考察には、中絶禁止法体制下における違法中絶の費用負担にたいする収入格差の影響という逆説的要因の検討が不可欠であり、19世紀の人口再生産の特質の検討には中絶禁止法の歴史的性格の考察が必要であることを明らかにしています。中絶禁止法の歴史的性格を考察するためには16世紀から19世紀に至る本源的蓄積期の生殖様式の歴史の検討が不可欠です。この時期の生殖様式の歴史にかんする代表的研究を紹介しましょう。

◎生殖様式の歴史にかんする代表的研究

代表的研究の一つは、ヨーロッパの生殖様式の歴史を広範な視点から検討しています。なかでも中心的には、レニングラード（現サンクトペテルブルグ）とトリエステを結ぶ線の北西側地域において、「ヨーロッパ的婚姻パターン」として晩婚・稀婚化が進行した北西欧の生殖様式の歴史を分析し、二つの局面として総括しています。

第一の局面は16、17世紀を中心とした魔女狩りと教会の出産への介入の時期であり、これは多くの独身男女労働者が出現した北西欧地域と重なっていることが特徴的です。この場合薬草知識を持った民衆の治療者としての産婆が「魔女産婆」と呼ばれ魔女狩りの標的となり、魔女とされた者は火あぶりの刑または絞首刑が科されました。魔女狩りは薬草利用を含む女性自身の生殖管理に対する攻撃となり、それは女性にたいする婚姻と出産を強制する要因となりました。

第二の局面は18、19世紀を中心とした時期であり、男性医師の出産への立ち合いが行われ、国家公認の産婆養成所で養成された産婆のみを正式な産婆とする制度および妊娠中絶禁止法が形成されました。これらの方策は産婆中絶を排除し、難産の場合の緊急堕胎を男性医師の手で行うためのものでした。いずれの方策も近代国家による出産への介入であり、女性による伝統的な出産の自己決定権（リプロダクティブ・ライツ）にたいする権力的抑圧手段となりました。19世紀に制定された中絶禁止法は性行為を妊娠・出産に直結させる強制法として近代的生殖強制の完成形態であり、中絶には流刑や禁固刑や死刑を含む厳罰が科せられました（シービンガー、２００７年、248～251頁）。

北西欧以外のヨーロッパの諸地域では、第一の局面を欠如し、第二の局面のみが遅れて出現したりしますが、いずれにせよ労働者階級の人口再生産には資本主義独自の生殖強制とそれにもとづく家父長制的一夫一婦婚家族の形成が不可欠の要因となりました（落合 １９８９年、青柳 ２００８年）。

もう一つの代表的研究は、第一の局面へ至る前史を含め第一の局面の生殖様式の歴史の実証的検討が行われ、魔女狩りを含む教会による性と生殖の行為に対する介入の歴史を含めて、最新の実証資料によって詳細に検討しています。その具体的内容は前者の代表的研究とも共通しているので省略し、著作の課題を解説した序章のみを紹介します。

> 本書の本源的蓄積についての説明には、マルクスの説明には欠けているもの、資本主義的蓄積にとって極めて重要な一連の歴史的現象が含まれている。すなわち、（ｉ）女性の労働と女性の再生産機能を労働力再生産に隷属させる、新たな性別分業の発展、（ⅱ）賃労働からの女性の排除と女性の男性への従属を基盤とする、新たな家父長制体制の構築、（ⅲ）プロレタリアートの身体の機械化とその変容――女性の場合それは、新しい労働者を生産する機械への変容を意味した――である。もっとも重要なことは、私は本源的蓄積の分析の中心に16世紀と17世紀の魔女狩りを置いたことである。魔女の迫害は、ヨーロッパでも新世界でも、資本主義の発展にとって植民地とヨーロッパの農民からの土地収奪と同様に重要であったこ

とを論じるだろう（フェデリーチ、２０１７年、14～15頁）。

魔女狩りについて、マルクスは本源的蓄積論の中で、「イギリスでは、魔女を火あぶりの刑にすることが廃止されたのと同じ時期に、銀行券の偽造者を絞首刑にすることが始まった」（Ⅰ783）ときわめて簡単に触れていますが、その重大な歴史的内容については全く検討していません。以上の批判は当たっています。

◎独身奉公人の発生と賃労働者家族形成のための生殖強制

本源的蓄積論では「鳥のように自由なプロレタリアート」としてこの時期の労働者を特徴づけていますが、その多くはこの時期に大量に発生した、定住地を持たない独身男女労働者と推定されます。これらの独身労働者の多くは当初は富裕者世帯内に居住して家事労働を担う奉公人すなわち「用益給付」労働者になりました。（『資本論草稿集②』114頁、『全集』第26巻Ⅰ、164～182頁）。これらの独身奉公人に重い賃労働を負担させるためには、家父長制的一夫一婦婚家族の形成とそれにもとづく独立世帯の形成によって次世代を再生産する労働者家族に転化することが不可欠です。そのためには性的行為を妊娠・出産に直結させる生殖強制こそが最も有効な方法となりました。

以上のように第一局面と第二局面を通じたきわめて暴力的な生殖強制は、剰余価値搾取による長時間労働の強制や貧困化と労働者の次世代再生産とを両立的に強制し、資本主義的労働者階級の人口を再生産するための決定的な手段であり、資本主義的生産様式に不可欠な経済外強制（直接的な権力的強制）となりました。「資本は、頭から爪先まで、あらゆる毛穴から、血と汚物とをしたたらせながらこの世に生まれてくる」という本源的蓄積の特徴づけは、暴力的な生殖強制の歴史を包括すれば、その真実性をよりきわ立たせることになったでしょう。

◎20世紀以降の世界史的人口再生産動向

最後に20世紀から現代までの生殖様式と人口再生産動向を世界史的視点から特徴づけ、現代の国際労働力移動問題、特に日本社会で問題化している外国人労働者問題について考察しましょう。

20世紀には、欧米の先進資本主義諸国では中絶禁止の実態の緩和や禁止法の廃止が進み、両性間に避妊文化が普及することによって、多産強制としての生殖強制要因は緩和されました。その結果20世紀の2、30年代と70年代の2度にわたって、出生率低下による少子化としての人口転換が起こりました。妊娠中絶にたいする道徳的抵抗感やそれにもとづく宗教的抵抗要因は米国のような先進国でも残っているものの、生殖強制を内在する家父長制的一夫一婦婚家族の形成要因は弱まったと言えます。育児・家事労働負担の男女差による性別分業にもとづく家父長制的一夫一婦婚家族の形成要因は存続していますが、欧米ではその要因も漸次的に弱化し、女性の職業労働の進展による選択の自由の発展とともに、70年代以降の出生率は人口置換水準（同一規模の人口再生産水準）を下まわるようになりました。しかし、それへの対応としてのワーク・ライフ・バランス（仕事と生活の調和）政策によって出生率はある程度回復しました。

日本では、戦後に、欧米の20世紀の生殖と人口再生産の歴史を圧縮したかたちで経験し（落合 2013年）、70年代以降には出生率が人口置換水準を大幅に下まわるようになりました。しかし長時間労働の結果ワーク・ライフ・バランスは十分に進展せず、性別分業による家父長制的一夫一婦婚家族の制度的維持の結果、女性の職業労働の進展と選択自由の発展による晩婚化と婚姻率低下にもとづく超少子化が21世紀の現代でも進行しています。

先進資本主義以外の地域では、20世紀において、資本主義的な経済外強制としての生殖強制による家父長制的一夫一婦婚家族の形成を伴う本源的蓄積過程が、地域的な時間差を伴いつつ進行しました（ポッツ他　１９８５年）。その結果小経営からの労働者階級の分出とその人口増加が進展し、20世紀後半期には世界人口の急増をもたらしました。20世紀7、80年代以降には、一方では欧米の歴史の圧縮された過程として出生率が著しく低下し、人口置換水準以下に低下した諸国が出現しましたが（落合　２０１３年）、他方では人口増加を続けている地域もあり、人口再生産動向の地域的分化とグローバルな世界労働市場における国際的分化が進行しています。

◎先進資本主義諸国の資本輸出と外国人労働者導入

欧米の先進資本主義諸国では、国内労働力人口が停滞化する中で、労働者人口が増加している新興資本主義地域への資本輸出とともに、世界労働市場からの外国人労働者の導入による資本蓄積と経済成長が行なわれています。これは世界労働市場からの低賃金労働の導入による低賃金労働市場の形成要因であり、国内的労働市場との様々な軋轢を伴いつつ資本蓄積が行われています。現代日本では超少子化の結果、１９９０年代後半以降労働力人口の供給が停滞化し、新興資本主義諸国への資本輸出と世界労働市場からの低賃金労働の導入を行いつつ資本蓄積を行っています。外国人労働者の導入は限定された範囲の「技能実習生」という制度にもとづいています。しかし労働力人口供給の制約による「人手不足」現象は経済成長の停滞化要因であり、超少子化に伴う少子高齢社会化は財政や年金・社会保険制度の悪化要因でもあります。それに対する対応として、入管法改正によって「特定技能一号」と「特定技能二号」という在留資格が新設され、外国人労働者のより広範な導入が進められています。日本は欧米と異なって、女性の低賃金労働を含めた国内労働市場の格差としての正規雇用と非正規雇用との格差が広がっているため、低賃金の外国人労働者のより自由な導入は欧米の労働市場の場合よりも強い労働市場の軋轢をもたらすでしょう。国内の労働市場の格差是正を含めた外国人労働者の労働条件の改善が急務となります。

現代の資本市場や労働市場の動向は、日本を含めた先進資本主義諸国の資本蓄積運動が国内の労働力人口だけでなく、グローバルな労働力人口の再生産動向に強く依存していることを明示しています。

16世紀以来の資本主義的生産様式の歴史は、資本主義的な経済外的強制としての生殖強制と家父長制的一夫一婦婚家族による労働者人口の再生産にもとづく「労働者の永続的な存在は資本とその世界の基礎」であることを実証しています。

おわりに

◎現代のジェンダー関係の研究のために

16世紀以降の資本の本源的蓄積過程による資本主義の形成と発展は、奴隷制や農奴制の基礎としての小経営生産様式の暴力的解体による自由な労働者階級の形成が基礎となりました。しかしそれと同時に資本主義的な経済外的強制としての生殖強制による、家父長制的一夫一婦婚家族にもとづく労働者階級の人口再生産が資本主義的階級関係の再生産に不可欠であり、資本主義の形成と発展のもう一つの基礎となりました。このような人口再生産様式を含む資本主義的生産様式の総体的研究は、現代のジェンダー関係（男女両性関係）の変化にもとづく人口再生産様式の変化および資本と労働力の国際的移動を伴う現代資本主義の特質の研究にとってきわめて重要な課題になっています。

◎考えてみましょう

（1）奴隷制的生産様式の成立には小経営生産様式が不可欠なのはなぜでしょうか。

（2）資本主義的生産様式の成立には資本主義的な家父長制的一夫一婦婚家族の成立が不可欠なのはなぜでしょうか。

◎参考・推薦文献

中村哲「土地占有奴隷制再論『奴隷制・農奴制の理論』」『三十七人の著者　自著を語る』知泉書館、2018年

青柳和身「資本主義と人口再生産様式――本源的蓄積論の再検討を中心に」『経済科学通信』第118号、2008年

同「晩年エンゲルスの家族論はマルクスのジェンダー認識を継承しているか」『経済科学通信』第121号、2009年

マルコム・ポッツ他『文化としての妊娠中絶』勁草書房、1985年

落合恵美子『近代家族とフェミニズム』勁草書房、1989年

同「近代世界の転換と家族変動の論理」『社会学評論』64（4）、2013年
シルヴィア・フェデリーチ『キャリバンと魔女――資本主義に抗する女性の身体』以文社、2017年
ロンダ・シービンガー『植物と帝国――抹殺された中絶薬とジェンダー』工作舎、2007年

第Ⅱ部

商品世界と資本の再生産

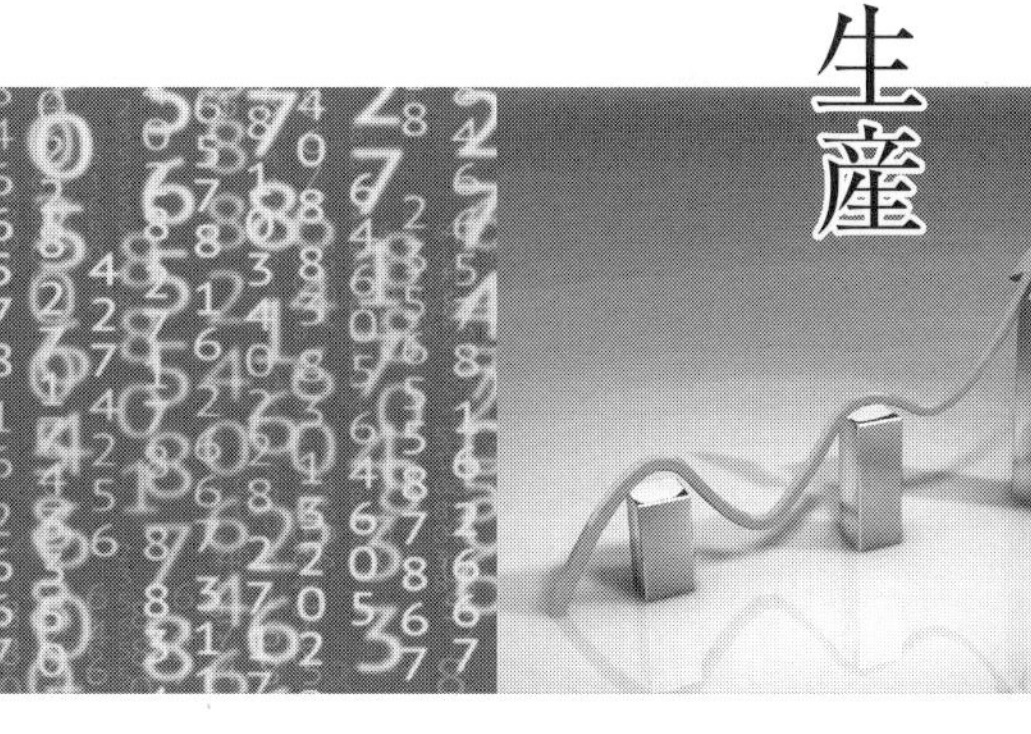

第5章　商品と貨幣——マネーが引き起こす現象の本質をとらえる

松本　朗

つい先ほどまで、ブルジョアは、繁栄に酔いしれ、姿を啓くとばかりにうぬぼれて、貨幣など空虚な妄想だと宣言していた。商品だけが貨幣だ、と。ところがいまや世界市場には、貨幣だけが商品だ！という声が響き渡る。鹿が清水を慕いあえぐように、ブルジョアの魂も貨幣を、この唯一の富を求めて慕いあえぐ。恐慌においては、商品とその価値姿態である貨幣との対立は絶対的矛盾にまで高められる（Ⅰ152）。

はじめに

本書のはしがきでも紹介されていることですが、前著にあたる『時代はまるで資本論』は、2008年のリーマンショック＝世界的金融危機勃発直後に発刊されました。すでに1980年代後半からのバブルと1990年代初頭のその崩壊、そして「失われた10年」のなかでの厳しい金融危機を経験していた私たちにとってみれば、アメリカにおける住宅バブルの崩壊と世界的な経済危機そしてその影響は、度重なるバブルとその危機を克服できない資本主義経済の病理の深刻さをまざまざと見せつけるものだったといえます。ですから、前著である『時代はまるで資本論』第4講では、住宅バブル、債務バブルに浮かれた世界経済への警笛を鳴らすように、商品論と貨幣論を基礎に資本主義的な消費社会への鋭い分析が行われ、警告が鳴らされました。前著4講をひもといた読者は、『資本論』を基礎にして現代社会の病理を商品、貨幣と消費という観点から切り込む視点を獲得できたと確信しています。

さて、10年後の現在、商品論、貨幣論によって私たちは経済社会（現代社会）の何に目を向けるべきなのでしょうか。さまざまな経済問題が起こり、課題として現れてきています。それぞれに商品・貨幣論に関わる大きな課題ですが、本章ではバブル崩壊後の長期デフレ現象を手がかりに、商品・貨幣論はいまの私たちに何を問いかけているかを考えてみたいと思います。

1　アベノミクスの苦悩

日本経済は、バブル崩壊後、長期にわたるデフレーション（略してデフレ）の状態にあります。このデフレは、消費者物価をみても企業物価（一種の卸売物価）をみても、1997年の消費税増税やアジア金融危機あたりから顕著になったといえます。実際の日本経済の状況をGDPの対前年比伸び率で見ても、失われた10年、さらには失われた20（あるいは30）年といわれてもおかしくない状況にあります。20世紀以降の先進国において、20年以上もの長期にわたって年率1％程度の低成長が続いたという事実は、近現代史上きわめてまれなことなのです。

こうした状況の中で日本銀行は、1999年に史上初めて短期金融市場金利（無担保コールレート）を0％に誘導して以降、これまで長期にわたる超金融緩和政策をとってきました。さらにそれに合わせて、金融市場が必要としているよりも多額の資金（ベース・マネー）を市場に供給し続けてきました。それにもかかわらず、デフレの状態から抜け出せませんでした。

アベノミクスは、このような推移を背景として、長期にわたるデフレ状態を打破しようとして現れました。アベノミクスの大きな柱は、「大胆な金融政策」と「機動的な財政政策」です。安倍政権下の金融政策を遂行するために黒田日銀総裁が就任し、これまで以上のベース・マネー供給を行いました。また、財政支出も増え続け2019年度予算では100兆円という水準にまで拡大しています。この大規模な財政支出を金融面から支えたのも日本銀行で、大量の国債を市場から買い取っています。

それでも、物価の長期低落は止められず、2013年の就任以来6年を超える歳月が立った現在、物価上昇目標（インフレターゲッティング）2％の達成を事実上あきらめています。

それでは、こうした物価の状況に『資本論』はどのような答えを出してくれるのでしょうか。次節以降、商品論と貨幣論のエッセンスを学びその手がかりを見つけようと思います。とはいえ、手がかりにたどり着くまでは少し回り道をしていくことになります。そのあたり我慢いただき、お付き合いいただければ幸いです。

2　商品とは何か——なぜ生まれたのか

マルクスの『資本論』第1巻の冒頭部分を飾るのは、次の有名な一文です。

> 資本主義的生産様式が支配している諸社会の富は、「商品の巨大な集まり」として現れ、個々の商品はその富の要素形態として現れる。それゆえ、われわれの研究は、商品分析から始まる（Ⅰ49）。

この世の中（資本主義経済社会）に現れるいろいろな問題の根源の一つは、私たちの生活の豊かさが誰にも行き渡るように配分されていないところにあるといえましょう。すなわち、富の偏在です。私たちは、生活に必要な物を生産し、交換し、消費しています。しかし、いくら働いて生産を行っても手元に残るものが自分の生活を維持できるだけのものでなければ、生きていけなくなります。こんなことが社会全体に広がれば、社会全体が存続できなくなります。生産—交換—消費の繰り返し（これを再生産過程といいます）が上手くいかなくなる事態です。

資本主義社会の歴史を振り返ってみると、そんな事態が局所的にあるいは社会全体に、そして周期的に起こってきました。その原因の一つは「富」の偏在にあるといえるでしょう。マルクスは、資本主義社会の活動の結果の総体を「富」と捉え、それがどのように再生産されていくのかを分析することでこの社会の動態や病理の原因をつかもうとしたのではないでしょうか。資本主義社会は商品経済社会を前提に成り立っています。したがって、「富」の基本単位である商品は、資本主義社会の動態の基本単位なのです。ですから、資本主義の分析の出発点は、商品の分析から始まるのです。

◎なぜ商品は生まれたのか——商品交換社会誕生のための必要条件

商品社会とはどんな社会でしょう。商品が登場しない社会を考えてみましょう。それは自給自足の社会です。自ら生産した物（生産物）を自ら消費して生きていく社会です。そこには交換という行為は起こりません。生産物が商品になるためには、自らの生産物を市場に持って行き、自ら必要とする生産物を手に入れるという行為が起こらなければなりません。つまり、交換という行為の発生です。生産物の交換が社会全体に広がり、交換によって社会の再生産が維持される社会になれば、それが商品交換社会です。この社会では、生産物は商品となります。

それでは、なぜ商品交換社会が発生するのでしょう。その第一条件は、社会的分業の確立です。社会全体が発展し、人口が増えれば社会全体が必要とする生産物量は必然的に大きくなります。さらに、生活水準も高くなると、人々が（あるいは、社会的に）求める生産物の質も種類も多様になります。そうなれば生活に必要な物をすべて自分で生産し、調達することはできません。そこで生産活動はさまざまに専門化し、自らの生活や生産活動に必要な物は、自ら生産した生産物と交換で他の人から手に入れることになります。専門化されるからこそ社会で求められる量と水準（質）の高さとが保たれる生産が可能になるのです。社会的にみれば個々の生産者がそれぞれに生産の役割を分担しているような状態です。これを社会的分業といいます。

このように商品交換社会では、その一員である生産者は、社会的な分業の一員になる必要があります。ただ、商品社会では生産者がそれぞれに自由勝手に（無政府的に）生産が行われますから、生産者が社会的分業に組み込まれていることはそう簡単にはわからないのです。実際には、自らの作った生産物が他の誰かに求められる（需要されていること）がわかったとき、言い換えれば、市場で必要な人に購入されたときに初めて証明されるのです。そこで生産物である商品には、「なによりもまず、その諸属性によってなんらかの種類の人間的欲求を満たす物、一つの外的対象」つまり「有用物」である必要があります。そして、このような欲求を満たす商品（生産物）の有用性を使用価値と言います。商品は使用価値という価値のある物なのです。

> さまざまな種類の使用価値または商品体の総体のうちには、同じように多様な、属、種、科、亜種、変種を異にする有用的労働の総体——社会的分業——が現れている。社会的分業は商品生産の実存条件である（I 56）。

以上、生産物は、社会的分業に組み込まれてはじめて商品になること、そしてそのためには市場で交換されなければならず、そのためには、商品はそれを手に入れる人にとっての使用価値を持っていなければならないことを見てきました。

◎なぜ商品は交換されなければならないのか――商品交換社会誕生のための十分条件

社会的分業に組み込まれているからといって、商品交換が十分に展開するわけではありません。そこで、さらに商品交換について考えてみましょう。

生産者が社会的分業に組み込まれているということは、自らが生きていくために必要な物を、言い換えれば、使用価値を、それを生産している他の人から手に入れなければならないことを意味します。交換とは、他の人が必要な自らの生産物（使用価値）を差し出す代わりに、他の人が生産した自ら必要な物（使用価値）を受け取ることです。それでは、なぜ「交換する」という行為によってのみ自ら必要とする物（使用価値）を他の人から手に入れることができるのでしょう。それは、私的所有という概念が成立しているからです。自ら生産した生産物は、あなたの所有物ですが、あなたが必要な物（生産物）は他の人が生産した、その人の所有物なのです。だから、交換という行為が必要になるのです。

> 物を商品として互いに関連させるためには、商品の保護者たちは、その意思をこれらの物に宿す諸人格として互いに関係し合わなければならない。それゆえ、一方は他方の同意のもとにのみ、したがってどちらも両者に共通な一つの意思行為を媒介としてのみ、自分の商品を譲渡することによって他人の商品を自分のものにする。だから、彼らは互いに私的所有者として認め合わなければならない。契約をその形式とするこの法的関係は、法律的に発展していてもいなくても経済的関係がそこに反映する意思関係である（I 99）。

つまり、前項（140〜1頁）で述べた事情に私的所有という概念（意味のはっきりした思考、言葉）が加わると、商品交換は必然化します。つまり、私的所有は商品交換社会成立の十分条件となります。

このように、私的な生産物が商品になるための、言い換えれば、商品交換社会が全面的に展開するための必要十分条件は、社会的分業と私的所有の確立です。

◎交換価値および価値としての商品

生産物が商品になりますと、生産者は自分の必要な商品を、自ら生産した生産物と交換して手に入れることになります。その時、自らの生産物を商品として市場に出した生産者にとって関心事は何でしょうか。

> 生産物の交換者たちがさしあたり実際に関心をもつのは、自分の生産物と引き換えにどれだけの他人の生産物が手に入るか、どのような割合で生産物が交換されるかという問題である（Ⅰ89）。

こうしたことから、商品には使用価値とは別のもう一つの価値があることがわかります。それは、他の商品と「一定の割合で交換できる」という交換価値です。さしあたって、それは交換される他の商品との交換割合（交換比率）として現れます。この比率こそ交換価値といえます。「値する」という言葉は、商品取引ではこのことを指しているといえるでしょう。

ただ、交換比率は、その時々の市場におけるある商品と別の商品との交換関係（需要と供給の関係）で絶えず変動します。ところが、ある期間（例えば、中長期の期間）をとってみると、ある商品とその他の商品との間の交換比率は、ある一定の水準で取引されていることがわかります。市場で売られているボールペンを見てみましょう。普通のボールペンは、だいたい100円くらいで、1円になることも1万円になることもありません。ある水準を飛び越えた価格がつくような事態が仮に起こったとしても、だいたい100円くらいの価格で新たなボールペンが製造され、販売されるようになるはずです（つまり、ボールペンの価格はだいたい100円で落ち着くはずです）。

ここで、その他の100円の商品、例えば、納豆1セット（3個くらいのパックでしょうか）を考えてみましょう。もし物々交換の社会であれば、ボールペン1本＝納豆1セットという関係が成り立ちます。つまり、市場ではボールペンと納豆とがこの交換比率でおおよそ恒常的に取引されている。だから、等式で結ばれているのです。等式である以上、右辺と左辺の両方の商品に共通性があることを意味します。その共通性こそが、交換価値の本質である価値なのです。そして、この等式が意味しているのは、両方の商品が等価（等しい価値）の関係にあるということです。

◎価値の本質は何だろうか

前記しました等価を表す等式の右辺の商品と左辺の商品とに共通に含まれるもの、つまり価値の本質とは何でしょうか。それは両方の商品とも人間労働の生産物であるということです。つまり、商品を生産するのに必要とされる投下労働が、両者に共通のものと考えられます。そして、その大きさ（投下労働量）は、時間で計られます。ただ、その両方の商品の使用価値は異なりますから（市場で交換されるのですから当然ですが……)、その両者を生産する具体的労働は異なります。しかし、価値の本質としての労働は、その具体性を全て取り去った後に理論的、論理的にのみ想定し(これを抽象的と言います)、捉えることができる概念(専門的な対象)と考えられます。

以上、商品についてやや詳しく見てきました。まとめに商品についての定義をしておこうと思います。「商品とは、価値と使用価値という二つの価値で構成されている労働の生産物である」、ということです。

3　市場の役割とは何か

これまで商品について見てきました。ここでは、商品交換の場になっている市場の役割について触れておきたいと思います。

すでに述べてきましたように、社会的分業と私的所有が成立・展開すると、商品交換が行われます。ただ、生産は個々ばらばらに行われていきます(無政府的な生産活動です)から、それぞれの生産活動が社会的分業の一翼を担っていることを確認する必要があります。その役割を担うのが市場なのです。

市場は、商品の売り手と買い手(商品の需要と供給)とを結びつけ、つまり商品生産者が社会的分業の一翼を担ったことを明らかにし、同時にそれぞれの商品の交換価値(交換比率)を見つけ出していきます。これを「価値と使用価値の実現」と言います。

〔商品所有者あるいは生産者〕の商品は彼にとってはなんらの直接的使用価値をもたない。さもなければ、彼はそれを市場にもっていきはしなかった。それがもっているのは他人にとっての使用価値である。彼にとってそれは、直接的には、ただ交換価値の担い手であり、それゆえ交換手段であるという使用価値をもっているだけである。だからこそ、この商品を彼は自分を満足させる使用価値を持つ商品と引き換えに譲渡しようとするのである。……この持ち手の変換が諸商品の交換なのであって、またそれらの交換が諸商品を価値として互いに関連させ、諸商品を価値として実現する。それゆえ、諸商品は、みずからを使用価値として実現しうるまえに、価値として実現しなければならない（Ⅰ100）（〔　〕内は筆者）。

市場では日々需要と供給が交錯し、交換比率（交換価値）を決定していきます。しかしながら、ある一期間をとれば商品を生産するのに必要な社会的労働時間、すなわち価値に規定されていきます。これを価値法則と言います。この点は、既に前項でも述べておきました。

互いに独立に営まれながら、しかも社会的分業の自然発生的な諸分岐として互いに全面的に依存し合っている私的諸労働が社会的に均斉のとれた基準に絶えず還元されるのは、私的諸労働の生産物の偶然的でつねに動揺している交換比率を通して、それらの生産のために社会的に必要な労働時間が——たとえば、だれかの頭の上に家が崩れ落ちるときの重力の法則のように——規制的な自然法則として強力的に自己を貫徹するからである（Ⅰ89）。

4　貨幣の誕生――価値の尺度としての貨幣の機能

ここまでで商品の本質や市場の役割について考えてきました。ここからは貨幣について考察してみたいと思います。

商品の交換価値の社会的な意味を、これまで見てきた視点とは別の視点で見てみましょう。これまでも述べてきたことですが、商品生産者が自らの生産物を市場に出すときにまず重要なことは、自らの商品が「いくらに値するか」ということでした。等式、A商品X量＝B商品Y量を思い出してみましょう。この式から、B商品は、「自らの商品がいくらに値するか」が気になるA商品所有者にとって、A商品の価値の大きさを表す役割を果たしていることがわかります。つまり、価値大きさを測る物差しの役割です。これを等価物といいます。

さて、社会的行為は、何かを測る物差し（基準あるいは標準）を一つにまとめようとしていきます。そうすれば換算も不必要になりますし、便利だからです。近代社会はもの測る基準を統一してきた歴史も持っています。そこで、商品交換です。商品交換の役割の一つは、ある商品の価値を表すこと、目に見えるようにすることです。しかし、物々交換のように自らの商品を譲渡する（販売する）側から見れば、交換する商品の数だけ、つまり、実に種々雑多な価値の物差しが存在することになります。これでは不便ですから、社会的な商品交換の行為が、やがて唯一の商品を統一した価値の物差しとして選び出してきました。これが貨幣です。

貨幣に選ばれた商品は、あらゆる商品の価値の物差しという意味で、一般的等価物といいます。そして、あらゆる商品の価値の物差しである貨幣＝一般的等価物は、ある特殊な特徴を持っています。それは、商品交換という行為が、同時に、価値を表現する過程でもあることを前提としています。商品交換の過程であらゆる商品の価値の物差しになるのですから、一般的等価物である（貨幣）商品は、誰にでも受け入れられる、つまり交換されることができる（一般的交換可能性）という特殊性を持っている必要があるのです。

貨幣（＝一般的等価物）は、あらゆる商品の中から貨幣にふさわしい生産物が選ばれます。高校でも習っていると思いますが、歴史的に見れば資本主義が成立した段階では、金（Gold）が唯一の貨幣とされ、法律的・制度的にも金が貨幣と位置づけられました（金本位制）。

5　価格と価格変動

◎価格とは何か

ここまでで貨幣は価値尺度として機能することを見てきました。そうすると、商品が貨幣と交換されると次のような等式が成立します。

A商品X量＝金5g

この等式こそ商品の価格なのです。

金による一商品の価値表現——x量の商品A＝y量の貨幣商品——は、その商品の貨幣形態またはその商品の価格である（Ｉ110）。

もともと貨幣は、金や銀が重量そのもので使われていた時期があります。たとえば、イギリスの通貨単位ポンド（あるいはスターリング・ポンド）という名称は、かつて高純度の銀を通貨の単位として使用していたことに由来しています。つまり、重量名だったのです。その点では重さを量るポンドという単位名とは違いはないと言えましょう。ただし、貨幣が持っていた本来の重量と貨幣名は歴史が進むにつれて離れていきます。

金属重量の貨幣名は、さまざまな原因から、それらの最初の重量名からしだいに離れる。なかでも歴史的に決定的なのは、次の原因である。（1）発展程度の低い諸国民のもとへの外国貨幣の導入。……（中略）……。これらの外国貨幣の呼称は国内の重量名とは異なっている。（2）富が発展するにつれて、低級な貴金属は高級な貴金属によって、すなわち銅は銀によって、銀は金によって、価値尺度機能から押しのけられる…………。たとえば、ポンドは、現実の一ポンドの銀を表わす貨幣名であった。金が価値尺度としての銀を駆逐するやいなや、…………貨幣名としてのポンドと、金の慣習的な重量名としてのポンドとは、いまや分離される。（3）何世紀にもわたって続けられてきた王侯による貨幣の変造。これによって、鋳貨の元来の重量からは、実際にその呼称だけが残されることになった（Ⅰ114）。

◎価格の度量標準（価格標準）

さて、貨幣は商品価値の表現財、つまり価値尺度（価値の物差し）なので、何らかの目盛りが必要になります。長さを測る物差しでもある物質（たとえば、プラスチック）のある長さを1mと決め、さらにその下位の長さの目盛りをそれに付けていきます。貨幣も同じです。すでに見てきたように元々は貨幣本来の物質と重量単位が同一でしたから（例えば、銀1ポンド重量＝1ポンド貨幣のように……）、目盛りを付ける必要はありませんでした。しかし、貨幣名と本来の重量が離れていくと、一単位の貴金属（金本位制下では金（Gold））が持つ貨幣名と目盛りの体系（例えば、ポンド、シリング、ペンスのように）を法的制度的に決める必要があります。一単位の貨幣商品（例えば、金（Gold））に一定の貨幣名を付与することを、価格の度量標準（価格標準）といいます。

> 価格規定を受けた商品は、すべて、a量の商品A＝x量の金……等の形態で表示される。……だから、諸商品価値は、さまざまな大きさの表象された金分量に、したがって、商品体の錯綜した多様性にもかかわらず、金の大きさという同名の大きさに転化される。諸商品価値は、このようなさまざまな金分量として相互に比較され、はかられ合う。そこで、諸商品価値を、その度量単位としてある固定された分量の金に関連づける必要が技術的に生じてくる。この度量単位そのものは、可除部分〔割り切ることのできる個数部分〕に分割されることによって度量基準に発展させられる（Ⅰ112）。

いったん、価格標準が決められると、貨幣の鋳造権と発行権を独占する権限（貨幣高権）を持つ国家は、法律で決められた価格標準で、本位貨幣を鋳造し発行、流通させせなければなりません。金本位制下の本位貨幣である金貨は、法令により定められた金平価（価格標準）に相当するだけの金を含み表記額面と実質価値に差はありませんでしたし、自由鋳造、自由融解も認められていました。

さらに中央銀行（例えば、日本銀行やイングランド銀行）も、発行していた銀行券を金平価で金と交換していました（これを兌換と言い、金と交換された銀行券を兌換券と言います）。これによりこの銀行券はどこまでも金と同じ物と見なされました（金を代表している物でした）。兌換によって金と同等のものとみなされること（価値の安定）が銀行券の信用を支えていたといえます。さらに、このことは、法的制度的な価格標準が存在することによって、私たちが、価格表示の背後に金が存在するものと観念するようになることをも意味しました。

◎現在の価格標準はどうなっているのか

１９３０年代に資本主義国は金本位制から離脱し、兌換を停止しました。それでは、その後の通貨制度はどのようになったのでしょうか。通貨の単位（貨幣名）と貨幣金との明示的で固定的な関係は、なくなりました。そうすると銀行券の信用、さらに言えば一単位の貨幣名が代表している金量は、全く不安定化します。一単位の貨幣名が代表していると想定される金量の大きさや銀行券の信用（価値の安定性）は、人為の管理（コントロール）に任されることになります。それゆえ、１９３０年代以降の通貨制度のことを管理通貨制といいます。

なお、国際的な関係については１９４４年に結ばれたブレトンウッズ協定（ＩＭＦ協定）によって、公的関係でのみですが、１オンスの金＝＄35で交換されていました。この交換は、１９７１年8月15日まで続きましたので、国際間では不十分ながらも価格標準が維持されたといえそうです。

さて、銀行券や現在の通貨の単位がどの程度の貨幣金を代表しているか、あるいは価値の裏付けを持っているかは、大問題です。仮に金本位制であれば想定できる代表金量（通貨の価値）を推計しようという試みも存在します。推計された数値を「事実上の価格標準」として、現在における通貨価値に置き換える試みです。また、金とドルとの交換性の停止や兌換停止について、従来基軸通貨国であるアメリカの通貨当局や各国の通貨当局、すなわち諸国家が自らの「手に帰」すべき「仕事」を放棄して、それを金市場に委ねただけ、すなわち民営化しただけである、という主張もあることを紹介しておきたいと思います。

管理通貨制下では、事実上の価格標準が切り下がり（あるべき代表金量の減少）、物価が上昇するということが起こります。これをインフレーションといいます。事実上の価格標準の推計は、インフレを考える上で大変重要です。

6　商品流通と貨幣――流通手段としての貨幣

ここからは貨幣の第二の機能を学ぶことで、市場取引の特徴を見ていくことにしましょう。貨幣の第二の機能＝流通手段機能は、商品流通を媒介する機能です。商品を生産する人が、自ら生産した商品を販売するということは、その裏側でその商品を必要として購入する人がいるということです。図１を見てく

図1　貨幣と商品の流通

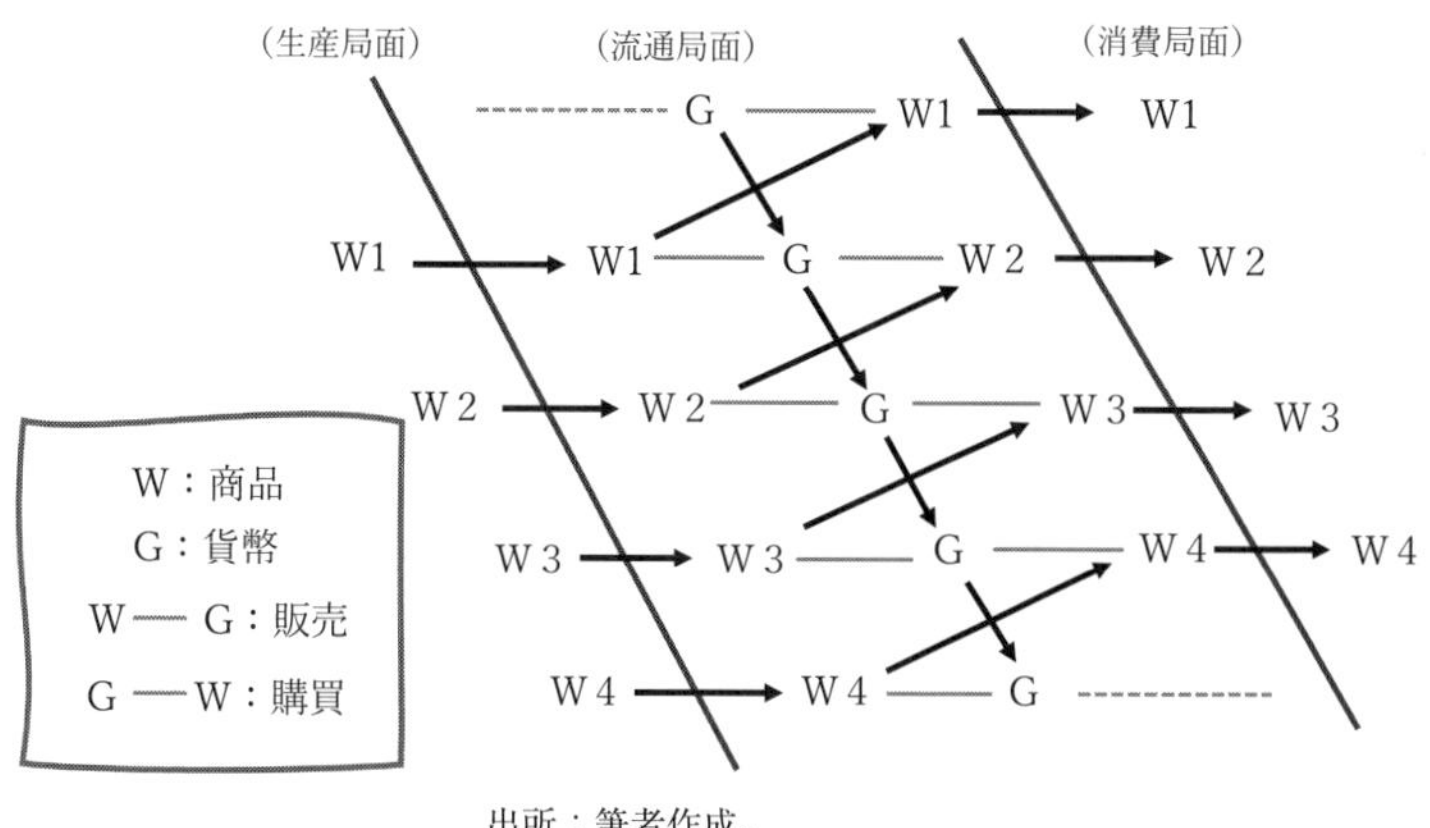

出所：筆者作成。

ださい。商品流通は、販売という要素と購買という要素が結びついて完結していることがわかります。この販売と購買を結びつける役割をしているのが、流通手段としての貨幣の役割です。貨幣は、販売と購買の二つの要素を結びつけることで、購買する人から販売する人の手に渡るのです。

一方、流通手段機能の貨幣の機能を、生産している人の目から見てみると、次のようにも見えてきます。すでに述べたように社会的分業の下で、商品を生産する人は自ら必要とする商品を手に入れるために自ら生産した商品を販売し、貨幣を手に入れ、それによって自ら必要とする商品を手に入れる（＝購入する）のです。このように生産者の目から見ても商品流通は販売と購買によって完結し、それを結びつけているのが貨幣の役割＝流通手段機能であることがわかります。

7　アベノミクスの誤算――貨幣流通の法則

このように流通手段機能をつかまえると、流通手段の貨幣の機能には次のような特徴があることがわかります。貨幣は、商品を必要としている人（購買者）が商品を購入するとき流通手段として機能します。ですから、商品を購入する必要がなければ、流通手段としての機能を停止し流通の外に出て、蓄蔵貨幣になります。つまり、貨幣の所有者が商品を購入したいから、貨幣は流通過程に流通手段として入っていくのであって、そうでなければ流通の外に出て価値を保存する手段（蓄蔵貨幣）になります。

このように考えると、貨幣の流通量は取引される商品の価格に取引総量を乗じた額（総需要）で決まるといえるでしょう。ただし、図1でもわかるように同じ貨幣が一定期間に何人かの手をわたり、流通手段として機能するのであれば、その倍率（貨幣の流通速度V）を商品取引総額PTから除する必要があります。したがって、流通必要貨幣量Mは、数式(1)で決まることになります。この式が貨幣流通総量を決める公式です。

なお、既に見てきたように流通に必要な貨幣量は、取引される商品取引総額によって決まりますから、この式の因果関係は、右辺（$\frac{PT}{V}$）が左辺（M）を規定するということになります。この因果関係を前提としたこの公式を貨幣流通の法則といいます。

さて、「はじめに」でもみたように安倍政権の経済政策＝アベノミクスでは、「異次元の金

$$M = \frac{PT}{V} \cdots \text{数式}(1)$$

融緩和政策」のかけ声の下、大量のベース・マネーを日本銀行に供給させてきました。にもかかわらず、物価は上昇せず、日本経済全体は沈滞しています。このことは、実は、これまで見てきた貨幣流通の法則が貫徹していることを示しているといえます。大幅な財政赤字の下で日本銀行が大量の国債を、さらには資本市場から金融商品まで買い続けているにもかかわらず、物価どころか実体経済の回復も芳しくありません。当然のことですが、市中のマネー・サプライも伸びていません。つまり、実体経済が貨幣流通量を規定する「貨幣流通の法則」が貫徹しているのが現実なのです。ここのところにアベノミクスの誤算があるといえます。

8　本来の貨幣が登場する——貨幣としての貨幣

流通手段としての機能を中断した貨幣は流通過程の外に出て、価値を保蔵する手段として機能することになります。これを蓄蔵貨幣と言います。蓄蔵貨幣は原則的には、価値保存できる価値物（生産物）でなければなりません。蓄蔵貨幣は、貨幣が本来の姿で（貨幣商品として）機能します。このように基本的には貨幣本来の姿で機能を果たす手段として、次に見る支払手段と世界貨幣の機能があります。これら蓄蔵貨幣、支払手段、世界貨幣の機能は、貨幣本来の姿で機能するという意味で、価値尺度と流通手段に続く「貨幣としての貨幣の機能」という機能の中に分類されます。

さて、流通過程が中断すると、既に見てきたように、流通過程では結びついていた販売と購買という契機が分離することが起こります。社会が発展し生産や流通の結びつきが拡大すると、いま述べた販売と購買の分離は、手元に貨幣がなくても商品を仕入れなくてはならないという形で現実化します。そうすると、貨幣の支払いは後にして商品を先渡しする（貨幣の受け渡し（販売）無き購買＝掛売・掛買）という信用取引が生まれます。先に商品を譲渡した人は、購入者に対して「債権者」（貨幣請求権を持つ人）になり、後払いで商品を受け取った人は、販売者に対して「債務者」（貨幣支払い義務を負う人）になります。一定期間後（支払期日）には、債務者は債権者に支払をしなければなりません。これを決済といい、債権債務関係を解消し、経済取引が完了した（ファイナリティ）といいます。このように債権債務を決済するための貨幣の機能を支払手段といいます。

経済が発展し、商品取引が拡大すると信用取引も拡大します。商品取引の発展は、再生産的な結びつきが広がり、強まることを意味します。そうすると、取引相手の経営状態や企業活動の状況が見えてきます。そうすると、掛け（商品の先渡しと貨幣の後払い）＝信用取引と同時に債務者が出した（「振出す」と言います）債務証書（支払約束書）が、手形という形になり譲渡されるようになります。これが手形流通といわれるものです。そして、この手形流通の基礎にあるのが債権債務の連鎖です。再生産の連関の中での信用取引は、一方の手で債権者になりつつ、他方の手で債務者になるという状況を生み出し、これが手形流通の基礎になるのです。このように、「再生産過程の中で機能資本家同士が相互に与えあう信用」のことを商業信用といいます。

さて、手形が回り回って振り出した人（企業）のところに戻ってきたら（「還流」といいます）、どうなるでしょう。債権債務は相殺され、現金は一切出なくても取引が決済されます。手形という支払約束書（紙券）が「絶対的に貨幣化」したのです。これも支払手段の機能の一つです。むしろ、紙券が支払手段のかわりをしたといってよいでしょう。

商業が発展し、もっぱら流通を顧慮して生産する資本主義的生産様式が発展するにつれて、信用制度のこの自然発生的な基礎は拡大され、一般化され、仕上げられる。一般に、貨幣はここではただ支払手段としてのみ機能する。すなわち商品は、貨幣と引き換えにではなく、一定の期限に支払うという書面による約束と引き換えに販売される。この支払約束をわれわれは簡単化のために、すべてまとめて手形という一般的カテゴリーのもとに総括することができる。これらの手形は、それ自体また、その満期＝支払日いたるまで支払手段として流通する。そして、これらは本来の商業貨幣を形成する。これら手形は、債権債務の相殺によって最終的に決済される限りでは、絶対的に貨幣として機能する。というのは、その場合には貨幣への最終的転化は生じないからである。生産者と商人たちどうしのこの相互的前貸しが信用の本来の基礎をなすのと同じように、彼らの流通用具である手形は、本来の信用貨幣である銀行券等々の基礎をなす。この銀行券等々は、貨幣流通―金属貨幣の流通であるか国家紙幣の流通であるかを問わず――に基礎をもつのではなく、手形流通に基礎をもっている（Ⅲ413）。

9　現代のマネーを考える――信用取引と支払手段

現代社会では巨大な預金決済メカニズム（ペイメント・システム）が構築され、日々の経済取引はそのシステムを通して決済されています。私たちの日々の生活の多くの部分が預金を通じて行われているのは、実感するところではないでしょうか。ところで、私たちが銀行へ預金するということは、銀行への貸し付けをおこなうことを意味します。つまり、信用取引を行うことなのです。預金とは、銀行が私たちに負う債務であり、私たちから見れば銀行に対する債権です。

一方、私たちは携帯電話会社への支払やクレジット・カードの決済を銀行の預金口座を通して行います。私たちは携帯電話会社から、お金を支払う前にサービスを受け取っています。また、クレジット・カードでの購買も後払いの買い物です。その支払いは、月に一度の決済日に預金からの引き落としで行われます。この時、なぜ私たちは、携帯電話会社やクレジット・カード会社（あるいは商品を買ったお店）との取引が終了したと思うのでしょうか。それは、銀行預金が私たちの口座からそれぞれの会社の口座に振り替えられたことによって、私たちのそれぞれの会社に負っている債務と銀行に持っている債権（預金）とが相殺されたからです。この「債権債務の相殺」により、少なくとも私たちとそれぞれの会社との間では、預金（信用貨幣）が「絶対的に貨幣」として機能したといえるでしょう。

こうした事態は、私たちの現代社会の隅々にまで広がっています。そして金融肥大化の基礎になっているのです。日本銀行券の流通についても考えてみましょう。私たちは、ATMから日本銀行券（現金）を引き出し、商品を買います。この現金は、お店に渡った後で再び預金されます。この事態を事後的に見ると、銀行券は、私たちの口座からお店の口座に預金を移動させたように見えるのです。一歩進んで考えると、日本銀行券の流通（信用）の一面は、巨大な信用貨幣のシステム（ペイメントシステム）に支えられているといえなくもありません。本来信用貨幣の信用は、現金（銀行券）によって支えられていたはずなのに、現金（銀行券という信用貨幣）の信用が預金という信用貨幣に支えられるという逆転現象（弁証法的な事態）

が起こっているのです。

キャッシュレス社会になったといわれています。しかし、キャッシュレス決済の基礎には貨幣の論理が貫いているはずです。弁証法的な逆転現象が起こったとしても、その本質に貫く貨幣の論理をきちんと押さえなければ、正しく経済現象をつかむことはできないのです。

10 国際通貨と世界貨幣

さまざまな国々で構成されている世界市場では、本来ある国の通貨（紙幣）が国と国との最終的な決済手段になることはありません。もちろん、ある国の通貨（紙幣）が自由に別の国の購買手段として流通することはありません。国と国との最終的な決済には、生身の世界貨幣が登場しなくてはなりません。少なくとも資本主義経済社会が成立して以降、世界貨幣の地位についたのは金（Gold）です。いまでも一国の外貨準備の構成要素の一つは金ですし、日本銀行の貸借対照表上の資産側の第一番目に陣取るのは「金地金」です。

2017年8月に、ドイツ連邦銀行（Bundesbank、中央銀行）がフランス中央銀行と米国で保管していた金塊を計画の3年前倒しで国内に移したというニュースが流れました。その量は、同国が保有する金塊全体の20%を超えるようです。なぜ、ドイツは公的な金を海外に預けていたのでしょう。それは、冷戦（Cold War）時に、旧ソ連の侵攻に備えて金塊を世界に分散させて保管していたのです。しかし、ユーロ圏危機を受けて欧州統合懐疑派が、ドイツ国外に保管している金塊が貸し出されたり売り払われたりするなど、手をつけられている懸念を表明。このような措置になったようです。こうした事態は、金本位制から管理通貨制に移った現在でも金（Gold）が世界貨幣であることを示す事実の一つでもあるのです。

しかし、現実の決済は国際通貨で行われています。国際通貨ドルという言葉をお聞きになったことがあると思いますし、「人民元の国際化」とか「円の国際化」というニュースを耳にしたことがあると思います。確かに、現実の国際経済では国際通貨（特に、ドル）での決済で、ほとんどすべての経済取引が済すんでしまっています。それでは、国際通貨とは何でしょうか。それは経済大国の国際的な金融市場にある銀行の預金口座なのです。つまり、預金貨幣（信用貨幣）が国際通貨として世界中の経済取引を媒介しているのです。

国際的な銀行は世界中に支店を構え活動していますから、他国通貨建ての預金もその国以外で扱う（貸借する）ことはできます。そうすると国際通貨は本来の母国（その通貨が発行された国）を飛び越えて世界中の経済取引を媒介する通貨（流動性）として機能するようになるのです。これがグローバリゼーションの基礎であり、世界的な金融肥大化の基礎にある事態です。

11　商品論や貨幣論から何を考えるのか

ここまで、マルクス貨幣論のエッセンスを学びながら、現代経済との接点を探ってきました。現代社会の課題、問題は根深く、複雑です。基礎理論を網羅し理解することと、現代社会の課題に切り込むこととの両立は大変難しい作業だったと思います。本章の最後では、なかなか果たせなかった課題を宿題として示してみたいと思います。

すでに述べましたが、安倍政権、日銀黒田総裁が登場以来、いやむしろ、安倍政権が成立する前の2000年前後からずっと、日銀は超金融緩和政策を続けてきました（アベノミクスはそれを一段強めた政策です）。しかしながら、いっこうに物価は上がらず、低金利政策から抜け出せていません。デフレ（あるいは物価の停滞）状態という点から見れば、実は1990年代初頭のバブル崩壊以来、30年にわたってその状態から抜け出ていないといえるでしょう。

程度の差はあるものの金融緩和（低金利）下の物価の停滞という状態は、日本に限ったものではなく世界中（特に、先進国）でみられる現象です。そうしたなか、MMT（現代貨幣理論）といわれる財政拡大と紙幣増発を同時に採用するよう求める経済理論が脚光を浴びることになりました。一方、金融のグローバリゼーションは、リーマンショックという未曾有の金融危機を経験したにもかかわらず衰えを知らず、ゾンビのように蘇り、世界中で債務累積と過剰流動性の懸念を呼び起こしています。

現状の低金利、低物価そして過剰債務という事態はなぜ起こっているのか。それはどこまで続くのか。この行き着く先には何が待ち受けているのか。おそらく、「現状を良しとする」人が少ないからこそ、現状にあらがう政策提言が出されていると考えられます。そうだとすると現在提起されている政策は正しい方向へ我々を導いてくれるのか否かを考える必要があります。これらの課題のためには、商品、貨幣、価格を分析する商品論、貨幣論が出発点になります。私たちは、いまこそ経済学の基礎理論に立ち返り、事の本質をきちんとつかまえ、そして解答を導く必要に迫られているのです。なぜなら、いま私たちの目の前で進んでいる事態は現代社会の真新しい事態だからです。しかし、それぞれを観察するとこれまで歴史的経験してきたことと類似しています。そして、同時に同じような政治的なコンフリクトが起こっています。歴史が繰り返してきた悪夢のような事態が再び起こらないとは決していえない状況に、私たちは直面しているのではないでしょうか。

◎考えてみましょう

（1）商品論、貨幣論を学んで、物価の上昇・下落、インフレーション、デフレーション、バブルといった言葉が示す事態の違いを考えてみましょう。

（2）財政赤字と金融緩和とインフレの関係を考えてみましょう。そして現在の経済状態のどこがおかしいのか考えてみましょう。

◎推薦文献

熊野剛雄『やさしい日本と世界の経済の話』新日本出版社、2019年

鳥居伸好『なるほどマル経――時の流れを読む経済学』桜井書店、2020年

山田喜志夫『現代貨幣論――信用創造・ドル体制・為替相場』青木書店、1999年

第6章　資本と剰余価値——資本主義的搾取のからくり

大西　広

資本に転化するべき貨幣の価値変化はこの貨幣そのものには起こりえない。……だから、変化はその商品の使用価値そのものから、すなわちその商品の消費から生ずるよりほかはない。ある商品の消費から価値を引き出すためには、われわれの貨幣所持者は、価値の源泉であるという独特な性質をその使用価値そのものがもっているような一商品を、つまりその現実の消費そのものが労働の対象化であり、したがって価値創造であるような一商品を、運よく流通部面のなかで、市場で見つけ出さなければならないであろう。……労働能力または労働力に（Ⅰ181）。

はじめに

◎「労働力」しか売るもののない労働者

資本主義的生産様式が支配的に行われている社会の富は、一つの「巨大な商品の集まり」として現われ、一つ一つの商品は、その富の基本形態として現れる（Ⅰ49）。

これは第5章でも紹介した『資本論』冒頭の有名な文章で、資本主義が商品生産社会であること、そして、基本的にはすべての富が商品という形態をとることが宣言されています。そして、実のところ、この「商品」には私たちが企業（資本家）に売る「労働力」というものも含まれています。

実際、商品生産社会では人々は何か売るものがなくてはその対価としての貨幣を受け取ることができませんが、私たち労働者は売れるべきどのようなモノも持っていません。それは生産手段を持っていないために何も自分では生産できていないからです。私たち労働者はこの意味で「無産階級（生産手段を持たない階級）」と呼ばれますが、そのために仕方なく「労働力」を売り、その対価としてのお金（賃金）を得て生活しているのです。

私たち労働者はこういう事情のために仕方なく労働力を売って生活をしています。読者の中にもしこういう説明に疑問のある方がおられましたら、ぜひその販売を中止（退職）してください。多少の貯金があっても半年のうちにはすぐ底をついて生活できなくなります。「俺はこの仕事がやりたくてやっているのだ」と思っておられる方もおられましょうが、少なくともそれを辞めたら収入がなくなって生活することができなくなります。学生たちがこれだけ就活に熱心なのもこのことをわかっているからです。私たちは労働力を売る以外に生活できない存在です。

◎働かなくても生きられる資本家

しかし、このことを逆に見るとまた違ったことが見えてきます。というのは、私たちは労働力以外に売るものがないのでそうしていますが、生産手段を持ち、よって売るものを持っている人々は働かずに生きていくことができています。たとえば、株式からの利益だけで生きていけている人、地代収入だけで生きていける人は確かに労働力を販売していませんね。この後者の「地主」とは何かは本書第11章で説明しますが、前者は簡単に言うと「資本家」です。

もっとも、それにはここで言う株式配当だけで生きていける人だけでなく、会社経営、すなわち労働者の監督だけで暮らしている人も含まれます。そして、後者はある意味、「労働者の延長」と言えないこともありませんが、ここでは話を簡単に働かずに暮らしている人と定義しましょう。そうすると、彼らは売るモノがあるから働かずに済むとは言っても、その「売るモノ」はなぜ継続的に発生するのでしょうか。たとえば、いま、その人物が100万円相当の金の延べ棒を持っていたとしましょう。そうすると、彼はそれをお金に換えて1日1万円ずつ消費すると100日間暮らすことができます。が、100日後には残金ゼロでやはり「無産者」になり、そこから先はやはり労働力を販売しなければならなくなるはずです。実際、金の延べ棒をお金に換えて消費しているだけの人はそうなるでしょう。しかし、株や土地として持っている人はそうはなってはいません。これはなぜなのでしょうか。

1　「自己増殖する価値」としての資本

◎単なる金持ちではない資本家

その理由は簡単です。この彼らはこのお金を単に消費しているだけではなく、「投資」しているからです。もっと言うと、株はその投資先で利潤を生みだしていますし、土地にしても一般に生産手段としてそれが使われていればその利用者が地代を毎年支払ってくれます。これが「投資」というものです。つまり、「資本家」は単なるお金持ちではなく、持っている資産を増殖するメカニズムの中に投入していることになります。マルクス経済学では、投資の元手をGと表記しますので（これは元手として使われる貨幣はドイツ語でGeldと書かれるからです）、この関係は

$$G \rightarrow G' \quad あるいは \quad G \rightarrow G + \Delta G$$

と表現されます。ここでΔGとはGの増分を意味しますが、ここでの「G」はもはや単なる貨幣ではなく、投資の「元手」として機能している「自己増殖する貨幣」ないし「自己増殖する価値」なので「資本」と呼ばれるべき存在です。実際、『広辞苑』でも「資本」の項目では「もとで」「もときん」との定義とともに「マルクス経済学において自己増殖する価値の運動体」との定義を示しています。

◎等価交換原則との関係

ただし、もしそうだとするとここで思い出さなければならないことは、この話の最初にあった商品生産社会の原則です。そこでは、すべてのモノが交換されますが、その交換は「等価交換」が原則です。たとえば、商品Aと商品Bが交換されるような場合、あるいは商品Aがある金額の貨幣と交換される場合、商品Aは商品Bないし「ある金額の貨幣」と等価でなければなりません。

もちろん、私たちは同じ缶コーヒーがコンビニと安売りスーパー、観光地のショップで異なる値段がつけられていることを知っていますが、これは商品の運送コストや回転率などの影響であって、それらが同

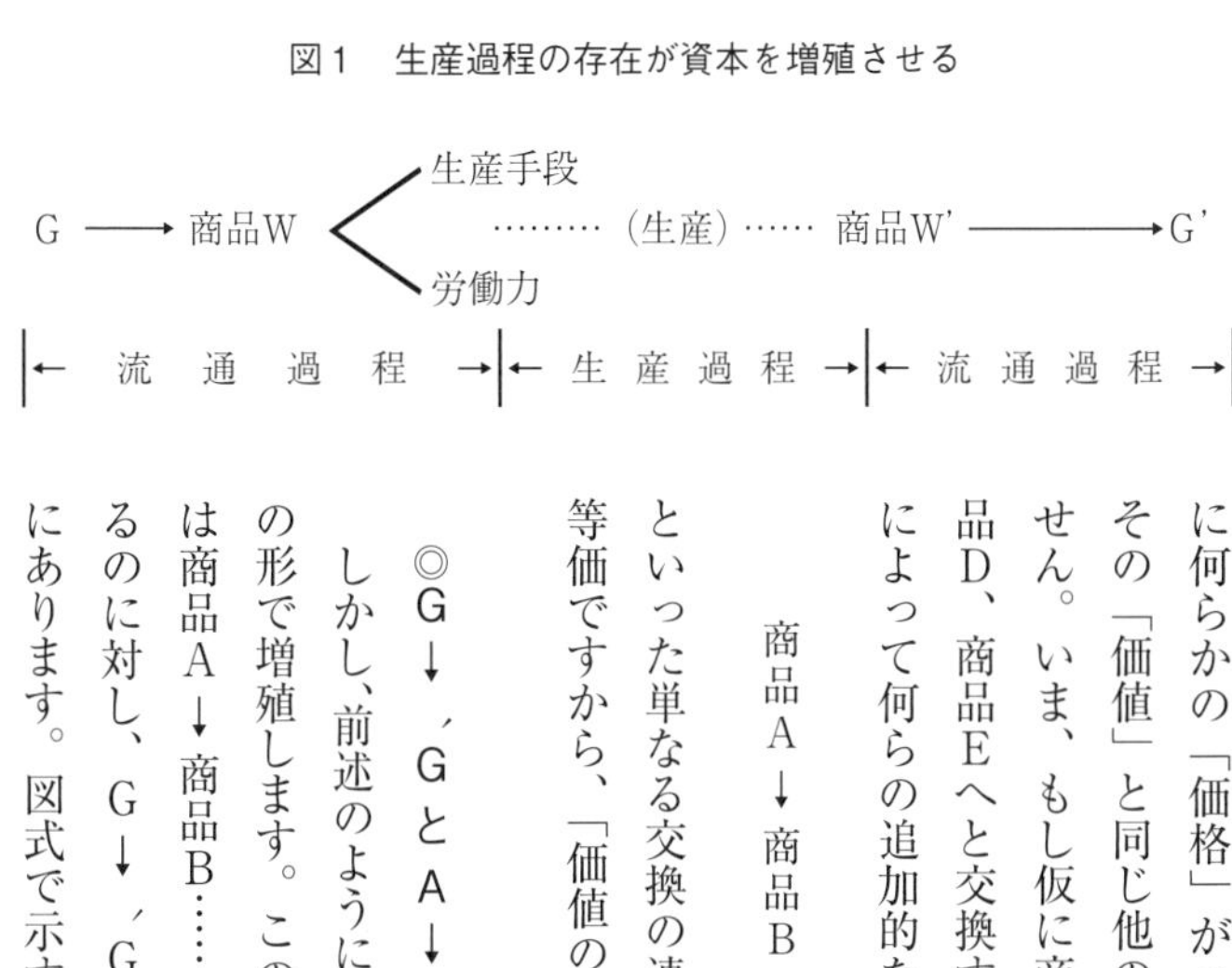

図1　生産過程の存在が資本を増殖させる

一である限り社会的平均的には同一の価格となっているはずです。つまり、各商品に何らかの「価格」がついているのは、それだけの「価値」があるからであって、その「価値」と同じ他の商品ないし貨幣との交換は「等価交換」でなければなりません。いま、もし仮に商品Aを商品Bに交換し、それをさらに商品Cに、さらに商品D、商品Eへと交換するとしても、それぞれが等価の交換であればもちろんこれによって何らの追加的な利益も生じません。つまり、

商品A→商品B→商品C→商品D→商品E→……

といった単なる交換の連続では、最初の「商品A」も最後の「商品E」もまったく等価ですから、「価値の増殖」はしていないということです。

◎G→G´とA→Bとの違い

しかし、前述のように資本家が投資した貨幣はG→G´（あるいはG→G＋⊿G）の形で増殖します。この違いは何なのでしょうか。答えを先に述べると、この違いは商品A→商品B……の過程が単なる商品交換をしか含まない「流通過程」であるのに対し、G→G´の過程の中には「流通過程」以外のものも含んでいることにあります。図式で示すと図1のようになりますが、ここでは、資本家が当初持っている貨幣Gをそのまま貯め置くのではなく、その貨幣で生産に役立つ商品W、具

体的には生産手段と労働力（この二つを「生産要素」と呼びます）を購入しています。そして、この生産で生み出された新しい商品W´を誰かに販売して新しい貨幣額G´を獲得します。この最後のG´が当初のGより大きいので、この全過程がG→G´（＝G＋⊿G）と表現できているのです。ここでは過程の真ん中に「生産過程」があることが重要です。商品A→商品B……で示した前記の単なる流通過程ではないということです。

言い換えるとこのようになります。過程の最初にあるG→商品Wの過程も、最後の商品W´→G´の過程もそれは単なる交換なので「価値の増殖」はありませんが、その両者に挟まった生産過程で価値が増殖しているということです。これがあるので「価値増殖」ができているわけです。

3　価値増殖と労働の搾取

◎生産手段への価値の付加

しかし、この生産過程、話を単純化すると生産材料（「労働対象」とも言います）の加工にすぎませんので、たとえば、木材を加工して家具に作りかえるという作業となります。そして、この過程では、その木材の購入にかかった費用は当然、出来上がった生産物W´の一部を構成します。つまり、新しくつくられた商品W´の価値の一部は生産手段としての木材の価値であることになります。

ただ、こうすると、このW´の価値から木材の価値を引いた差額（W´－木材価値）は労働者からの労働力の購入で支払った価値分となるのでしょうか。結論から言うと、そうはなりません。それは、もしそうだとすると、生産後の商品W′の価値は「木材の価値プラス労働力の価値」となって当初に資本家が支払った総価値額G（＝商品Wの価値額）と等しいこととなってしまい、最終的に価値は増殖しない（G→Gとなる、あるいは⊿G＝0となる）こととなるからです。つまり、ここではこの木材の加工の過程で「木材の価値」に「労働力の価値」以上のものが付け加えられた（価値の付加）こととなります。これが「加工」というもの、「生産」というものの成果、言い換えると「労働の成果」です。資本家は生産手段とともに「労働力」を労働者から購入しますが、これを活動させることによって得られるのがこうした成果です。

したがって、「労働力の購買」によって可能となった「労働」の役割がここでは十分に明らかとされなければなりません。そして、それに取り組んだマルクスは「労働力」と「労働」との違い、という形で話を整理しました。

◎労働力と労働の違い

というのはこういうことです。資本家が労働者から購入する「労働力」とはそれ自身は「労働」ではなく、「労働する能力」にすぎません。そして、その「能力」を使うこと、「労働力（という能力）の消費」がつまり「労働」です。この意味で「労働力」と「労働」ははっきりと区別されなければなりません。

このことはさらに次のようにも言い換えられます。つまり、資本家が「労働力の購入で支払った価値額」と「その労働力の消費によって商品に付加された価値額」とは異なるということです。ですので、生産手段と労働力によって成りたつ「生産要素」の購入時点からの変化を再び図の形で示しますと、図2のようになり、「労働力の購入で支払った価値額」と「その労働力の消費によって商品に付加された価値額」の

図２　「労働力の消費」による剰余価値の生成

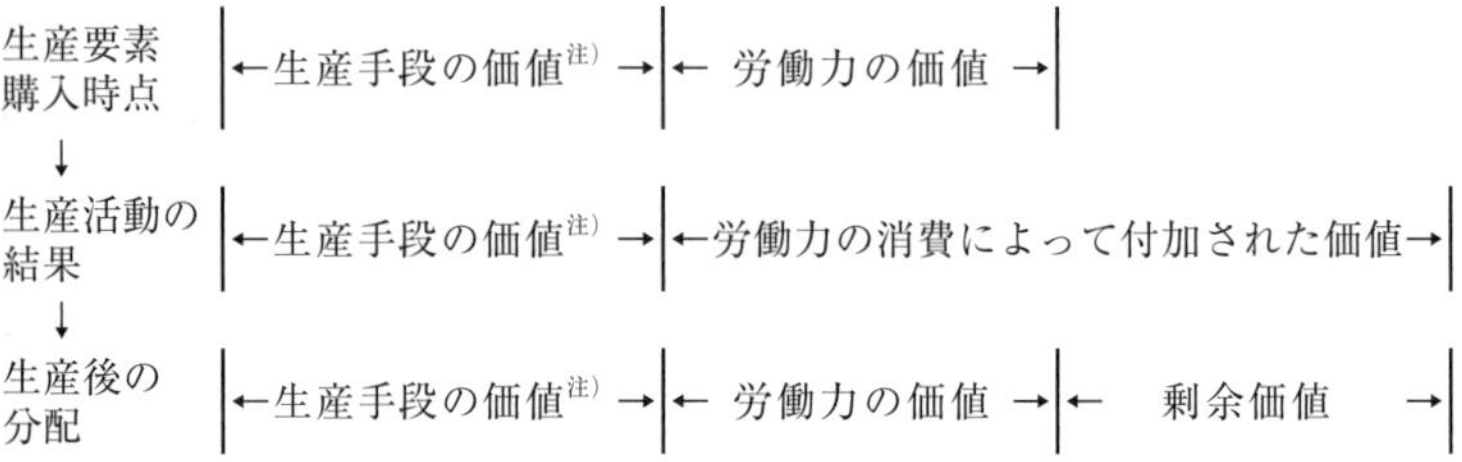

注：例示した木材のような生産手段（労働対象）の価値はそのまま新商品に移転されますが、機械や道具のような労働手段の価値はその減耗分のみの移転となります。

ギャップは「剰余価値」と呼ばれます。この部分が⊿Gとなって資本家の儲け（利潤）となるわけですが、まさにこれがためにこれを目的に資本家は労働力を購入していることがわかります。ただ、これは労働者の側から見ると労働者は自分の労働力の消費で付加された価値の一部しか受け取っていないことになります。マルクス経済学では「労働者は搾取されている」と言いますが、その意味はここにあります。

なお、図２でわかりますように、「生産手段」の価値はそのまま移転するだけなので生産の前後で変化がありませんが、「労働力」はその価値とそれが生み出す付加価値との間に変化があります。この意味で「生産手段」は「不変資本」、「労働力」は「可変資本」とマルクスは名付けました。

◎「マルクスの基本定理」

ところで、この問題の「搾取」は現代では数学的に証明されるに至っています。といいますか、正確には何といまから60年以上前の１９５５年に当時神戸大学助教授だった置塩信雄氏が雑誌で発表し（それは章末に掲げた置塩著書に収録されています）、世界中の近代経済学者に大きなショックを与えました。もちろん、近代経済学者も放っ

 てはおけないので、様々な反論を繰り広げましたが、その反論の多くはすでに反駁されました。そして、その結果、この置塩氏は日本最大の近代経済学者の総合学会の会長に選出されるほどの尊敬を集めています。この意味で、戦後日本を代表するマルクス経済学者ということができます。

ただ、「マルクスの基本定理」と呼ばれるこの数学的定理をここで証明するのは本書の範囲を超えるでしょう。関心のある方は、私の著書（大西『マルクス経済学（第3版）』慶應義塾大学出版会、2020年）を参照いただき、ここではその結論だけを紹介することとしましょう。そうしますと、その結論は数式(1)で表されます。

ここで、Rは1時間あたりに支払われる実質賃金＝消費財の量、t_2は消費財1単位に含まれる労働量を表わしていますので、この右辺は「労働者が1時間働いて受け取る賃金に含まれている労働量」となります。この理解は少し難しいかも知れませんが、たとえばこんな例を考えればよいかも知れません。

いま、1時間のアルバイトで時給1000円が支払われるとし、また、コメ1kgが1000円だとしましょう。すると、1時間あたりに労働者が受け取る素材の量はコメ1kgであることがわかります。これが上式のRにあたります。また、他方、このコメ生産に目を向けてその1kgの生産に必要な労働量（つまり「コメ1kgに含まれている労働量」）が0・7時間だとしましょう。これがそのままt_2に当たりますが、するとこの結果、「1時間あたりに労働者が受け取る素材としてのコメ1kgには0・7時間労働が含まれている」ということをご理解いただけますでしょ

$$1時間 > R \times t_2 時間 \quad \cdots\cdots 数式(1)$$

$$1時間 > 0.7時間 \quad \cdots\cdots 数式(2)$$

うか。もしご理解いただけましたら、上式は数式(2)となり、この左辺は労働者が働いた時間、右辺はその労働で受け取った時間なので、労働者は資本家に差し出した時間以下の時間しか受け取っていない！ということになります。つまり、0・3時間分受け取っていないこととなります。これがまさしく「搾取」で、定理はこれを資本家階級が利潤を取得している限り成立していることを証明しました。

いかがでしょう。主張は明確ですね。マルクス経済学の領域でも国際交流は盛んですが、やはり外国語で書かれたものを理解するのには追加的な努力が要ります。が、数式によって書き表されたものは主張が明確なので国を超えた伝搬が比較的スムーズにできています。「マルクスの基本定理」が世界に知られることとなった理由もここで感じとっていただければと思います。ちなみに本章の筆者である私もこうしたタイプの「数理マルクス経済学」を研究しています。

3　剰余価値生産の2つの方法

◎絶対的剰余価値の生産

ところで、この「マルクスの基本定理」は「搾取の証明」をやり遂げただけでなく、「搾取の量」がどのように決まるかをも明確にしました。上記からわかるように、Rとt_2が決まれば$1-R\times t_2$の量（1時間労働当たりの搾取量）が決まるからです。

まずはこのRからご説明しましょう。そして、そのためにまず、Rとは「1時間あたりに支払われる実質賃金」だったことを思い出しましょう。これは上のより具体的な例では、「1000円という時間賃金

$$1 - R \times t_2 = 1 - 0.8 \times 0.7 = 0.44\text{時間} \quad \cdots\cdots \text{数式(3)}$$

で購入可能なコメの量」でしたね。そして、もしそうすると、これを切り下げれば1－R×t_2は増大して資本家の利益（剰余価値）は増えます。たとえば、時間給を1000円から800円に切り縮めれば、剰余価値は数式(3)となって元々の0・3時間の約1・5倍に増えます。資本家が賃金を切り縮めよう、切り縮めようとするのはそのためです。本書でもそのことはかなり具体的に説明しました。

しかし、実は、マルクスはこのRの削減についてはこうした「賃下げ」よりも「労働時間延長」の方を重視して論じています。その理由は、簡単に言うと、労働時間一定のままで賃下げだけが起きると労働者の月額給与が減って、労働者の生活自体がなりたたなくなる（生きていけなくなる）からです。そして、この場合、たとえば労働者はこれまで1日8時間働いて

1000円×8時間＝8000円

を得ていたのを、10時間に延長して

800円×10時間＝8000円

得られるようにするでしょう。つまり､要するに「賃下げ」の結果は「時間延長」を導きます。本書の第1章でも見ましたように、日本の長時間労働は低賃金構造から帰結したものと理解し

なければなりません。

このことはよく誤解されているので、もう少し説明させてください。というのは、日本では男性正社員労働者と女性パート労働者との男女役割分業のような構造がながらく続いていました。そして、ここでは正社員は長時間労働だが、パート労働者は短時間労働となっていて、比較的高い正規賃金をもらう労働者の方が長時間労働という外観をとっていたからです。つまり、ここでは「高賃金ほど長時間労働」との見かけが成立してしまいます。

ですが、ここでよくよく考えましょう。日本の多くの家計はお父さんの正規賃金とお母さんのパート賃金の合計でなりたっていましたから、お母さんのパート賃金が低ければお父さんはしっかり働いて家計の不足を賄わなければなりません。逆に言うと、お母さんのパート賃金がしっかりしたものであれば、お父さんの賃金に頼る必要もなくなり、まともな労働時間でお父さんも帰宅できることになります。この意味で、一方の低賃金が他方の長時間労働を規定していることになります。低賃金の単身世帯や片親世帯が長時間労働となるのは言うまでもありません。

ですので、結局、Rの削減とは労働時間の延長と同じです。そして、このことは前述の価値分割の図を使って説明すると図3のようになります。

結果としての労働時間の延長が資本家の剰余価値を増やしていることがわかりますね。マルクスはこの方法による剰余価値生産の増大を「絶対的剰余価値の生産」と名付けました。こうして「搾取」は強められます。

なお、ここでは労働時間延長を時間賃金の切り下げの結果として説明しましたが、支払い総賃金を増や

図3　労働時間延長による搾取の強まり

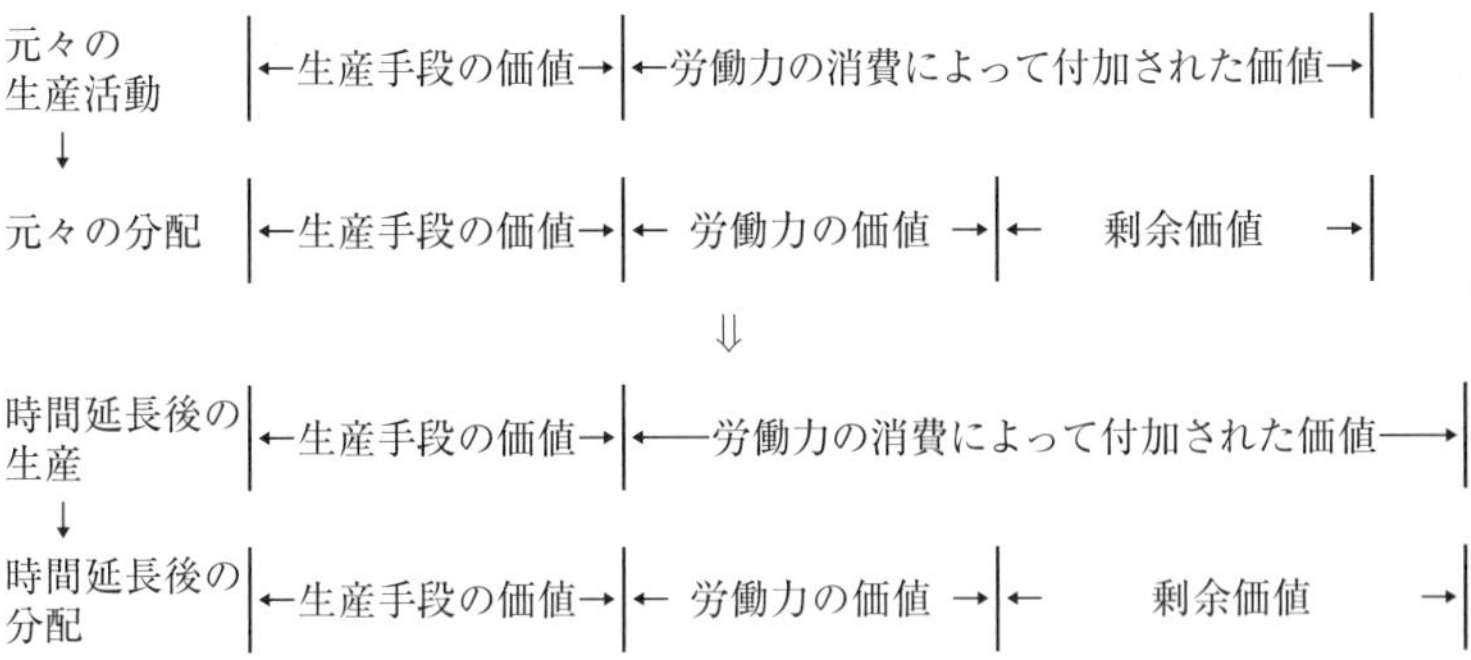

元々の生産活動	←生産手段の価値→	←労働力の消費によって付加された価値→	
↓			
元々の分配	←生産手段の価値→	← 労働力の価値 →	← 剰余価値 →
		⇓	
時間延長後の生産	←生産手段の価値→	←——労働力の消費によって付加された価値——→	
↓			
時間延長後の分配	←生産手段の価値→	← 労働力の価値 →	← 剰余価値 →

すことなく、サービス残業などで時間延長させるという方法も現在は多用されています。安倍政権が2018年の国会で無理やり通した「働き方改革法案」というものの本質もそこにありました。「改革」と称して実際には「改悪」が行われているのは困ったものです。

◎相対的剰余価値の生産

以上がRの削減を通じた剰余価値の拡大策ですが、資本主義はt_2の縮小という形でも剰余価値の拡大を実現してきました。この方法は「相対的剰余価値の生産」と呼ばれますが、それは図4のように示されますので、先の「絶対的剰余価値の生産」との違いは明らかです。が、ではなぜt_2の縮小がこのように表現できるのでしょうか。これに答えるためには、t_2がもともと「消費財1単位に含まれる労働量」であったことを思い出す必要があります。というのは、この「消費財1単位に含まれる労働量が減る」ということは同じだけの消費財を購入するのに必要な労働量が減ることを意味するからです。前章で説明されていますとおり、「価値」とは「労働量」のことですから、この図のように労働者に資本家が支払わなければならない価値は減少します。そして、その結果として、「労働力の消費

図４　t_2の縮小による搾取の強まり

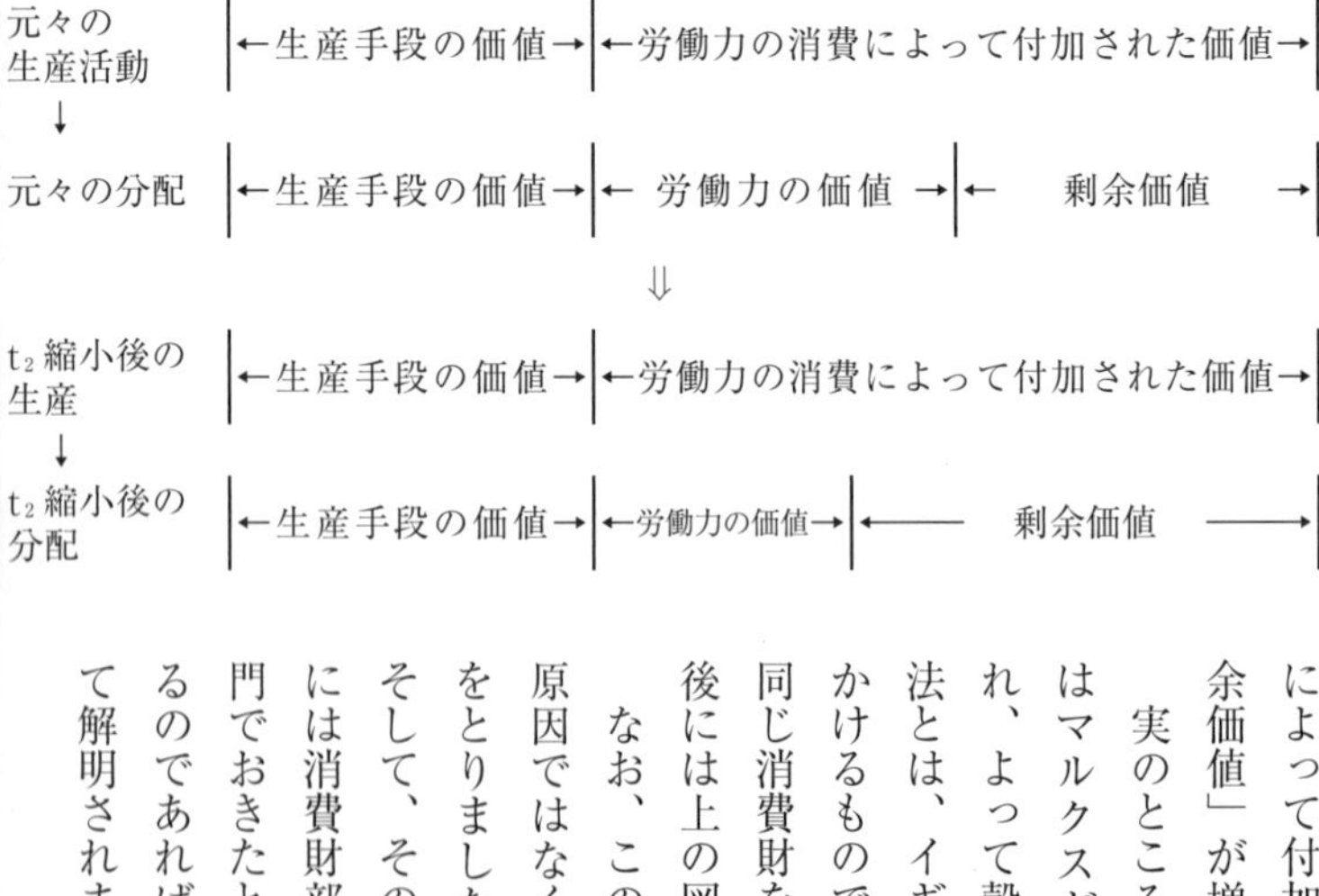

によって付加された価値」マイナス「労働力の価値」としての「剰余価値」が増大するのです。

実のところ、実際にこのようなことが歴史上起きています。それはマルクスが生きていた１８４６年にイギリスの穀物法が廃止され、よって穀物価格が低下したことによって生じました。この穀物法とは、イギリスに安価な穀物が入らないように多額の穀物関税をかけるもので、１９４６年のその廃止で穀物価格が下落。その結果、同じ消費財を買うのに必要な賃金の減少が起きました。そして、最後には上の図にあるような剰余価値の増大に帰結したわけです。

なお、この穀物法の場合はイギリス国内での穀物生産性の上昇が原因ではなく、輸入穀物を買うための賃金（労働量）の減少との形をとりましたが、一般には国内の生産性の向上が原因となります。そして、その生産性の向上とはt_2に表現されるものですので、直接には消費財部門のそれですが、たとえ生産性向上が生産手段生産部門でおきたとしても、その成果が何らかの形で消費財生産に影響するのであれば、それでも結構です。このこともまた置塩信雄氏によって解明されました。

図５　高生産性企業に生じる特別剰余価値

劣位技術企業の生産	←　生産手段の価値　→	←労働力の消費によって付加された価値→
高位技術企業の生産	←生産手段の価値→	←労働力の消費によって付加された価値→
社会的平均的な生産	←生産手段の価値→	←労働力の消費によって付加された価値→

◎特別剰余価値の生産

ただ、ここで同時に理解しておきたいことがあります。それは、個々の資本家がこの方法でより多くの剰余価値を取得できるのは、彼自身の努力によるものではないということです。先の例でも穀物生産の生産性を上げたのはイギリスの資本家ではありませんね。自分以外の他の資本家の成果の結果として可能となったので、自分の努力とは関係がありません。が、それでは個々の資本家は他の資本家の利益のために努力しているのでしょうか。そんなことはありません。個々の資本家は別の目的で、やはり自分のためだけに生産性改善の努力を行なっているのです。

たとえばこういう場合です。いま、ある商品の生産を行なっている企業の半分が劣位の技術、半分が高位の技術を持っているとしましょう。そして、その技術の相違は図5のように「生産手段の価値」の相違としてのみ現われるとしましょう。たとえば、同じ価格で購入した同じ見かけの機械であっても、もし一方が1000個の製品を生産できるのに対し、もう一方が700個の製品しか生産できないのであれば、製品1個あたりに転嫁される価格は7：10の相違があることになりますね。そして、その結果、高位技術企業の個別価値は低位技術企業のそれより低くなります。図5ではそういう感じの状況が表現されています。

ただし、かといって、この高位技術企業はその個別価値で商品を販売するわけではなく、その商品が持っている「価値」で販売します。そして、その「価値」とは社会的平均的なものとして決まりますので、たとえば図5にありますように、高位技術企業の個別価値と低位技術企業の個別価値のちょうど中間の大きさとなります。マルクスの言葉で言えば、「現存の社会的・標準的な生産諸条件と労働の熟練および強度の社会的な平均度とをもって、何らかの使用価値を生産するために必要な労働時間」（Ⅰ53）ということになります。そして、もしそうすると高位技術企業は自らの個別価値以上の価値で販売して追加的な剰余価値を得ることができ、逆に劣位技術企業は自らの個別価値以下の価値でしか販売できないので得られる剰余価値は他企業より少なくなります。マルクスは、この前者の追加的な剰余価値を「特別剰余価値」と名付けました。

個別企業が生産性を上げようと努力しているのは「相対的剰余価値の生産」が目的ではなく、こうした個別利益のためです。しかし、こうして各企業が生産性の向上に競って努力すると、その結果として消費財生産全体の生産性も改善して「相対的剰余価値の生産」が促進されることとなります。「相対的剰余価値の生産」の現実のメカニズムがこのようになっていることは理解していただきたいと思います。

なお、以上では、生産性の改善を個別的な「生産手段の価値」の低下としてしか例示しませんでしたが、手作業労働の効率改善などは労働力の利用に関わる個別価値の低下をもたらします。その場合も同様であることも付記しておきたいと思います。

4　「労働力の価値」とは何か

◎「労働力の価値」についての「生存賃金仮説」

こうして、資本家が取得する剰余価値とは、「労働力の消費によって付加された価値」から「労働力の価値」を差し引いた残りであること、したがって、要するに「労働力の消費によって付加された価値」の延長と「労働力の価値」部分の縮小が剰余価値を増やす2つの方法であることがわかりました。ただ、普通には労働時間の延長と賃下げといいたいこの2つの方法をマルクスは何かややこしく論じている感があるかも知れません。あるいは、上記の穀物法の場合もそうですが、最終的には賃下げで資本家が儲けたのですが、その説明に先立って穀物価格が下がり……と余計な説明をしているようにも見えます。ですので、この理由についてやはり少し説明を追加しておきたいと思います。

というのはこういうことです。マルクスが問題としたのは、資本主義の正常な運行状態ですので、そこでは資本家の前に労働者が絶えず現れることを前提としています。そして、このためには彼ら労働者が生産手段所有者に上昇することがあってはなりませんが（「無産者」でなくなることなく）、それと同時に彼らの労働能力をすり減らして明日また工場に来れなくなるのであってはなりません。つまり、彼らの労働力を再生産できていなければならず、そのためにある一定の消費が保証されていなければなりません。そして、ここでの「ある一定の消費」というのは実質レベルの消費ですから、消費財価格が上がればもちろん賃上げが伴わねばなりませんし、逆に消費財価格が下がれば賃金の切り下げもOKということになります。

「相対的剰余価値の生産」というのはこの後者のケースですね。

また、この際に注目しておかなければならないのは、ここではこの結果、実質賃金が一定の想定、もっといえば生存に必要なだけの実質賃金しか支払われないとの想定がなされていることです。この想定は「生存賃金仮説」と経済学界では呼ばれていますが、それ以上に支払われると先に述べたように彼らは資金を蓄積して生産手段の所有者となってしまいます。こうしたことが社会全般に生ずれば労働者が原理的にいなくなってしまいますので資本主義はなり立たなくなります。先の想定はこうした理論上の要請から設定されたものです。

◎「労働力の再生産費」としての「労働力商品の価値」

もちろん、現実の世界に目を向けるとこうした想定と矛盾する事態をいくらでも発見できます。たとえば、現在の日本では各家庭がつくる子供の数が減ってきていて、またそれ以上に結婚できる条件さえ欠いている若者たちが多数に及んでいます。そして、この結果として人口が減少し始めているのですが、もしこれが続くと(外国人労働者の導入など外的な条件がなければ)資本主義はなり立たなくなります。つまり、このことを逆にいうと、資本主義の正常な再生産のためには(人口的にも質的にも)次世代の再生産が条件であるということになります。もっと言うと、人口のある部分の労働者は次世代の再生産ができていなくてもよいが、その場合はその不足分は他の労働者によって補塡させるだけの賃金を資本家はその総体として支払わなければなりません。つまり、ここでのポイントは個別企業、個別資本家、個別労働者の話ではなく、労働者が総体として、つまり階級としてはどう再生産されるかという問題なのです。

ともかく、このような事情でマルクスは上述の賃金部分（可変資本部分）を次世代の養育費を含む「労働力の再生産費」とし、さらにこれを「労働力（商品）の価値」としました。本書前章で述べたとおり、諸商品の価値とは「その生産に必要とされる労働量」で測られますので、ここでの商品＝労働力商品の価値もその同じ原理で定義されていなければなりません。そして、確かにこの特殊な商品（労働力商品）の価値も（自分と次世代の）「その再生産に必要とされる労働量」で測られていることになります。こうして「商品交換の原則」たる等価交換は労働力商品を含むすべての商品で成立することとなりました。資本主義はこの意味で全面的に発展した商品生産社会ということができます。

◎奴隷制との対比でわかる「労働力再生産費」の意味

なお、やや蛇足となりますが、本章の最後に以上の理解を助ける目的で資本主義と奴隷制の比較を行っておきたいと思います。というのは、奴隷制は貨幣経済・商品生産社会ではありませんから、「搾取」が目に見え、その分だけことの本質が明らかとなるからです。

いま、奴隷制以前の原始共産制社会との比較で奴隷制を考えてみましょう。原始共産制社会は万民平等なのでもちろん「奴隷」は存在しませんでしたが、実はその理由には生産力の極端な低さがありました。というのは、この時代にも「部族」間の戦争はあったのですが、その戦争に勝った部族が万が一捕虜を連れ帰り、それをこき使ったとしても意味がないほど低い生産力だったからです。つまり、各労働力が自分の労働力を再生産するのにせいいっぱいなほどの生産力段階では、奴隷を働かせてもその奴隷は自分が食べていくのに必要なものしか生産できません。その場合には剰余生産物が発生しませんので、その戦勝部族には何の利益にもなりません。このために原始共産制期には奴隷制が存在しなかったのです。

しかし、ここで皆さんに知っていただきたいことは、こうして生産力の高低が社会システムの決定にとって非常に大事であるということ（この議論を史的唯物論といいます）だけではなく、その際に比較されるべきものは「人間労働が生産する物財の量」とその「人間労働の再生産に必要な物財の量」であるということです。この時代には商品生産と貨幣経済が一般化していませんので「商品価値」という概念がありません。ですので、ここではこの両者が「労働が生み出す物財の量」と「労働力の再生産に必要な物財の量」との形式をとりますが、事柄の本質は同じ事です。この両者のギャップが搾取される者と搾取する者との分裂を人類社会に持ち込み、それが奴隷制社会から現在にまで引き継がれています。現代の資本主義社会も階級社会であるということ、搾取社会であるということはこのような比較によってはっきりと認識することができます。

なお、こうして奴隷制では搾取が直接目に見えた（自分が生産した食糧と受け取る食糧の差が目に見えた）だけではなく、その次の農奴制でも目に見えました。たとえば、農奴制の最も典型的なケースとしての「労働地代」の場合には、農奴は週のうち4日は自分の土地で働けても3日は領主の土地で働かねばならないといった状況でした。この場合にも搾取は目に見えていますね。

しかし、これと比べれば、資本主義は「自由」で「平等」な「契約」の社会ですから、搾取は目に見えません。身分制は廃止され、労働者も資本家も対等の立場で法律上自由に雇用契約を結びます。そして、この雇用契約は労働力商品の売買契約ですからそれは「等価交換」です。ですので、ここでは搾取のない社会という外観が成立しました。

簡単に要約しますと、資本主義はその本質上、奴隷制・農奴制と同じ搾取社会なのですが、その搾取は奴隷制・農奴制期と違って目に見えないものになってしまっています。ので、マルクスはこの『資本論』という大部の著書を書いてどうしてもその搾取社会としての本質を解明しなければならないと考えたわけです。これは資本主義を歴史の高みから見るために不可欠なことです。マルクス主義ではこの「歴史の高みから見る」作業を「史的唯物論」という枠組みから果たしましたが、この意味で『資本論』は「史的唯物論」の非常に重要なコアとなっています。本書の他の章もこうした視角からお読みいただければ幸いです。

◎考えてみましょう

（1）家計単位での労働力供給の在り方を論じる議論に「ダグラス＝有沢の法則」というものがあります。これは世帯主の賃金が高いほど配偶者が就業しなくなるとの「法則」です。これは本文で述べた同一家計における低賃金と長時間労働に関する関係とどのような関わりがあるでしょうか。

（2）長時間労働の結果、労働者には睡眠時間など最低限の時間しか残されないような状況を考えます。この境遇と奴隷の境遇との違いがあるかどうかを原理的に考えてみましょう。奴隷は自分自身を奴隷主に売ってしまっている存在です。

（3）推薦文献の2冊めないし3冊めを読んで「マルクスの基本定理」の証明の正しさを確認しましょう。

◎推薦文献

マルクス『賃労働と資本』岩波文庫、国民文庫、光文社古典新訳文庫、新日本出版社など
大西広『マルクス経済学（第3版）』慶應義塾大学出版会、2020年
置塩信雄『マルクス経済学』筑摩書房、1977年

第7章　雇用によらない働き方——その実態と雇用社会の限界・未来社会

髙田好章

〔近代的〕マニュファクチュアは、それ自身のかたわらに、分散した手工業的経営および家内経営を広範な基礎として存続させた。これらの労働部門における剰余価値の大量生産は……人間に可能な最大限の労働時間と結びついた、かろうじて露命をつなぐに必要な最小限の労賃のおかげであったし、いまもそうである（I495）（〔　〕内は筆者による補足、以下同じ）。

はじめに

この章では、「雇用によらない働き方」を考えます。「雇用によらない働き方」とは、企業に雇われて働くのではなく、個人事業主・個人請負・自営業として働いている人たちです。流行りの言葉でいえば、フリーランスです。「シェア・エコノミー」あるいは「ギグ・エコノミー」という言葉をよく見かけるようになりました。ジャズ・ミュージシャンがその場だけに集まって演奏することをギグ（Gig）セッションといい、そこから「ギグ・エコノミー」という言葉ができました（諸説があります）。ギグ・エコノミーの代表的な姿とされるのが、ウーバー（Uber）です。ウーバーが展開するウーバー・ライドシェアは、個人請負の人がスマートフォンを使い、タクシーに代わって自家用車で人を運ぶ配車サービスです。またウーバー・イーツは、個人請負で自転車などを使いレストランの配達代行業務をします。今後もデジタル社会の進展で、このような働き方が大きく拡がっていくと予想されています。ところで、このようにフリーランスとして仕事をする人々は、これまでもいろいろな職種・仕事でたくさんいました。例えば、デザイナー、フリージャーナリスト、フリーカメラマンなどです。このようにフリーランスは古くからある働き方ですが、ここでは最近の新たな姿を対象にデジタル社会における「雇用によらない働き方」を考えます。

1 「雇用によらない働き方」とは

◎フリーランスという働き方

いま巷で話題になっているのが、「クラウドワーキング」、その働き手である「クラウドワーカー」です。この働き方は、個人が直接企業と契約して発注を受け仕事をして納品します。ある企業から、「仕事があるから誰か請け負ってくれませんか」と仕事の提示があり、「わかりました、この仕事します」と応募し、企業から仕事を請け負い、一生懸命作業します。「はい、何個できました、納品します」、これで一つの仕事が終わります。個人ではどこに自分ができる仕事があるのかわかりませんから、仲介業者のウェブサイト（ホームページ）を介して仕事をするのです。インターネット上で行うということで、「クラウドワーキ

図１　クラウドワーキング関連図

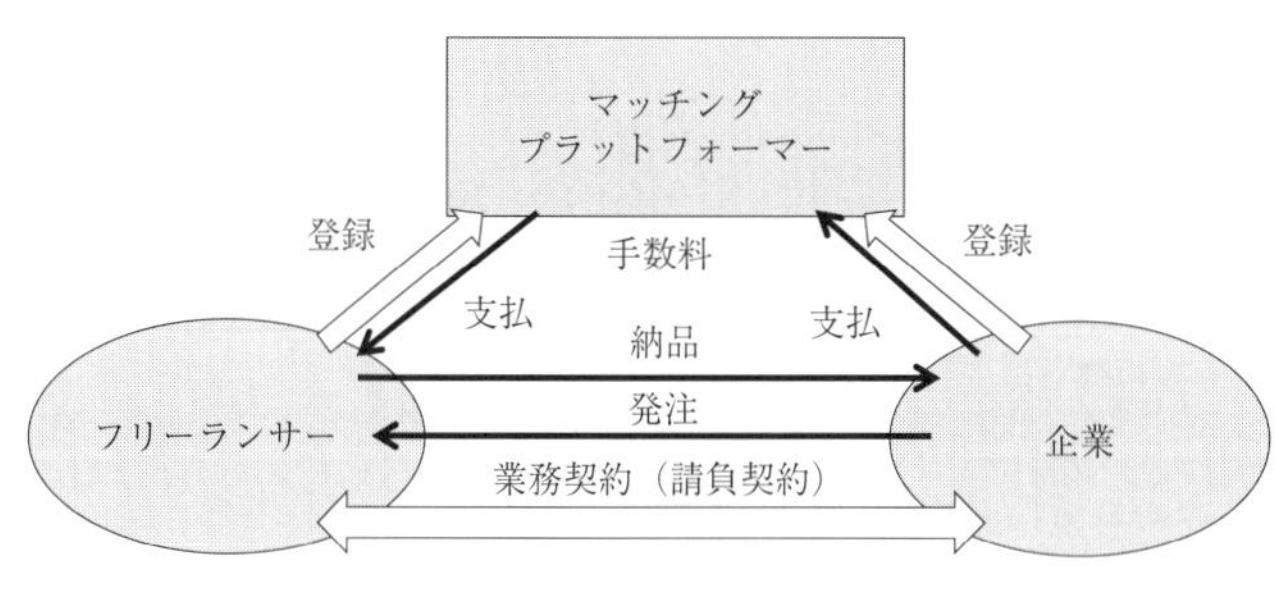

出所：経済産業省「雇用関係によらない働き方に関する研究会」報告書資料をもとに、改変・追記。

ング（crowd-working）」と呼び、その仲介業者はマッチングプラットフォーマーといいます。

全てインターネット上で行いますので、注文主と作業者が直接会うことは必要ありません。マッチングプラットフォーマーとして日本で有名なのがクラウドワークスとランサーズです。企業がマッチングプラットフォーマーのウェブサイトに仕事を登録し、クラウドワーカーは仕事を紹介してもらいます。仕事の注文主である企業と作業者であるクラウドワーカーの間で合意すれば、ウェブサイト上で契約し、実際に仕事をして納品します。この納品もインターネットを使い、報酬は仲介業者が手数料を差し引いて支払います（図１）。派遣労働者の場合も、仕事をした企業ではなく派遣会社から手数料を引かれて給料が支払われますから、仕事の間に入って手数料を取る、ということでは派遣会社と同じ仕組みです。昔からある内職仲介業のインターネット版で、デジタル社会の進展でリモートワーク（テレワークとも言いますが、ここではリモートワークを使います）として急成長している働き方です。

マッチングプラットフォーマーのランサーズは『時間と場所にとらわれない新しい働き方』（メタブレーン、２０１４年）と題する本で、「裁量の大きいフリーランスだから、仕事も趣味も楽しめる」（イラスト・広告漫画制作）、「やりたい仕事をやりたい時間にでき、いまの働き方が自分にとって理想のスタイル」（Ｗｅｂ制作）、「〝仕事〟と〝子育て〟両方とも、Ｗｉｎ－Ｗｉｎの関係を保つことで、楽しい毎日を送れています」（デザイナー）などと、夢のような素晴らしい働き方であると紹介しています。『週刊ＡＥＲＡ』（２０１８年７月２日号）の表紙には「フリーランスで年収６００万」の文字が踊り、「スキルもコネもなし」で独立後に年収１０００万円を超えた話が掲載されています。

◎フリーランスとはどのような姿なのか

フリーランスは新しい働き方のように見えますが、これまでも「業務委託契約」などで「業務委託員」や「一人親方」などの形で働いている人が多くいました。職種も様々で、フリーの編集者やアナウンサー、デザイナー、旅行の添乗員、観光ガイド、生命保険の外交員、フランチャイズの店長、ホスト、バイク便ライダー、建設現場の鉄筋工・建築士、コンピューター技術者など様々です。

そのなかで、新たな働き方として出てきたのが、クラウドワーカーです。講演会の録音を文字入力、様々な部署の事務伝票や経理データの入力、ライターとして商品の企画書や宣伝文句を作成、インターネットのホームページのデザイン、ネットショップ運営、などです。それらは、高度な専門知識が必要な仕事から単純作業まで、いろいろな仕事があります。最近、この人たちは「デジタル日雇い」と呼ばれることがありますが、自分たちのことを「デジタル土方（どかた）」とも呼ぶ人もいます。日雇い土方のように手配師に仕事を紹介してもらい、土木工事現場で〝つるはし〟を持って土堀りする土方の姿に例えています。

それでは、このようなフリーランスの人はどのくらいいるのでしょうか。これまで公的調査はなく、近年やっと行われはじめました。２０２０年２～３月の内閣官房による調査「フリーランス実態調査」では、フリーランスの総数は４６２万人、うち本業が２１４万人、副業が２４８万人となっています。毎年調査しているランサーズによると、２０２０年２月には１０３４万人と発表しています。内閣官房の公的調査とは調査対象の違いで人数がかけ離れていますが、フリーランスには専業や副業また兼業として働く人たちが入り乱れ、実態把握が難しい働き方です。

２０２０年に突如として噴出したコロナ禍では、副業者の増加により新規登録者がマッチングプラットフォーマー各社ともに前年の１・２～２倍に伸びていますが、仕事はデータ入力や文書作成など単純労働の業務が多いということです。新規登録者が増加しているのは、コロナ禍の中で休業や雇い止めの人たちが、減った収入をいくらかでも補填しようとし、これに加え在宅勤務の人たちも副業として仕事を探していることも考えられます。

◎フリーランスの実態はどうなのか

それでは、クラウドワーカーの報酬はどのくらいなのでしょうか。労働組合の全国組織・連合が２０１６年12月にアンケート調査を行っています。クラウドワーキング専業の人の平均月収は、７万３２６８円です。専業であっても月10万円も稼げないのです。平均の月収ですから、先ほどのランサーズの本のように多く稼ぐ人もいますが、平均月収額が７万円程度になるのは大部分の人が低賃金であることを示しています。あるＷｅｂライターは、化粧品紹介の記事を１時間かけて１本書き、その報酬は手数料が引かれて、なんと87円でした（『週刊ダイヤモンド』２０１８年3月10日号）。時給87円で、パートの時給の10分の1にしかならないのです。専業者と副業者が仕事を競うあうために低賃金に陥るのです。労働時間へのアンケートでは、あるライターは1日13時間仕事をして、昼は30分しか休憩できず、また翻訳の仕事の人は、毎日8時間から12時間働き、年末年始の休みは自分には関係ないという働き方です。校閲の仕事の人は2つのアルバイトで毎日15時間仕事し、1か月間休めないことがある、とのことです（『女性のひろば』２０１７年8月号）。クラウドワーカーは、先ほど挙げた本にある、夢のような働き方ではないのです。

労働政策研究・研修機構（ＪＩＬＰＴ）が２０１７年12月に「フリーランスの満足度調査」をしています。その調査によると、仕事全体の満足度は「満足」と「ある程度満足」を合わせて68％の人が満足と答えていますが、収入では48・5％と半数以下の人しか満足していないのです。それは、年収２００万円未満の人が6割にもなっていて、さらに50万円未満人が4割もいて、それに対して４００万円以上の人は21・5％にとどまっていることによります。先ほどの内閣府「フリーランス実態調査」では、主たる生計者が本業として、『週刊ＡＥＲＡ』の描く年収６００万円以上の人はわずか13％で、年収３００万円未満が51％、２００万円未満でも32％、3割以上のフリーランスは副業がなければ生活できない水準になっています。この内閣府調査では年収の分布が雇用者の調査結果と同様と解説していますが、フリーランスは後でみるように契約を切られても保護がない、などというように雇用者に比べて不安定な状態に置かれ、年収が同じでいいはずはありません。１５０年以上前の『資本論』は、この章の冒頭に引用したように、当時も同様だと描いています。

さらに、仲介業者であるマッチングプラットフォーマーによる仕事の紹介の差別化の問題があります。サイトの会員となったクラウドワーカーは、仲介業者から公平に仕事が紹介されることは保証されていません。派遣会社や就活サイトでも同様ですが、仕事の紹介情報や求人情報をどのような範囲の人たちにどの情報を流すかは、依頼者の要望により対象者を絞って仕事を紹介するのです。ハローワークのように求人情報が誰にでも公平に閲覧できるのではなく、クラウドワーカーにはあらかじめ選別された仕事の依頼しか入ってこないのです。いい仕事が紹介されるかどうかは、仲介業者の手に握られています。「仕事の能力を高め、次のいい仕事を得るためには最初は安い報酬でも受注しましょう」、とマッチングプラットフォーマーがアドバイスしている例が見られます。ここにも企業の論理が貫き、フリーランサー間の競争で「顧客満足度」を上げ、次もいい仕事を紹介してもらうために、長時間労働・低賃金（低報酬）に陥る可能性があります。

ウーバー・ライドシェアへのイギリスのジャーナリストによる運転手体験記によると（J・ブラッドワース『アマゾンの倉庫で絶望し、ウーバーの車で発狂した』光文社、２０１９年）、個人事業主でありながら、仕事の状態がインターネット上で常に監視され、ウーバーのアルゴリズム（コンピューターによる最適な手順）により指示が出て15秒以内に仕事を受けるか返事しなければなりません。これに反すると評価が下がり、時にはアプリへのログインを停止されます（「解雇」です）。常にウーバーからインターネット上で管理されている彼らは、通常の労働者よりも支配されている労働者なのです。監視され路上で客を待機中の時間にはウーバーは費用を払う必要はありません。彼は、家を出てアプリをオンする時間を決めること以外、ほとんど自由がなかったと書き、「ギグ」とはいっても仲間のバンドメンバーはひとりもいない、と皮肉一杯の言葉を綴っています。別の本によると、このような働き方には高い離職率があり、半分以上が1年以内に辞めると書き、個人事業主でありながら、いくらもらえるかわからず仕事を引き受ける者がいるだろうかと、ウーバーでの働き方の根本的な矛盾を指摘しています（A・ローゼンブラット『ウーバーランド――アルゴリズムはいかに働き方を変えているか』青土社、2019年）。ケン・ローチ監督の映画『家族を想うとき』（2019年公開）では、「独立した個人事業主」の宅配運転手として働く主人公の男性が、食事・トイレの休憩時間もとれない過酷な労働により、家族の絆が破壊される場面が描かれています。

働き方の安定・ゆとりについて、伍賀一道さんが座標軸を使ってそれぞれの働き方を図で示しています（『非正規大国』日本の雇用と労働』新日本出版社、2014年）。横軸の右に「ゆとり・安全」、左に「長時間・過密・拘束」を置き、縦軸の上に「安定・高賃金」、下に「失業・低賃金」を置き、右上に行くほど「安定・高賃金」で「ゆとり・安全」な働き方になり、左下に行くほど「失業・低賃金」「長時間・過密・拘束」である働き方ということになります（図2）。いろいろな働き方を配置して、一番右上は「ディーセントワーク」といわれる「まともな働き方」です。大企業正社員は上だが左にあり、非正規労働者は左下のところにあります。なんと「個人請負」は一番左下に置かれているのです。つまり「個人請負」は、数ある働き方の中で、失業の危険があり低賃金であり、なお長時間労働と過密な労働で拘束されている、という姿で描かれているのです。

◎フリーランス、クラウドワーカーはどのように出現したのか

このようなフリーランスという働き方は、近年大きく広がってきましたが、突然出てきたのではありま

図２　働き方のゆとり・安定の座標軸図

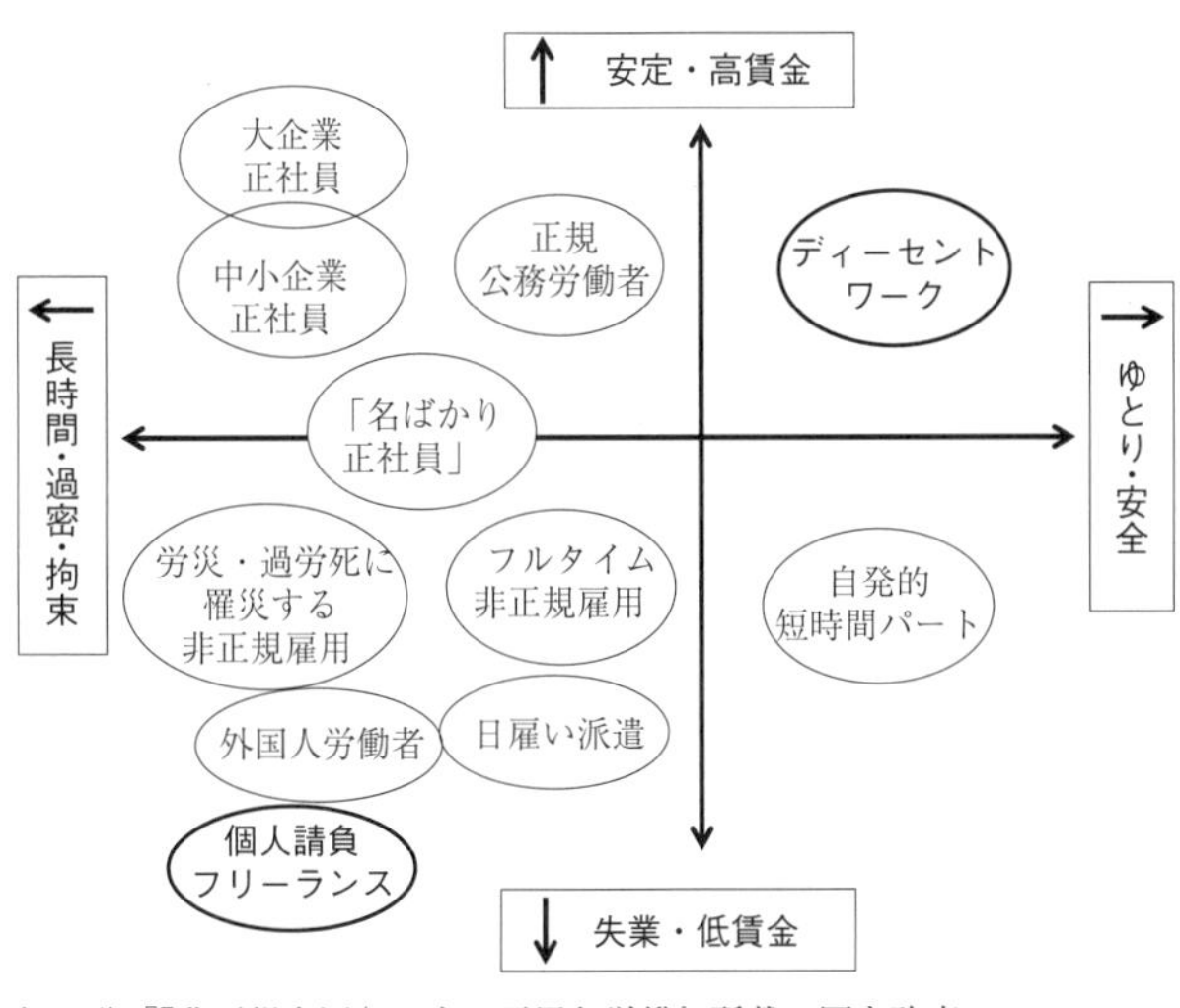

出所：伍賀一道『「非正規大国」日本の雇用と労働』所載の図を改変。

せん。江口英一さんが内職の詳細な分析から「『名目的自営業』の増大——過剰人口プールの完成」と表現したように、戦前から続く内職が個人請負なのです（『現代の「低所得層」——「貧困研究」の方法』未来社、1979～80年）。戦後も、高度成長の1970年代に主婦がパートタイマーとして外に仕事に出るまでは、家で内職仕事（在宅ワーク）をしていたのです（高野剛『家内労働と在宅ワークの戦後日本経済』ミネルヴァ書房、2018年）。それがインターネット社会になって、先祖返りするように、再び家で仕事ができるということで、ネット内職が広がってきたのです。建設業では、「一人親方」という呼び名で個人請負制度が長く続いてきました。これが廃れるどころか、柴田徹平さんによると、最近はむしろ大きく広がっていることが指摘されています（『建設業一人親方と不安定就業』東信堂、2017年）。

『資本論』はこのような働き方を次のように書いています。

〔近代的家内工業〕は、いまでは、工場、マニュファクチュア、または問屋の外業部に転化している。資本は、自分が大量に空間的に集めて直接に指揮命令する工場労働者、マニュファクチュア労働者、および手工業者のほかにも、大都市のなかや農村に散在している家内労働者という別の一軍を見えない糸で動かしている。……いわゆる家内労働においては、マニュファクチュアにおけるよりもさらに恥知らずなものとなる。なぜなら、労働者の抵抗能力は彼らが分散していればいるほど減退するからであり、たくさんの盗人的寄生虫が本来の雇い主と労働者とのあいだに介入するからであ〔る〕（I 485-486）。

さらに最近問題なのは、本来は雇用するべき従業員が業務委託契約で働いていることです。例えば、冠婚葬祭業の大手「玉姫殿」で知られるベルコでは、全従業員は7000人を超えますが、正社員がわずか32人で、残りの7000人あまりは直接・間接にベルコと業務委託契約を結び、ほとんどが個人請負という驚くべき実態が報道されています（『週刊東洋経済』2017年3月25日号）。ハカリと健康器具で有名なタニタは、2017年から「働き方改革」として、就業時間に縛られず、自ら働く時間を決めることができる「社員の個人事業主化」を推し進めています（『タニタの働き方革命』日本経済新聞出版、2019年）。広告大手の電通でも個人事業主への転換が報道され、今後広がる可能性があります。

現代では、生産体系のインターネット化により、一つの工場に集まって仕事をするのではなく、場所が離れていてもオンラインでつながり、即時的に仕事のやり取りができ、「仮想的に」集団的な仕事をすることができるようになりました。機械制大工業の網の目の中に、個人請負で働く人たちがいるのです。このように、フリーランスに仕事を依頼することが可能となる技術的な基盤が整うことで、クラウドワーキングが出てきたのです。そのことは、これが家内労働の単なる先祖返りではなく、生産体系が新たな段階に入ったといいえます。

2　新たな政策――多様化する働き方と「雇用によらない働き方」

◎進められる「働き方改革」政策

これまでの働き方・働かせ方の政策の流れを見ると、1985年に労働者派遣法の制定、同時に有料職業紹介業も解禁され、戦後の働き方・働かせ方の大きな転換が始まりました。その10年後には、当時の日本経営者団体連盟が『新時代の「日本的経営」――挑戦すべき方向とその具体策』（1995年）を出し、正社員の周りに多くの非正規労働者を配置する提案をしました。さらに10年後、小泉政権が構造改革を行い、雇用の流動化で日本的雇用慣行を解体し、規制緩和のさらなる流れが出てきます。その後、集団的な労使関係ではなく個別的な労使関係と、「自己責任」原則が正面から唱えられました。

2016年に安倍政権が、「働き方改革」（本当は「働かせ方改革」ですが）を打ち出しました。その一つとして、「雇用によらない働き方」という政策を進めました。厚生労働省は「働き方の未来2035」懇談会で、個人事業主と従業員との境がますます曖昧になる、という未来像を描き、経済産業省は「時間・場所・契約にとらわれない柔軟な働き方が働き方改革の主眼になる」とし、政府の日本経済再生本部の未来投資会議が2019年に「雇用によらない働き方」を積極的に進める政策として取り上げています。ここで重要なことは、「雇用によらない働き方」が「働き方改革」の一つの大きな目標であり、これらの会合の参加者にはリクルート、パソナなどの人材ビジネス会社やマッチングプラットフォーマー業者などが参加し、新たなビジネスチャンスを狙っていることです。2020年のコロナ禍でこの政策が、ナオミ・クラインが称したように「ショック・ドクトリン」として大きく前進しました（『ショック・ドクトリン――惨事便乗型資本主義の正体を暴く』岩波書店、2011年）。

◎「雇用によらない働き方」は無権利状態

フリーランスという働き方における大きな問題は、働く人の権利状態では企業に雇われた働き方とは大きく異なっている、むしろ無権利状態ということです。大きなバックを背負ってレストランから弁当を運んだウーバー・イーツの配達員が、雨の日に原付バイクが転倒して打撲傷を負いましたが、治療費は個人事業主で労災保険適用外の自己負担で、ウーバーから厳重注意され、再度あればアカウント永久停止（解雇）だと告げられたと、いうことです。その後ウーバーは若干の補助を出すようになりましたが、労組「ウーバーイーツユニオン」は労災保険適用の拡大を求めています。雇われていませんから、労働関係法規の外部に置かれ、労働基準法・労使関係法・最低賃金法は一切適用されません。労働時間規制もなく、時間外労働・休日労働・深夜労働手当は当然なく有給休暇もありません。健康保険などの社会保険・年金は、企業に勤めていれば企業が半分負担しますが、フリーランスの人は、全額自己負担となります。年金も国民年金のみで老後の受取額が低額となります。そもそも雇用されていませんから解雇規制もなく、労災保険や失業保険もナイナイづくしです。さらに、俳優やメディアのフリーランスのへのアンケートでは、6割強がパワハラを、4割近くがセクハラを受けているとの回答があり、弱い立場へのハラスメントの実態が明らかになっています。

2020年のコロナ禍では、このような働き方の脆弱性が噴出しました。学校の卒業・入学や遠足で撮影の仕事をしているフリーランスのカメラマンは、3月上旬の全国の小中学校の臨時休業後にキャンセルの電話が続々と入り、3月・4月の収入が7割減り、結婚式に特化したカメラマンは、3月後半からキャンセルが増え、4月・5月の仕事がほぼゼロで、廃業や転職を決めた知人も少なくないとのことです。『資本論』は次のように書いています。

家内労働の領域では、いつでも自由に利用できる産業予備軍がきわめて組織的に大量培養され、1年のある期間中はまったく非人間的な労働強制によって多くの命が奪われ、また他の期間中は仕事不足によって落ちぶれる（Ⅰ502）。

森岡孝二さんは、個人請負を「偽装雇用」と名付けて、労働分野の規制緩和により、「自己責任・自助努力」を元に「働き方の個別化」と「個人の自律性重視」が「雇用によらない働き方」の推進まで行き着いた、と述べています（『雇用身分社会』岩波新書、2015年）。このような働き方が、個人事業主の範疇ではなく、むしろ「労働者性」が高いことから、本来は雇用すべき働き方であり、「偽装された個人請負」である、という政策姿勢が求められます。

マッチングプラットフォーマーである仲介業者だけが儲かる仕組みは、派遣業界と同じ構図であり、人材ビジネス業の新たなビジネスチャンスとして注目されているのです。『資本論』は、現代の派遣会社などの人材ビジネスの原型ともいえるイギリスの農業における「労働隊制度」を詳述しています。

一時的または局地的労働不足は……女性および児童を農耕に強制的に引き入れ、労働年齢を絶えず引き下げ……男性農村労働者を過剰化しその賃銀を押し下げる新たな手段となる。……この〝悪循環〟のみごとな成果――いわゆる労働隊制度（ギャング・システムまたは徒党システム）――がさかんに行われている。……労働隊は、10人ないし4、50人の……女性、男女の年少者（13ないし18歳）、……男女の児童（6ないし13歳）で構成されている。……〔労働隊長〕は労働隊を募集〔し、〕……農場から農場へ移動していき、……年間6～8か月も働かせる」（I 722-723）。

いまの派遣会社ではもちろん児童を募集していませんが、仕組みは同じです。

◎現代の「雇用によらない働き方」とデジタル社会

このように、これまで直接雇用していた労働者を、「雇用によらない働き方」に置き換える新たな動きは、現代のデジタル社会と関係があります。資本制的生産体系がデジタル社会と結びつくことにより、資本は個々別々に労働者を管理統制することができ、これまでは資本の生産体系のもとで直接雇用していた労働者を、生産体系の外部に置くことができるようになりました。こうしなければ、資本はほかの資本との闘いの勝者とはなれません。他方で労働者はクラウドワーキングにみるように、これまでよりも簡単に副業ができるようになりました。大企業に比べて賃金水準が低い中小企業ではこれまでも副業を容認してきましたが、大企業でも副業容認の動きが今般のコロナ禍で大きく広まっています。これまで労働者を直接統制・包摂してきた資本が副業を容認するということは、デジタル社会ではインターネットを通して間接的に資本が副業する労働者を統治することが可能となったからです。『資本論』には、

> 近代的工業は、機械、化学的工程、その他の方法によって、生産の技術的基礎とともに、労働者の諸機能および労働過程の社会的諸結合を絶えず変革する（Ⅰ511）。

という記述があります。

「個」としての働き方に対する考え方の基礎を与えた本があります。ダニエル・ピンク『フリーエージェント社会の到来』（ダイヤモンド社、２００２年）です。この本はサブタイトルで「「雇われない生き方」は何を変えるか」を論じています。映画製作の例を出して、これまでの映画製作は一つの企業の下で作られてきましたが、これからの映画製作では、プロジェクトごとに企業に所属しない監督・撮影・照明・衣装などの職種の人たちが集まって映画を製作し、それが終われば解散して次のプロジェクトに行く。このような形がこれからの企業での仕事のやり方になる、というのです。従来の組織が縦社会であり、与えられたものを上司の管理の下で仕事するという硬直的なものであるのに対して、フリーエージェントの組織では横の弱いつながりで、自主的に運営され流動的な機能を持っていると、対比して描いています。

ここに必要とされる重要な観点があります。労働者が集まり、互いに共有する場があり、そこでともに

働くことにより、仕事が促進される、という観点です。さらにもう一つ、彼らはこの仕事による稼ぎで生活をしている、という観点です。確かに「自己実現」という仕事の喜びはありますが、自らの生活が維持できないような状態で、まともな仕事ができるのでしょうか。家族やそこで育つ子供のことはどうなっているのでしょうか。そこが安定していて初めてよい仕事ができるのではないでしょうか。さらに労働者の保護の観点が必要です。利益のみを追求する、という資本主義企業のもとでは、理不尽な要求やとんでもないことが突き付けられて、仕事ができなくなり、路頭に迷うことまであるかもしれません。本来は雇用されるべき労働者の働き方が、「偽装自営業者」としてまともに雇用しない働かせ方になっているのです。企業が当然負うべき様々な労働者への労働権・社会保険・福利厚生の義務を免れるために、「偽装自営業者」にしているのです。

このコロナ禍では、在宅勤務が多くの企業で実施され、本格的にリモートワークで仕事を行う、ということを多くの人たちが経験しました。大企業による副業の容認によって、在宅勤務であれば時間が空いた時に副業ができる、という環境も生まれました。副業の仕事が多くなれば、在宅勤務が企業から独立してフリーランスへの通り道となることが考えられます。いま、政府と財界はデジタルトランスフォーメーション（DX）によりデジタル社会を推し進め、それによって「雇用によらない働き方」が増加する可能性があります。

本書の第2章第1節で、機械による労働軽減の効用が、資本制のもとでは人間への抑圧手段になるとともに、人間の全面的発達が推進されると論じています。これは機械制大工業における分析ですが、同様にデジタル社会においても科学技術発展が人間への抑圧手段を推し進めるだけでなく、人間の全面発達の側面をも推進していることも忘れてはなりません。デジタル技術による言語活動が生産過程に組み込まれることで、資本家間の競争にとってさらなる資本制的生産過程の発展が必要とされ、デジタル技術の進展が必須条件となります。それが資本による労働者への搾取強化を促すのですが、他方ではそのことを通して、労働者によるデジタル技術の取得が労働の多様性を拡大し男女の差別を解消し、人間の全面的発達をも推進するのです。

3　フリーランス・個人請負で働く人の生活と権利を守る

◎労働者による対抗措置とは

労働者の仕事と生活を守ってくれるものが、これまで長い歴史と時間をかけて築きあげられてきた労働法制です。森岡孝二さんは、近代的な雇用制度は何十何百という労働者の権利と保護を一つのキーホルダーに束ねた制度である、と書いています（『雇用身分社会の出現と労働時間』桜井書店、２０１９年）。それにより労働者は安心して仕事ができます。労働法の専門家は、フリーランスという働き方は究極の規制緩和であり、このように働く人びとの保護のためには、労働法の仕組みを可能なかぎり拡張適用することが求められる、と主張しています。

海外の取り組みを見ますと、韓国ではフリーランスに失業手当を支給する政策の動きがあり、フランスでは健康保険制度の対象にフリーランスを含める政策が進行しています。ＥＵ司法裁判所は２０１７年にウーバー・ライドシェアをタクシーと同じ「運輸サービス会社」と判断しました。フランスの最高裁は

2020年に、イギリスの最高裁は2021年に、ウーバー・ライドシェアの運転手が従業員である判決しました。

アメリカでも同様に「雇用によらない働き方」が広がっています。カルフォルニア州ではウーバー・ライドシェアの運転手が個人事業主か従業員か争われています。また、公正労働基準法による残業代や労働時間への規制、年金・健康保険などの社会保障負担を逃れるために、事業主が労働者の区分を個人請負に切り替えることが横行しています。これにより労働者の労働条件が悪くなるだけでなく、税収の低下や国の社会保障負担の増加にもつながりかねないということで、連邦労働省は雇用労働者として扱うように指導しています。国際労働機関（ILO）の「2006年雇用関係勧告」は、業務の遂行と報酬の事実、「他人の指示と統制で労働を行う」などの指標で、「みなし」であっても労働者として認めることを命じています。日本政府はこの勧告の採択に賛成したにもかかわらず、これまでに何の措置もとっていません（脇田滋編著『ディスガイズド・エンプロイメント――名ばかり個人事業主』学習の友社、2020年）。

働く人たちが団結して工場法を作った歴史があります。イギリスでは、働く人たちが集まり、自分たちの権利・仕事・生活を守る運動体・職人組合として労働組合が始まりました。中世のギルドからの伝統をもつ職種別組合（クラフトユニオン）の流れです。19世紀の初め、激しい闘いの末に事実上の団結権を獲得し、19世紀末には法律で労働組合が認められました。例えば、合同機械工組合は1851年に発足した熟練工の組織で、組合員は全国を移動して組合の斡旋でその町に空席があれば就職し、さらに相互保険制度を持ち社会保険として機能しています。その後、特殊技能を持たない誰でも入れる労働組合として一般組合（ジェネラルユニオン）が19世紀末に結成されました。このように労働組合は、企業横断的な職種別組合として始まりました。

◎団結の力の重要性

現在のフリーランスの問題に対しては、雇用者から個人請負への転換を防ぎ、その「労働者性」を認めるという、権利獲得運動がまずもって必要です。ＩＬＯ勧告や判例によって指揮監督・対価などから、「労働者性」が認められれば、労働法の適用が可能となります。個人請負から直接雇用を実現した事例が日本にあります。アニメ制作をテーマした２０１９年のＮＨＫ朝ドラ（なつぞら）のモデルとなった東映動画では、社内の多くのアニメーターが１９６０年代から個人事業主とされていました。個人事業主の組合が労働組合と合併し、実態として社員であるとして40年近くかけて２０１６年に直接雇用を実現しています。

また、契約上は個人事業主であるヤマハの英語教室の講師の人たちは、残業代・有給休暇がなく、社会保険などが適用されず、実態が企業からの指示で働く労働者であるとして労働組合を作り、待遇改善・直接雇用の団体交渉を求め、その結果、直接雇用への動きが出ています。英語教室の指導方法や教材指定により講師の裁量は限られ、国税局から個人事業主に当たらないと判断され、30年以上前からすでに報酬への源泉徴収されていたのです。

フリーランスとして働く人たちが集まって、自分たちの仕事・権利・生活を守るための組合・ユニオンを作ることが重要です。そこでは、仕事やくらしの安定、料金・賃金・労働条件の改善、健康保険・労働保険・共済制度などが整備された互助組合としての活動が重要になります。ダニエル・ピンクの本には、フリーランスの人々が自ら立ち上げた労働者団体の例を「自発的に組織する労働者たち」として取り上げ、

「新しい労働運動」と名付けています。ピアノ教室の先生、予備校や塾の先生など、クラウドワーカーでないところでも、本来は雇用されるべき労働者なのに、個人事業主として扱われている人たちはたくさんいます。ウーバー・イーツの配達員たちは労働組合「ウーバーイーツユニオン」を結成し団体交渉を行っています。建設産業では、親方や職人を問わず一人親方や中小企業主も加入できる労働組合（全国建設労働組合総連合の元に地方組織）を作り、仕事やくらしの安定、仕事の紹介、賃金・労働条件の改善、健康保険・労働保険・共済制度など、技術・技能や福祉と生活の向上のために、助け合いの活動をしています。このような形で、フリーランスの人たちが団結すれば、働く権利と生活を守る活動が可能となるのです。

4　雇用社会の限界と未来社会

◎雇用社会の限界とは

ここで、雇用社会の限界について考えてみましょう。

働く人を雇用するのは、資本が直接かかわる生産・流通・金融部門のみです。『資本論』が描いているように、資本制社会では出現以来、自らの周りにある古い生産過程などを直接包摂せずに、古い生産様式がそのまま残され利用されています。具体的には、個人事業主が行う小商品生産や問屋制による在宅ワーク、小売商店などです。さらに、雇用されていても、それでは十分に生活ができない働く層があり、そこでは家計補助的な内職をするか、副業として別の職場で働いています。このように雇用社会では雇用により十分に生活が成り立つ層と、不安定な雇用や個人で働く層、という二つの領域があり、働く人びとは常に固定的ではなく、二つの領域を流動的に行き来している、というのが資本制による雇用社会の姿なのです。雇用社会においては、資本はすべての労働者を雇用し直接包摂することができず、不安定な層と失業者という産業予備軍（第3章で述べた相対的過剰人口のことです）が常に存在し、全ての働く人びとに安定した生活を今日も将来も約束することができません。

つまり、雇用社会は雇用されて働く人たちの社会でありながら、すべての働く人に雇用を約束できず、その社会は常に雇用されていない働く人たち周辺に置き、さらに今日のデジタル社会では自らの存在を否定する、新たな「雇用によらない」働く人たちを生み出すことで成り立っている社会です。そういう姿が今日の雇用社会であり、ここに雇用社会の限界を見ることができます。

◎本当の「雇用によらない」働き方を考える

それでは、「雇用によらない働き方」の本当の姿とは、どのような働き方なのでしょうか、どのような社会なのでしょうか。雇用社会でない社会は、資本制による社会ではなく、それ以前に存在した社会であり、また資本制社会を超える未来社会でもあります。資本制社会を超えて、新たな姿の社会における働き方として「雇用によらない働き方」が全面的に開花するのです。

これまで見てきたフリーランスは「偽装雇用」（「偽装された個人請負」、「偽装自営業者」とも表現できます）だと指摘しました。本当の「雇用によらない働き方」の試み、雇用社会を乗り越える試みが、早くも18世紀終わりから19世紀にかけて、ロバート・オーエンはじめ多くの人たちの手によって実践されてきました。それらの試みが必ずしも成功せず、持続はしなかったとしても、新しい社会の糸口として、彼らが新しい道を切り開いたことは確かです。社会の発展、科学技術の発展はしていても、私たちは雇用社会を超える未来社会の姿をまだ正確には描き切れていません。

しかしながら、いま行われている試みでその姿を知ることはできます。現代のデジタル社会が生み出したリモートワークにも、未来社会における働き方を見ることができます。本書の第2章で論じられていますが、モノではない「情報」という言語的労働による生産物の扱いにおいて、情報が本来は非物質として物理的に共有化可能な状態であるにもかかわらず、資本主義的充用による擬制的所有関係の状態にありますが、それを解き放ち、シェアリングエコノミーとして自由な利用と共有を可能にし、さらに共有が困難な物質財においても同様に自由な利用と共有の可能性を、コピーレフト運動を例に展望しています（第2章第3節参照）。そのことから、リモートワークが資本による直接的包摂を免れていても、資本による「見えない糸」で間接的包摂・支配の下に置かれていますが、他方でリモートワークが非物質財において、また物質財においても、自由な利用と共有によって労働者相互の自由な結合労働に発展する可能性を見通すことができ、ここに未来社会の可能性をも見ることができます。

未来社会が新たな共同社会であり、また協働社会とするならば、労働者協同組合の試みはとても重要です。労働者協同組合の組合員が働く場合には、「雇用」という概念が成立しません。日本では、２０２０年12月に労働者協同組合法が成立し、働く人が自ら出資し運営に携わる「協同労働」という新しい働き方が法的に実現可能となりました。マルクスは労働者協同組合について次のように言っています。

> 労働者たち自身の協同組合工場は、古い形態の内部において、古い形態の最初の突破口である（Ⅲ456）。

基礎経済科学研究所編『未来社会を展望する――甦るマルクス』（大月書店、２０１０年）は、雇用されずに働く「協同労働」の可能性を論じています。そこでは、「協同労働の協同組合」としての労働者協同組合が未来社会への過渡期の一つの姿である、と描いています。いまある労働者協同組合としてよく知られているのが、スペイン・バスク地方で60年以上の歴史を持つモンドラゴン協同組合グループです。約３００の協同組合に約8万人の労働者が働いています。「労働」と「出資」と「経営」が「三位一体」となる「協同労働」が実践されています。労働者は組合に加入する際に年収に近い金額を出資し、利益は一部が労働者に配当され、一部が事業資金として労働人民金庫に積み立てられて、新たな事業などに使われます。ただし、組合員からの出資の返還を巡る問題も指摘されていますから、資本制社会ではこのシステムが全て万能ではありません。

労働者協同組合が唯一の回答ではありません。いま問題にしているフリーランスにおいては、個人的所有に基づく働き方の一つとして、未来への可能性が開かれています。働く人たちが個々別々になっていてはあまりにも非力であり、働く人たちが労働組合などの組織を作り、ダニエル・ピンクの言う「新しい労働運動」が必須であることは確かです。彼は「新しい労働運動」の具体的な姿として、労働者による派遣会社の運営を挙げています。日本では、法律で禁止されている労働者供給事業が労働組合には許容されていて、派遣事業を行うことが出来ます。それに倣えば、フリーランスの人たちが共同でマッチングプラットフォーマーを作り、公平に仕事を請け負う事業が構想できます。そこでは資本の論理ではなく、働く人の論理で「協同労働」として運営することができます。企業が運営するマッチングプラットフォーマーは資本の論理で運営されますが、働く人たちが運営するマッチングプラットフォーマーは連帯・互助の元で運営されます。そこでの仕事をする人たちは、競争相手ではなく、協力しあう仲間です。そこにこそ、雇用にしばられない働き方が資本に対抗する力をもつことで、私たちは未来社会に通じる道を描くことができるのです。

かつては機械制大工業に絡めとられていた働く人々が、新たなアソシエーションや地域共同体を基盤にインターネットでデジタル化された社会において、どのような「雇用によらない働き方」の未来社会を描くことができるのか、私たちにいまも求められています。

おわりに

1955年頃、日本の就業者のうち企業に雇われている人は、4割強しかいませんでしたが、現在では9割近くの人が雇われています。働いている人といえば、大部分は企業に雇われている、ということができます。しかし、ここにきて「雇用によらない働き方」が増える、という逆の流れが出てきました。政府の働き方政策の基本は新自由主義であり、市場個人主義により「個別化」「自己責任」「自助」が強調されてきました。この点で、フリーランスはその極にあります。これまで見てきたように、フリーランスとして働く人々の多くは、本来は雇用されるべき労働者であり、それに対する施策が必要です。他方で、自立した労働者が、真の「雇用によらない働き方」を進め未来社会を構築する、という客観的な可能性をリモートワークの中に見つけることができます。そのような可能性を私たちは注視していきましょう。

◎考えてみましょう

（1）「雇用によらない働き方」とはどのような働き方なのでしょうか。

（2）フリーランス・個人請負には、どのような問題があるのでしょうか。

（3）デジタル社会とリモートワークにどのような可能性があるでしょうか。

（4）本当の「雇用によらない働き方」とは、どのような姿なのでしょうか。

◎推薦文献

ダニエル・ピンク『フリーエージェント社会の到来——「雇われない生き方」は何を変えるか』ダイヤモンド社、2001年

アレックス・ローゼンブラット『ウーバーランド——アルゴリズムはいかに働き方を変えているか』青土社、2019年

基礎経済科学研究所 編『未来社会を展望する——甦るマルクス』大月書店、2010年

第8章　資本の再生産過程――資本と労働の社会的対抗

松尾　匡

生産過程は同時に資本家が労働力を消費する過程でもあるのだから、労働者の生産物は、絶えず商品に転化するだけではなく、資本に、すなわち価値を創造する力を搾取する価値に、人身を買う生活手段に、生産者を使用する生産手段に、転化するのである。それだから、労働者自身は絶えず客体的な富を、資本として、すなわち彼にとって外的な、彼を支配し搾取する力として、生産するのであり、そして資本家もまた絶えず労働力を、主体的な、それ自身を対象化し実現する手段から切り離された、抽象的な、労働者の単なる肉体のうちに存在する富の源泉として、生産するのであり、簡単に言えば労働者を賃金労働者として、生産するのである。このような、労働者の不断の再生産または永久化が、資本主義的生産の不可欠の条件なのである（Ⅰ596）。

はじめに

再生産という概念は、『資本論』では、第1巻の第7篇で最初に本格的に取り上げられています。第7篇の最初の第21章で単純再生産が、第22章と第23章で拡大再生産が検討されています。

およそすべての社会は、年々繰り返して生産を維持しなければなりません。千俵のコメを種として蒔いて1万俵のコメを収穫した時、その総生産1万俵をすべて消費したならば、(備蓄の種籾のストックが尽きたならば）翌年の生産ができなくなり、社会の命運は尽きます。だからこの社会が年々繰り返し消費することができるのは、総生産1万俵から、蒔いた種籾の補填分千俵を引いた残り、9千俵ということになります。これがこの社会の純生産と呼ばれます。

年々こうして必要な投入をして繰り返し純生産がなされることで、社会は持続することになります。これが「再生産」と呼ばれます。これは単に物的生産が繰り返されることを意味するだけではなく、それによってその生産が行われる特定の生産関係が維持され続けることも意味します。

資本主義的生産様式においては、この「再生産」という概念は、資本として投下された貨幣が回収され、ふたたび資本として投下されることによって、資本家が繰り返し利潤を得続けることができるという、物象化した形態で現れます。物的再生産も、ひいては生産関係の再生産も、利潤獲得のための副産物としてなされます。

資本家が、得られた利潤を年々すべて消費した場合、回収した貨幣によって、一方で以前投入したものと同じ量の生産手段が買われ、他方で以前雇用したのと同じ量の労働力が買われます。そしてそれによって以前と同規模の生産がなされ、資本家は以前と同額の利潤を得ます。それが年々繰り返されることになります。これが単純再生産といわれます。

資本家が、得られた利潤をすべて消費せず、回収した貨幣に追加して、より大きな資本として投下することを資本蓄積と言います。資本蓄積がなされると、以前投入したよりも多い量の生産手段が買われ、生産のために投入されます。また、労働生産性が十分に大きく上昇する技術が採用されない限り、以前雇用したよりも多い量の労働力が買われ、やはり生産のために労働投入されます。かくして、以前よりも規模を大きくした生産がなされます。これが年々繰り返されることを、拡大再生産といいます。

資本主義的生産様式では、競争の圧力の中で、資本蓄積が自己目的になります。前近代の搾取には「支配階級の胃の腑の制限」がありました。資本蓄積が自己目的になると搾取を追求する力にそのような限度がなくなります。

元来資本主義的生産様式においては、生産手段は労働者の労働の産物であるにもかかわらず、労働者の自由になるものではなく、労働者のあずかり知らぬところで資本家が決めたとおりに動かすべきものとして、すなわち労働者から疎外した姿で、労働者に対立して現れます。そしてそれらは、労働者を自己に奉仕すべき手段として扱って、自己の都合のための労働を労働者に押し付けてきます。

それが拡大再生産の中では、そのような生産手段が、労働者を手段として搾取することで、ますます大規模なものに自己目的的に拡大していくことになります。人間の社会一般にとって生産手段を増やすのは、人間の生活を豊かにするためだったはずなのに、労働者の生活を貧しくしてでも生産手段を拡大しようとする力が働きます。これによって少数の資本家は、ますます多くの、ますますすばらしい生産手段を支配していくのに対して、それを作り出した労働者たちは、自己と次世代の労働力をカツカツ再生産するための生活資料のみを自由にするという、ただそれだけのために、繰り返し資本家の支配のもとに入って、生産手段の自己拡大のために搾取され続けることになります。このようにして、資本家と労働者の間の資本主義的生産関係が、規模を拡大しながら再生産されるのです。

しかし、消費財産業の労働者は、素材的には生産手段を作っているわけではありません。彼らの眼前で自己膨張する生産手段は、搾取された自己の労働の産物とはいえ、素材的には生産手段産業の労働者の労働の産物です。他方で生産手段部門の労働者は、自分が入手することのない財の生産に四六時中従事しているのですが、消費財産業の労働者の産物を受け取っている分は、自分のために働いたといえるでしょう。このような労働のしあいが社会全体でつじつまがとれていてこそ、社会的生産は繰り返し持続可能です。すなわち、生産の繰り返しや、生産関係の繰り返しだけでなく、さまざまな部門の間での社会全体の労働編成も繰り返し維持されるということが、「再生産」という言葉の意味するところです。社会全体で再生産が成り立つ部門間の生産編成は、搾取の度合いがどうであるかや、資本家が利潤から蓄積にまわす割合がどうであるかによって、すなわち生産手段の自己拡大の度合いがどうであるかによって、さまざまに決まってきます。これを見れば、資本蓄積と労働者との間の対抗関係を、社会全体の生産手段部門と消費財部門との間の対抗関係として把握しかえすことができます。これを検討するのが「再生産表式」分析です。

このように、経済全体をいくつかの諸部門に分け、それらの間の投入と産出がつじつまがあって繰り返される様子を分析することは、18世紀フランスの重農主義の経済学者、フランソワ・ケネーの「経済表」から始まり、それを引き継いでマルクスが再生産表式を作ったものです。これらの考え方をもとに、初期ソ連からアメリカに亡命したワシリー・レオンチェフが産業連関表を作り、今日、それを使って投入・産出分析ができるようになっています。

1　再生産表式とは

◎単純再生産表式とその均衡条件

再生産表式は『資本論』第2巻第20～21章に収録されている分析で、経済全体を生産手段生産部門と消費財生産部門に分け、そのからみあいを考察しているものです。

そこでは、まず「単純再生産」として次のような数値例があげられています。

Ⅰ（生産手段生産部門）　4000c ＋ 1000v ＋ 1000m ＝ 6000

Ⅱ（消費財生産部門）　2000c ＋ 500v ＋ 500m ＝ 3000

ここで、例えば「4000c」とあるのは、普通の数式のように「4000 × c」を表しているのではなく、変数「c」の中身が「4000」という数値であることを表しています。これはマルクスの草稿では「4000」の下に「c」と書かれていたのですが、エンゲルスの編集の段階でおそらく印刷の都合から現行のような表記に変更されたものです。

ここでcは「不変資本」、すなわち生産に使われた生産手段の額を表します。本来「不変資本」と言えば、機械や工場などの固定資本は全額含むのですが、表式のこの部分に計上されるのは、そのうち一期間（例えば年間）に消耗・投入した分だけです。『資本論』のこの議論においては、固定資本は捨象されており、生産手段はすべて一期で消耗する想定なので、cはここでは「不変資本」と称しつつ、生産手段の投入費用を表しています。

vは「可変資本」すなわち賃金費用を表します。mは「剰余価値」すなわち利潤額を表します。この数値例では、vとmの比が両部門ともに1対1で、cとvの比が両部門ともに4対1であることが仮定されています。単純再生産の場合、両部門のmはすべて資本家の消費のために消費財の購入に向けられます。すると、上記の表式の左辺各項のうち、I 4000cは、生産手段生産部門において生産されたものが、生産手段部門自身において投入された生産手段の補填にあてられる部分を表します。再生産が持続するならば、この分が次期また投入されることになります。したがってこの部分は、生産手段部門内部での交換を表します。

他方、上記の表式の左辺各項のうちII 500v＋II 500mは、消費財部門内部での交換を表します。なぜならII 500vは消費財部門で雇用された労働者への賃金支払いにあたりますが、それは全額消費財の購入に向かい、II 500mは消費財部門の資本家の利潤ですが、それもまた全額消費財の購入に向かい、かくして消費財部門自身で生産されたものが購入されて消費されることになるからです。

それに対して、6000の生産手段のうちI 1000v＋I 1000mの部分は、生産物の素材としては生産手段ですが、I 1000vは生産手段部門で雇用された労働者に賃金として支払われ全額消費財の購入に向かい、I 1000mは生産手段部門の資本家の利潤となってやはり全額消費財の購入に向かいます。すなわちこの合計2000の額は、生産手段部門から消費財部門への生産手段の供給を表すと同時に、生産手段部門から消費財部門への消費財の需要を表しています。

また、3000の消費財のうちII 2000cの部分は、生産物の素材としては消費財ですが、消費財部門において投入された生産手段の補填にあてられる部分を表します。再生産が持続するならば、この分の生産手段が次期また投入されることになります。すなわちこの2000の額は、消費財部門から生産手段部門への消費財の供給を表すと同時に、消費財部門から生産手段部門への生産手段の需要を表しています。

したがって、Ⅰ1000v＋Ⅰ1000mの生産手段とⅡ2000cの消費財が交換されることによって再生産が成り立つことになります。すなわち、

Ⅰv＋Ⅰm＝Ⅱc

が成立すること、言葉で言えば、第Ⅰ部門（生産手段生産部門）における可変資本（賃金費用）と剰余価値（利潤）の合計が、第Ⅱ部門（消費財部門）における不変資本（生産手段投入費用）と等しくなることが単純再生産均衡成立の条件です。

この式は現代的には、左辺に生産手段の供給額の費用構成を、右辺に生産手段に対する需要を書いて等号でつないだ生産手段市場の均衡条件式、

Ⅰc＋Ⅰv＋Ⅰm＝Ⅰc＋Ⅱc

から、両辺共通のⅠcを落とすと出てきます。または、左辺に消費財の供給額の費用構成を、右辺に消費財に対する需要を書いて等号でつないだ消費財市場の均衡条件式、

Ⅱc＋Ⅱv＋Ⅱm＝Ⅰv＋Ⅰm＋Ⅱv＋Ⅱm

から、両辺共通のⅡv＋Ⅱmを落としても出てきます。

◎拡大再生産表式とその均衡条件

しかし、資本主義的生産にとっては、単純再生産は例外的事態であり、普通は利潤から資本蓄積がされ

ることで、再生産規模は拡大します。よって『資本論』では続いて「拡大再生産」が検討されています。
この場合、『資本論』にならって賃金前払いを仮定すると、各部門の利潤mは、不変資本の増分、すなわち追加生産手段の購入Δcと、可変資本の増分、すなわち追加雇用のための賃金支払いΔvと、資本家の消費m_kに分かれます。すなわち、

$$m = \Delta c + \Delta v + m_k$$

です。ここで、Δ（ギリシャ文字の「デルタ」）は、後続の変数が今期と比べて次期に追加される分を表しています。

これを上記単純再生産の場合にならって、まず、生産手段の需給均衡条件式に入れてみると、

$$\mathrm{I}c + \mathrm{I}v + \mathrm{I}\Delta c + \mathrm{I}\Delta v + \mathrm{I}m_k = \mathrm{I}c + \mathrm{II}c + \mathrm{I}\Delta c + \mathrm{II}\Delta c$$

消費財の需給均衡条件式に入れてみると、

$$\mathrm{II}c + \mathrm{II}v + \mathrm{II}\Delta c + \mathrm{II}\Delta v + \mathrm{II}m_k = \mathrm{I}v + \mathrm{II}v + \mathrm{I}\Delta v + \mathrm{II}\Delta v + \mathrm{I}m_k + \mathrm{II}m_k$$

両辺の共通部分をおとすと、やはり両式ともに共通の式に帰着し、

$$\mathrm{I}v + \mathrm{I}\Delta v + \mathrm{I}m_k = \mathrm{II}c + \mathrm{II}\Delta c$$

となります。言葉で言うと、生産手段部門における可変資本（賃金費用）とその追加分と資本家の消費額の合計が、消費財部門における不変資本（生産手段費用）とその追加分の合計に等しいことを意味します。

2　再生産表式をめぐる3つの留意点

◎再生産表式モデルでは全般的過剰生産は表現できない

さて、ここで3点ほど留意しましょう。1点めは再生産表式が何を分析するためのものかにかかわります。再生産表式を使って好況、恐慌、不況といった景気循環の各局面を分析しようという志向がよく見られますが、それは誤りです。なぜなら、恐慌は全般的過剰生産にその本質があり、引き続く不況期も全産業で需要が不足するなかで、それに合わせた生産がなされている状態ですから、全般的過剰生産を表現できなければそもそも議論がはじまりません。ところが、この式は前提的に全般的過剰生産を表現できないのです。同様に景気加熱期で全般的物価騰貴が引き起こされるような、全産業における需要超過を表すこともできません。

再生産表式の枠組みで、全般的過剰生産が表現できるかどうかを考察してみましょう。話を簡単にするために単純再生産で見ます。全般的過剰生産だから、生産手段部門でも消費財部門でも供給が需要を超過していなければなりません。

生産手段部門の過剰生産は次のように表されます。

$$\mathrm{I}c+\mathrm{I}v+\mathrm{I}m>\mathrm{I}c+\mathrm{II}c$$

ここから、両辺共通のⅠcを落とすと、Ⅰv＋Ⅰm＞Ⅱcが出ます。

消費財部門の過剰生産は次のように表されます。

$$\mathrm{II}c+\mathrm{II}v+\mathrm{II}m>\mathrm{I}v+\mathrm{I}m+\mathrm{II}v+\mathrm{II}m$$

ここから、両辺共通の$\mathrm{II}v+\mathrm{II}m$を落とすと、$\mathrm{II}c>\mathrm{I}v+\mathrm{I}m$が出ます。この2式は両立しないことは明らかです。

これは、生産手段部門の超過需要$(\mathrm{I}c+\mathrm{II}c)-(\mathrm{I}c+\mathrm{I}v+\mathrm{I}m)$と、消費財部門の超過需要$(\mathrm{I}v+\mathrm{I}m+\mathrm{II}v+\mathrm{II}m)-(\mathrm{II}c+\mathrm{II}v+\mathrm{II}m)$を足すと零になるからです。つまり一方の部門がマイナスの超過需要、つまり過剰生産ならば、他方の部門は同じだけのプラスの超過需要、つまり品不足になっています。「諸財の超過需要の和は恒等的に零」というのは何を意味するか、読者は各自調べてみてください（「諸商品」と「諸財」の違いに注意）。この場合、総需要は必ず総供給に等しくなります。

この場合、諸財の市場均衡条件式は、財の種類の数よりも1本少なくなります。これだけが成立すれば、残り1財の超過需要は必ず零になるからです。だからいまのケースでも、生産手段と消費財の2種類の財の市場を考察しているにもかかわらず、均衡条件式は$\mathrm{II}c=\mathrm{I}v+\mathrm{I}m$の1本ですむのです。

以上述べたことは拡大再生産の定式についても容易に確かめられます。

◎全般的過剰生産が出るための前提とは

なぜこうなるかというと、資本家が利潤を過不足なくきっちり支出する想定になっているからです。この想定をはずしてみましょう。例えば一番単純に、資本家が利潤mに加えて、投下資本の回収分を含む貨幣保有Gの中から消費m_kを行い、期末に貨幣G^*を保有しようとするとしましょう。すなわち、

$$G+m=m_k+G^* \quad\cdots\cdots(1)$$

です。この場合、必ず$m=m_k$となるとは限らないので、生産手段部門の超過需要は相変わらず$(\mathrm{I}c+\mathrm{II}c)-(\mathrm{I}c+\mathrm{I}v+\mathrm{I}m)$ですが、消費財部門の超過需要は$(\mathrm{I}v+\mathrm{I}m_k+\mathrm{II}v+\mathrm{II}m_k)-(\mathrm{II}c+\mathrm{II}v+\mathrm{II}m)$となり、$m \neq m_k$ならば両者の和は零ではなくなります。両者ともにマイナス、つまり両部門ともに過剰生産になることもあり得ます。この場合には両者の和は負になります。

　実際この両者の和をとってみると、$\mathrm{I}m_k-\mathrm{I}m+\mathrm{II}m_k-\mathrm{II}m$となりますが、上記の(1)式より$m_k-m=G-G^*$です。つまり、両部門ともに過剰生産なら両部門の超過需要の和$\mathrm{I}m_k-\mathrm{I}m+\mathrm{II}m_k-\mathrm{II}m<0$となりますが、これは経済全体で$m_k-m<0$すなわち、$G^*>G$となっていることを意味します。すなわち、資本家が収入をすべて支出しないことです。これは「売り」が「買い」につながらず貨幣保有の増加にまわる事態であり、マルクスが『資本論』で恐慌が起こる一番基本的な本質として指摘していることです。言い換えれば、再生産表式においてはそうなっていないので、たとえ不均衡になる場合にも必ず貨幣還流が実現する前提が置かれているということです。

　なぜマルクスは他方において明らかに否定した収入どおりの支出の前提をここで採用しているのでしょうか。物事をまずその合法則的な、本質に則った姿で把握して、しかるのちにそこから乖離した現象を分析するというのは、マルクスに一貫した叙述の手法です。資本主義的生産のシステムは、破壊的な動揺を繰り返しながら、一方への不均衡の累積を他方への不均衡の累積で相殺し、長期平均的にはシステムを再生産してきました。この再生産されるシステムの本質を把握するためには、不均衡的な撹乱現象は捨象しなければなりません。そのために全般的過剰生産が起こり得ないモデルが採用されたものと思われます。

　したがって、再生産表式で好況や恐慌のような景気循環の各局面を表現しようとするのは不適切です。

再生産表式は、長期平均的に再生産される、社会的総資本の中での各産業部門間の素材の連関を、ひいては社会的総労働の間の連関を分析し、資本蓄積の長期持続条件を見出すためのものと考えられます。

◎自部門蓄積の想定をはずすと労働価値価格でなくなる

2点めに留意すべきことは、拡大再生産表式を考察する時、『資本論』の数値例で各部門の利潤がもっぱら自部門の資本蓄積にまわる想定になっていることへの疑問から帰結する問題です。資本の部門間移動は資本主義的生産にとって本質的です。だとすると各部門の利潤が自部門にのみ蓄積されるいわれはありません。もともとの投下資本の回収分c＋vも、そっくり自部門に再投下される必然性はありません。

ではどの部門にでも移動可能としたならば次に問題になることがあります。資本が部門間移動可能なら、利潤率の低い部門から高い部門への資本の移動が起こるので、長期平均的次元では利潤率が均等化しているはずです。これは、商品価格が生産価格にしたがい、投下労働価値に比例しないことを意味します。

『資本論』の前掲の単純再生産表式の数値例ならばこの問題はクリアできています。というのは、この数値例では、両部門の資本構成、すなわちcとvの比率が同じです。すると、全社会の搾取率、すなわちmとvの比率が共通ならば、利潤率m／(c＋v)は、両部門で共通になります。それゆえ、このケースではたまたまこの資本構成均等の前提のために、生産価格が投下労働価値に比例することになります。

ところが拡大再生産表式のところで掲げられている数値例はそうなっていません。両部門の資本構成が異なる想定なので、搾取率が共通ならば、投下労働価値に比例する価格のもとでは利潤率の格差が出てしまいます。両部門の資本構成が均等になる必然性は何もないので、資本移動がいきわたった長期平均の再生産を考察するのであれば、均等利潤率が成り立つ生産価格の成立を前提としなければなりません。よってもはや投下労働価値どおりの価格は想定できません。

◎賃金が前払いか後払いか

3点めは、これ自体は『資本論』全体の想定にかかわるのですが、賃金が先払いか後払いかという問題です。『資本論』では古典派経済学に一般的な想定ですが、賃金前払いを前提しています。すなわち、投下資本にvが含まれ、利潤率計算の分母にもvが入ってきます。だから拡大再生産の蓄積部分の中に追加雇用のための賃金支払いΔvが含まれます。すなわち、このΔvの賃金で消費財を購入して消費した労働者は、自らの受け取った消費財を生産する労働には従事していません。彼らは他人が過去に生産した消費財を受け取って働く想定になっています。

これは、北半球で年に1回穀物がとれて、年間を通じてその穀物を消費しながら労働が行われる時代の反映であるとの主張があります。その立場からは、年中消費財が生産される現代にはこの想定は適切ではなく、賃金後払いを仮定するべきだということになります。この場合、投下資本はc部分だけになり、利潤率計算の分母にもcだけが入ります。拡大再生産の蓄積部分の中にもΔvは含まれないことになります。これは現代経済学には一般的な想定です。

筆者はどちらの想定をとるかはあまり重要ではなく、計算の便宜で解きやすいほうで選んでいいと思っています。あえて言えば、賃金後払い的現象のもとでも、資本家にとって賃金債務は最優先とされているので、たとえ投下資本が回収できなかったとしても賃金支払できるようにするための換金可能な資産を確保しておかなければならなりません。その意味で『資本論』の想定どおりの賃金先払い的現実があると思います。

しかし以下ではあえて『資本論』とは違って賃金後払いを想定して議論を進めたいと思います。これは、いわゆる生産手段部門の「優先的発展」の論点にかかわります。

『資本論』の拡大再生産表式論では、マルクスが利潤から蓄積にまわす比率（いわゆる「蓄積率」）を、生産手段部門について任意に与えた結果、（a）1期めについて生産手段部門の成長率が消費財部門より高くなり、（b）さらに2期め以降両部門が同率で成長するなかで、生産手段部門の「蓄積率」が消費財部門のそれよりも高くなっています。これが「生産手段部門の優先的発展」と呼ばれるものです。しかし（a）はマルクスが任意に与えた生産手段部門の蓄積率がたまたま十分高いことの帰結にすぎず、（b）はこの数値例の資本構成の想定によって、投下労働価値に比例した価格では、生産手段部門の利潤率が消費財部門のそれよりも低いために、成長率が両部門で同じになるにはそうならざるを得なかっただけです。

再生産の拡大の程度が大きくなると、生産手段部門が拡大しなければならないという意味では、「優先的発展」は現実を反映している議論なのですが、これは再生産表式の形式的構造だけからは帰結させることはできません。なぜなら、不変資本cと可変資本vが数学形式的には同列になっているからです。

現実には、投下資本中の不変資本は機械や工場などの固定資本を全額含むので、vと比べてはるかに大きくなります。特に、資本の回転期間が短い時、投下資本中のvは年間のフロー量ではないので、期首で投下される1回分だけが算入されるので、いっそう不変資本に比べて少なくなります。よって利潤からの蓄積分についても、Δcはその Δvに比べてはるかに大きくなります。「生産手段部門の優先的発展」のようなことが起こるのはこのためです。

これを考察に含めるためには、賃金後払いを仮定して、⊿vが存在しないことにするのが最も簡明な想定です。それゆえ以下ではこれを想定します。

3　拡大再生産の長期持続条件と部門間連関

◎成長率と部門間比率の関係

さて、ここからは生産価格と投下労働価値が比例しないことが前提になるので、生産価格で測った金額表示と投下労働量表示を区別することにしましょう。これまで使ってきたアルファベット記号を、金額表示の場合は小文字のままイタリック表示することにします。投下労働量表示の場合は大文字のイタリックで表すことにします。また、各部門の商品の総生産を、金額表示ではxで表すことにします。

それから、各部門の直接投入労働量をLで表します。すなわち$L = V + M$です。ここで、可変資本を投下労働（＝価値）で評価したVは、労働者が賃金から購入する消費財を生産するために必要な投下労働量を表しています。

以上の諸変数は、部門記号Ⅰ、Ⅱがついていないときは、両部門の合計を表すものとします。

さらに、均等利潤率をrで表します。すると賃金後払いの仮定（投下資本に可変資本vが含まれない）より、利潤率は利潤を不変資本cで割ったもの$r = m/c$になるので、利潤mは、

$$m = rc$$

となります（これは総利潤であるが、各部門の利潤と不変資本についても成り立つ）。なお、本書の他の章ではマルクスにならって、賃金先払いの定式 $r = m / (c + v)$ になっていますので、読者のみなさんは混乱しないように注意してください。

また、賃金後払いの仮定より、$m = \Delta c + m_k$ ですが、資本家は利潤のうち、「蓄積率」s の割合を Δc に、残り $1-s$ の割合を m_k に回すものとします。そうすると、

$$\Delta c = sm = src$$

$$m_k = (1-s)m = (1-s)rc$$

この最初の式から、

$$\Delta c/c = sr \quad \cdots\cdots(2)$$

が得られます。すなわち、社会の不変資本総額の成長率は sr です。

すると、拡大再生産における生産手段部門の均衡式を見ると、

$$\mathrm{I}x = \mathrm{I}c + \mathrm{II}c + \mathrm{I}\Delta c + \mathrm{II}\Delta c$$

$$= c + \Delta c$$

右辺は $(1+\Delta c/c)c$ となり、さらに両辺を $\mathrm{I}c$ で割ると、

$$\mathrm{I}x/\mathrm{I}c = (1+\Delta c/c)\,c/\mathrm{I}c$$

総不変資本の成長率 $\Delta c/c$ は式（2）より sr だったから、

$$\mathrm{I}x/\mathrm{I}c = (1+sr)\,c/\mathrm{I}c$$

両辺を左辺と右辺第二因子 $c/\mathrm{I}c$ で割って、

$$\mathrm{I}c/c = (1+sr)\,\mathrm{I}c/\mathrm{I}x \quad \cdots\cdots(3)$$

$\mathrm{I}c/\mathrm{I}x$というのは、生産手段生産1単位あたりに投入すべき生産手段であり、生産手段の投入係数と呼ばれ、技術的に与えられる定数とみなせます（ここで価格は分母子で割り算されて消えています）。左辺は総不変資本中、生産手段生産部門に投入されている割合を表し、右辺の括弧の中は不変資本の成長倍率であり、この式はこの両者が比例関係にあることを示しています。

すなわち、総不変資本の成長率が高くなればなるほど、総不変資本のうち生産手段部門に投入される比率が高くなります。生産手段投入と生産量との技術的関係である投入係数が両部門で与えられているならば、これは、生産量の成長率が高くなればなるほど、生産手段の生産量の消費財の生産量に対する比率が高くなることを意味しています。

ところでこの式(3)は、技術的な投入係数や均等利潤率（ならびにそれにともなって決まる生産価格）が毎期変わらないならば、生産手段部門と消費財部門に投下される不変資本の間の比率も、(3)の左辺で決まるので、毎期変わらないことを意味します。ということは、生産手段部門の不変資本も、消費財部門の不変資本も、同一の比率srで成長するということです。両部門の投入係数が技術的に与えられているならば、これは、両部門の生産量がともにsrで成長することを意味します。

◎拡大再生産軌道の長期持続条件

雇用はどうなるでしょうか。もし労働生産性が不変ならば、生産が両部門ともにsrの率で成長すると雇用もまた両部門ともにsrの率で成長します。

労働生産性が上昇する場合は、雇用の成長はもっと少なくてすみます。定義的に、生産量は労働生産性に雇用量をかけたものですから、生産量の前期からの増加倍率は、労働生産性と雇用量それぞれの前期からの増加倍率をかけたものに等しくなります。生産量の前期からの増加倍率は、いまの例では$1+sr$です。労働生産性と雇用量のそれぞれの増加率をχ（ギリシャ文字のカイ）、nとすると、それぞれの増加倍率は、$1+\chi$、$1+n$となるので、

$$1+sr = (1+\chi)(1+n)$$
$$= 1+\chi+n+\chi n$$

となりますが、χもnも小数点2位以下の小さな値なので、χnは微小値として無視することにすると、$sr = \chi + n$となります。この場合、労働生産性上昇率χが高ければ、生産量の成長率srが同じでも雇用の成長率nは低くなります。

先述のとおり、拡大再生産表式が対象とするのは、短期的な動揺を捨象した長期平均的な軌道です。現実の経済は、あるときは不況が進んで失業者を累積させ、別のときには加熱が進んで人手不足になります。しかし、一方的に失業者を累積させるばかりの軌道も、一方的に人手不足が進行するばかりの軌道も、再生産が持続できません。したがって、現実の経済がその周囲を景気循環するところの長期平均的な拡大再生産軌道自体は、失業率を一定に維持するものでなければなりません。こうした軌道を、置塩信雄は「均衡蓄積軌道」と呼びました。

このような軌道は、雇用の成長率が労働人口の成長率と等しいものです。すなわち、上記のnを労働人口の成長率としたときの、$sr = n + \chi$となる軌道が、長期的に持続可能な拡大再生産軌道です。

◎総労働の間の連関

さてここで、拡大再生産表式を投下労働量表示したときに何が言えるかを考えてみましょう。各財が素材について需給均衡が成り立っているならば、それを価格表示しても、投下労働表示しても均衡は成り立ち続けます。したがって、次の投下労働表示の均衡式が成立します。

$$\text{Ⅰ}C+\text{Ⅰ}L=C+\Delta C$$

$$\text{Ⅱ}C+\text{Ⅱ}L=V+M_k$$

両式を辺々足して両辺の共通項を消すと、

$$L=V+\Delta C+M_k \quad \cdots\cdots(4)$$

となります。右辺は各種純生産物を生産するための直接・間接の投入労働量が合計されていることを表します。すなわち、Vは労働者が入手する消費財の、ΔCは資本家が入手する蓄積のための生産手段の、M_kは資本家が個人消費のために入手する消費財の、それぞれの生産のための直接・間接の投入労働量です。(4)式は、これがその期の総投入労働量と等しくなることを表します。

この両辺からVを引くと、剰余労働$M=L-V$だから、

$$M=\Delta C+M_k$$

です。すなわち、ある期の剰余生産物である蓄積生産手段と資本家の個人消費財は、その期の労働者の総剰余労働によって生産されていることを意味します。このとき、生産手段部門の労働者は、素材的にはⅠLの労働全体が剰余生産物生産に費やされていますが、賃金から消費財を入手することで、ⅠVの労働を消費財部門労働者に働いてもらって補償されたとみなせます。だから残りⅠM＝ⅠL−ⅠVの剰余労働

をしているとみなせます。消費財部門の労働者は、ⅡLの労働をして生産した消費財のうち、ⅡVの労働で生産できる分しか返ってきません。だから残りⅡM＝ⅡL−ⅡVの剰余労働をしています。かくして、全労働者が剰余労働負担をシェアしあい、みんなで蓄積生産手段と資本家の個人消費財を生産しているとみなせるのです。

ちなみに、$M = \Delta C + M_K$を金額表示すると$m = \Delta c + m_K$となりますが、これは、右辺の剰余生産物の金額が左辺の総利潤に等しいことを表します。すなわち、社会全体での剰余生産物の素材的な存在を通じて、利潤の存在と剰余労働の存在が同値になっていることがわかります。本書第6章で紹介した「マルクスの基本定理」はこのような形でも示すことができます。

さて、(4)式の両辺を総労働投入量Lで割ると、

$$1 = V/L + \Delta C/L + M_K/L$$

となります。右辺の各項は、総労働がそれぞれ、労働者向け消費財の直接・間接の生産、蓄積生産手段の直接・間接の生産、資本家の個人消費財の直接・間接の生産に配分される割合を表します。これらは足したら100％になり、どれかが増えるとどれかが減る関係にあることがわかります。

このうち第1項V/Lは、単位労働中の必要労働の割合を表し、搾取率$e = M/V$とすると、分母子をVで割ると$1/(1+e)$となることから、搾取率と逆に動くことがわかります。これは、実質賃金率が労働生産性の上昇を超えて増えると増加します。

第2項$\Delta C/L$は、産業化が進行すると高まり、経済発展が成熟すると低くなります。橋本貴彦と筆者の計測（橋本・松尾、2017年）では、公私あわせた固定資本形成のための直接・間接労働の総労働配分比

（2007年）は、インドでは22・6％、中国では31・1％、韓国では25・2％、米国では20・5％、スウェーデンでは18・1％でした。日本は25・6％と、経済発展の成熟の度合いから見ると高めです。

第3項は、アダム・スミスのような古典派が、「不生産的労働」と呼んで、やっきになって減らそうとしたものの割合です。この割合を減らして第2項にまわして資本蓄積を進める、あるいは、第1項にまわして労働人口を増やすことで生産が増えることを求めたわけです。Horrell, Humphries and Weale (1994) で推計されている1841年の英国の産業連関表を使って筆者が計測したところによれば、当時、資本蓄積される財の生産のための労働配分比は12・5％にすぎなかったのに対して、実に50％が不生産的労働の比率でした。その大半は、家事使用人の労働によって占められています。

◎日本経済が直面する3つの道

さて以上の話から、現代の日本経済について何が言えるでしょうか。

拡大再生産表式分析から言えることは、これからの長期的な再生産と資本蓄積の持続条件でした。すると、何よりも重要な前提は、労働人口成長率 n が低下して、もはやプラスの値をとらない時代になったということです。

そうすると、$sr = n + \chi$ から、再生産が持続するためにはどうならなければならないか、n 以外の3つの変数に対応して、3つの道があることがわかります。

①利潤率 r の低下

まず考えられるのは利潤率 r が低下することです。

これは搾取率が低下することを意味します。すなわち V/L が上昇します。成長率 sr が低下するので、生産手段部門の生産割合が、消費財部門の生産割合と比べて小さくなります。逆に言うと、消費財部門の生産割合が増えます。

これは労働者にとって望ましい道です。

これは実質賃金率の増加で、労働者の消費を増やすことを意味します。それだけではありません。現代的には、V 部分の中には、賃金から購入する消費財ばかりではなく、労働者大衆が受け取る、福祉、医療、教育、子育て支援などの公的な社会サービスも含めるべきです。

このために V/L を上げて M/L を下げることは、賃上げに加えて、社会サービスへの公的支出増のために、法人税を増税して設備投資を減らして $\Delta C/L$ を下げることや、累進課税強化や物品税復活などで奢侈財・奢侈的サービスへの需要を減らして M_k/L を下げることによってもたらされます。前述の橋本・松尾（2017）では、日本の民間固定資本形成のための労働配分の割合が、高度成長末期からずっとほぼ不変の約2割を維持していて、成熟先進国として不自然で、$\Delta C/L$ を減らす余地があることを示しました。

それに対して、消費税を増税することは消費財部門の生産割合を減らすことであり、今日迫られる課題に矛盾します。

② 労働生産性上昇率 χ の上昇

しかし①の道の実現には、資本家階級の抵抗は必至であり、労働者大衆の労働運動や政治運動での強固な闘いが必要です。それなしには、資本家階級は利潤率 r が低下する道を認めることはないでしょう。

r を低下させないとすると、さしあたって考えられるのは、労働生産性の上昇率 χ を上昇させるという道です。これは、小泉政権の「構造改革」、アベノミクス「第3の矢」(成長戦略)など、この間さんざん試みられてきた新自由主義的な競争力強化策です。規制緩和や民営化で、新規革新の促進や、非効率企業の淘汰を進める。あるいは、国内で自給するときにかかるよりも少ない労働で、別の産物を生産して輸出したら、その見返りで同じだけのものが輸入できるならば輸入の自由化を進める。雇用の流動化で非効率な部門から生産性の高い部門への労働の移動を容易にしよう……というわけです。

もしこれがうまくいけば、利潤率は低下せず、したがって成長率 sr は維持でき、生産手段生産の消費財生産に対する比率は減らず、搾取率は高いままで、$\Delta C/L$ を維持できることになります。

しかし本章の分析手法である拡大再生産表式が、全般的過剰生産が前提的にありえない長期均衡モデルであったことを忘れてはなりません。それは総需要が不足して不況がもたらさせている局面にあてはまるものではありません。実際には総需要が弱いところに労働生産性を上げる競争強化策をとって、非効率とされた企業の淘汰や雇用の流動化を進めても、失業が増えるばかりでますます不況が悪化してしまいます。そうなれば、設備投資は更新投資さえ行われず、かえって生産性は低下するでしょう。それがこれまでの平成不況の日本経済で見られたことでした。

結局 χ の上昇などは、人為的政策として意図通りに行えるものではなかったと言えるでしょう。

③ 資本家貯蓄率 s の低下

nがプラスでなくなった時代、χの上昇が望めない中で、rを低下させないために残された方法は、残る1つの変数、sを減らすことしかありません。資本家の利潤から蓄積にまわる割合を減らし、資本家の個人消費にまわる割合を増やすことです。この場合、成長率srは低下し、生産手段生産の消費財生産に対する比率は減りますが、利潤率は維持され、搾取率も高いままでいられます。V/Lは増えず、$\Delta C/L$は減り、M_k/Lが増えます。

これは、剰余生産物のうち蓄積のための財ではないものを増やすということであり、現代的には、資本家の個人消費というよりは、もっと集合的なものをイメージしたほうがよいでしょう。すなわち、オリンピック施設、カジノ、万博、リニアといったもののための生産・サービスの割合が増えることです。あるいは軍備の拡大といったことも考えられます。

アダム・スミスが、M_kを「不生産的労働」と呼んで、やっきになって減らそうとしたのは、$\Delta C/L$が圧迫されるからだったと言えます。産業革命当時と異なり、今日迫られる課題は、高齢化による介護などへの直接・間接の労働配分の増大の必要に応えることです。その意味でV/Lが増えなければならないときに、M_k/Lの増大のためにそれが圧迫されたら何が起こるでしょうか。

※ 詳しいサーベイ、式の展開は、松尾（１９９６）第3章「拡大再生産表式論について」をご覧ください。

◎考えてみましょう

（1）ＡＩ導入が本格化したら労働生産性は上昇するが、知的熟練が不要になり、労働分配率が下がる（搾取率が上がる）といわれます。このことと、高齢化に伴って必要となる労働配分は両立できるでしょうか。望ましい整合的な再生産が成り立つためにはどうすればいいでしょうか。

◎推薦文献

マルクス『賃金・価格・利潤』新日本出版社、国民文庫、岩波文庫など

三土修平『基礎経済学』日本評論社、１９８４年、第3章、第4章

松尾匡、橋本貴彦『これからのマルクス経済学入門』筑摩書房、２０１６年、第3章、第4章

松尾匡ほか『最強のマルクス経済学』ナカニシヤ出版、近刊、西淳、橋本貴彦の各執筆章

◎参考文献

橋本貴彦、松尾匡「高齢化時代における蓄積と社会サービスへの総労働配分と搾取——投下労働価値計測の応用」『季刊経済理論』第54巻第2号、桜井書店、２０１７年（一般向けの解説書としては、松尾匡、橋本貴彦『これからのマルクス経済学入門』筑摩書房、２０１６年、第4章を参照のこと。ただし、橋本、松尾（２０１７）は若干のデータの改良がなされているほか、計測式の導出が解説されている）。

松尾匡（１９９６）『セイ法則体系——マルクス理論の性格とその現代経済学体系への位置付け』九州大学出版会。

Horrell, S., Humphries, J., Weale, M., (1994) "An input-output table for 1841", *Economic History Review*, XLVII, 3.（波床貴明から教示を受けた）

第Ⅲ部

資本主義の終わりのはじまり

第9章 利潤率の傾向的低下法則——長期停滞の原因を解明する

森本壮亮

利潤率は資本主義的生産における推進力であり、ただ利潤をともなって生産されうるものだけが、また、そういうものでありうる限りでのみ、生産されるのである（Ⅲ269）。

すべてがうまくいっている間は、競争は……資本家階級の友愛の実践として作用し、その結果、資本家階級は各自が賭けたものの大きさに比例して共同の獲物を共同で分け合う。しかし、もう利潤の分配ではなく、損失の分配が問題となるやいなや、各自は、できるだけ自分の損失分を減らしてそれを他人に転嫁しようとする。損失は階級としては避けられない。だが、個々の資本家がそれをどれだけ負担しなければならないか、いったいどの程度までそれを共にしなければならないかは、力と狡知の問題となり、そうなれば競争は反目する兄弟の闘争に転化する（Ⅲ263）。

はじめに

◎経済では必ずしも1＋1＝2にならない

本章から、『資本論』第3巻の内容になります。マルクスは、産業革命によって成立した19世紀イギリスの資本主義を観察しながら『資本論』を執筆していましたが、この新たに成立した資本主義という社会は、資本家（企業経営者）による利潤追求をその動力として動いている点で、それまでの封建社会とは全く異なる性質を持っていることを発見しました。そしてそのような利潤追求活動は、それを取りまとめる王のような者がいるわけではなく、それぞれの資本家がてんでばらばらに（マルクスは「無政府的に」という表現を好んで用いています）行っているという点に特徴があります。マルクスよりも100年ほど前の経済学者であるアダム・スミスは、個々人の私利私欲の追求が結果として公の利益をもたらすと指摘しましたが、マルクスはそれぞれの資本家による私利の追求は、社会全体として見れば長期的に思ってもみないマイナスの結果（先取りしていえば、利潤率の低下）をもたらすと考えました。このように、経済の世界では数学の世界とは違って、1＋1が必ずしも2にはならないという「合成の誤謬」と呼ばれる現象が起こるのですが、本章では、利潤についての「合成の誤謬」のメカニズムについて、見ていきます。

1　資本主義社会の動力である利潤追求

◎利潤と利潤率

先に書いたように、マルクスは資本主義社会の動力は資本家による利潤追求であることを見出しました。これまでの章でも繰り返し説明されてきましたが、資本家は生産過程にお金を投じて商品（モノやサービス）を生産し、それを売ることによってはじめに投下した以上のお金を得ることができます。マルクスは、このようにして増やされるお金のことを資本と呼び、当初より増えたお金（もしくは、貨幣で表されている価値）のことを剰余価値と呼びました。しかしこの剰余価値が資本家の手元にすべて残ることはまれです。政府への税金、地主への地代（現代風にいえば、土地やテナントの賃料）、銀行などのお金の貸し手への利子、株主への配当金などが引かれて、最後に手元に残る分が資本家の利潤（英語では〝profit〟ですが、この語を経済学の世界では「利潤」と訳し、経営の世界では「利益」と訳してきました）となります。ただ本章の以下の部分では、話を簡単にするために、剰余価値＝利潤として話を進めることにします。

さて、資本家は利潤追求をするにあたって、利潤の量（利潤額）を見て活動しているのでしょうか？そうではありません。資本主義が成立した19世紀以降、現代にいたるまで、経営の指標としては基本的に、利潤の量ではなく利潤の率（利潤率）が用いられてきました。なぜでしょうか？

その理由は、利潤率がお金を増やす効率性を表すからです。単純に利潤額を増やしたいのであれば、投下する資本の規模を大きくすれば利潤の額としても大きくなります。しかし、単に図体が大きいだけのことは、良しとされません。企業経営の世界では、資本規模の大小にかかわらず、貨幣を増やす効率性、つまり利潤率が高い企業が優秀な企業とされるのです。

例えば、１０００億円を投じて１００億円の利潤を獲得している企業Ａと、10億円を投じて５億円の利潤を獲得している企業Ｂがあったとします。利潤の額としては企業Ａの方が大きいですが、それはたまたま企業Ａの方が規模が大きくてはじめに投下したお金が１０００億円と大きかったことが理由です。お金を増やす効率性という観点からは、企業Ｂの方が優秀であり、このような観点からは、企業Ａは企業Ｂと比べて図体が大きいだけの非効率な企業ということになります。

ただし、利潤率と一概にいっても、現実経済においては統一的な「利潤率」なるものがあるわけではなく、実際の経営現場では様々な利潤率の指標が用いられています。マルクスをサポートしていたＦ・エンゲルスは綿織物工場を経営していましたが、彼はマルクスに、今日の言葉でいう売上高利益率（商品の売上に占める利益の割合）を経営の指標としていると情報提供していました（明石英人「費用価格と二種類の利潤率――『資本論』第三部第一章の諸草稿について」『駒澤大学経済学論集』第48巻第4号、２０１７年３月、26頁。この論文では、資本構成などの、『資本論』の数値例が、実はエンゲルスの工場の状況を反映したものであることも指摘されています）。また日本においては、総資本利益率が指標とされることが多かったですが、近年は偶然にも、マルクスが議論していた利潤率により近い概念である投下資本利益率（ＲＯＩＣ）を指標とする企業も増えてきました。このように、具体的には様々な利潤率があるのが現実で、会計学の歴史は、資本投下による貨幣増殖の効率性を捉えるためには、いかなる指標が「利潤率」としてふさわしいかということの追求であったともいえるかもしれません。しかし、このように現象的には様々でつかみどころのない姿を取るものの、理論的・抽象的には、投下したお金（マルクスはこれを「前貸資本」と呼びました）に対する利潤の比率を示すのが利潤率であり、資本主義社会はこのような利潤率を高めようとする資本家の活動によって、動いているのです。

◎年利潤率

ここで一つ注意しなければならないのは、お金を生産過程に投じてから資本家の手元に剰余価値（利潤）が付いて戻ってくるまで（マルクスはこの貨幣投下から還流までの過程を、資本の「回転」と呼びました）の時間は、それぞれ異なるということです。例えば、家具の生産であれば1か月ほどで商品の生産・販売を完了して利潤を得ることができるかもしれませんが、ワインの生産であればどれだけ急ごうとも1年に1度しかできません。もし家具生産1回あたりの利潤率が10％で、ワイン生産1回あたりの利潤率も同じ10％だったとしても、家具生産とワイン生産いずれも貨幣を増やす効率性は同じだとはいえません。したがって、資本の1回転あたりの利潤率ではなく、ある一定の期間（例えば1年）あたりの利潤率を考えることが重要になってきます（1年あたりの利潤率を、年利潤率といいます）。企業経営の現場で、1年や半期、四半期ごとの利潤率が経営の指標となっているのはそのためです。

これまでの章では、剰余価値の投下資本（不変資本＋可変資本）に対する比率として利潤率が規定されてきました。不変資本をC、可変資本をV、剰余価値をMとして、式で表すと、利潤率＝M/（C+V）です。しかし、年利潤率＝M/（C+V）×年間の回転数が、利潤率の正確な規定なのです。実際に工場経営者であったエンゲルスは、『資本論』でマルクスの記述に次のように追記しています。

利潤率は、充用される総資本に対して計算されるが、しかし、一定の期間について、実際には1年について、計算される。1年間に生み出されて実現された剰余価値または利潤の、総資本に対する割合を百分比で計算したものが利潤率である。だから、それは、1年ではなく当該資本の回転期間を計算の基礎とする利潤率とは必ずしも等しくはない。この資本が1年間にちょうど1回転する場合にだけ、両者は一致するのである（Ⅲ237）。

現実の企業活動においては、それぞれの企業がバラバラに、絶えずお金を投じては利潤がついた分も含めて取り戻すという行動を行っています。種まき・収穫の時期がはっきりしている農業などは別として、多くの企業活動においては、創業の時点以外、過程がいつ始まっていつ終わっているのか、必ずしも明瞭ではありません。マルクスは、そのような連続的な企業活動に対し、ある期間（ここでは1年）に区切って、その間における貨幣増殖の効率性を捉えようとしたのです。

そして事実、当時もいまも、ほとんどの企業が年利潤率を経営の指標としています。日本では会計年度（4月～翌年3月）で年利潤率を計算している企業が多いので、毎年5月頃になると、新聞やテレビで各企業の決算発表がニュースとなり、それに基づいて6月頃に株主総会が開かれ、経営陣の信任が問われる、という流れが主流になっています。

◎利潤率の高め方

では、年利潤率はどのようにして高めることができるでしょうか？　生産に投下された資本である不変資本と可変資本とは、利潤を得るための費用（コスト）を形成していますが、まずこれらを削減することで、利潤率を高めることができます。具体的には、不変資本とは生産手段（建物、機械、部品、原材料など）に投下されたお金ですが、例えば工場設備をできる限り安上がりなものにすると、不変資本部分を小さくすることができ、結果的に利潤率を上げることができます。マルクスが生きた19世紀には、このことが理由で、工場に不十分な換気装置しか設置されず、空気の悪い狭い部屋に多くの労働者が詰め込まれて働かされていたことが原因で、結核等の呼吸器系の病気にかかる労働者が多数いました。また、有害物質の浄化装置も「節約」されていたため、大気や河川の汚染といった環境問題も深刻でした。現代の先進国では、法律による規制等によってこれらの事態がだいぶん改善されましたが、その改善の費用のために不変資本部分が大きくなって利潤率に影響が出てしまうことから、規制のない途上国に工場を移すという「公害輸出」が問題となったこともありました（テレビでしばしば報道される中国の反日デモの原因の一つが現地の日系企業による環境汚染であることは、日本ではあまり知られていません）。ただ現代の先進国では、この不変資本の節約はもう少しエレガントに、例えば部品の共通化（同じ部品を大量生産・大量調達することで、一つあたりの価格を安く抑えられる）といった方法が主流となってきています。

また、可変資本は労働力（労働者）を雇うために投下されたお金で、いわゆる人件費のことですが、より安い労働力を雇うことによってその大きさを小さくすることができます。19世紀のマルクスの時代は、機械の登場により筋力や熟練が必要とされなくなったことで、男性労働者が女性や子どもにとってかわら

図1　資本の循環範式

$$G - W \left\{ \begin{matrix} Pm \\ A \end{matrix} \right. \cdots P \cdots W' - G'$$

Gは貨幣、Wは商品、Pmは生産手段、Aは労働力、…P…は生産過程、W'は生産された商品、G'は商品の販売によって得られた貨幣を表します。ここで、はじめに投じられた貨幣（G）よりもG'の方が大きくなれば貨幣の増殖に成功したことになり、その増殖の率が利潤率となります。また、資本活動の中で繰り返されるこのような一連の流れのことを「資本の回転」と呼び、その過程は、G－W（生産手段と労働力の購入）とW'－G'（商品の販売）との流通過程と、…P…の生産過程とから成ります。（167頁の図1も参照）

れていました。現代の日本では、正社員が非正規労働者や外国人労働者にとってかわられるようになっています。正社員の熟練労働者が「匠の技」で作っているから日本製の製品は高品質だといわれた時代がかつてありましたが、いまの日本の製造業を支えているのは、非正規労働者と外国人労働者になっています。それというのも、正社員を雇うよりも、これらの労働者の方が「安上がり」なため、利潤率を高めることができるからです。しかしこれらの労働者はその現場に何十年もとどまるわけではないため、技術は継承・蓄積されず、昔作れていたものが作れなくなる、昔では考えられないような事故や品質不正が起こるといったことが各産業部面で頻発しています。

これら、不変資本と可変資本といった費用部分（先の利潤率を規定する式の分母部分）の削減に加えて、資本の回転数を上げるという方法によっても、年利潤率を高めることができます。生産過程にお金が投じられてから剰余価値が付いた形で資本家の手元に還流するまでの過程には、生産手段と労働力との購入のための流通過程（上図のG―W）、生産手段と労働力とを用いて商品を生産する生産過程（…P…）、生産した商品を販売して貨幣を得る流通過程（W'―

G')の3つがありますが、これらにかかる時間を、例えば1年から半年にすることができれば、1年間に1回転だったものが2回転になり、結果として年利潤率は2倍になります。先の例のワインであれば、ぶどうは1年に1度しか収穫できないためにそれを短縮することはできませんが、例えばヨーロッパから日本まで船で運んでいたものを鉄道で運ぶようにすれば、流通過程にかかる時間を幾分か短縮することができます(現在、ヨーロッパ～東アジア間の鉄道を用いた物流が、注目を浴びています。中国の「一帯一路」構想も、これと深く関わっています)。また、工業製品であれば、生産ラインのスピードを上げる、部品をストックする時間を削減する(トヨタはカンバンを用いて部品をストックする時間を限りなくゼロにする「ジャストインタイム」というシステムをつくり上げました)といった方法も可能で、各企業はこのような方法を色々と工夫してきました。

このように、「経営のテクニック」と呼ばれるものの多くは、理論的には年利潤率を上昇させる方法でもあるのです。そしてここで重要なのは、各個別企業による年利潤率を高めるための工夫は、社会的に見れば逆に悪影響をもたらすかもしれないということです。労働者の健康問題、環境問題、非正規雇用や外国人労働者の低賃金、労働の強化や長時間化……。各企業の経営にとっては利益になることも、社会全体として見ればマイナスになることも多いのです。ここに、政府が法律や行政指導等によって規制をかける理由があるのです。

◎部門間における利潤率均等化のメカニズム

さて、各企業はこのように年利潤率を高めるために日々様々な工夫を行っているのですが、部門(マルクスだけでなく経済学では伝統的に、産業のことを「部門」と呼んできました）ごとの特性から、どうしても部門間で利潤率に差異が出てきてしまいます。

話を単純化するために、とりあえず回転数の相違を考慮に入れずに考えてみると、部門間で、技術的特性の違いから不変資本（C）と可変資本（V）との比率（C/Vで表され、マルクスはこの比率を「資本の価値構成」と呼びました）に違いが出てきます。すなわち、マルクスは生産手段と労働力との比率（例えば、機械と労働者との比率）を「資本の技術的構成」と呼びましたが、人間の手ではもはや作業することが困難な半導体などの電子部品の製造と、人の手が多く必要な服の縫製作業とでは、「資本の技術的構成」にかなりの差があるはずです。話を単純化するために生産手段の価格と労働力の価格（＝賃金）の影響を無視するならば、この資本の技術的構成の差の分だけ、資本の価値構成も異なります。マルクスは、このような資本の技術的構成を反映した資本の価値構成のことを、「資本の有機的構成」と呼んでいます。

ここでさらに、可変資本（V）と剰余価値（M）との比率を一定（例えば1対1）としましょう。この比率を一定とするのは、話の単純化のためという理由もあるのですが、この比率は労働のキツさの指標でもあるため（この比率に、マルクスは「剰余価値率」という名称の他に、「搾取度」という名称も与えています）、労働がキツい産業からは労働者が離れ、そうでない産業に労働者が集まるという作用から、部門間でこのような比率は一定になる傾向があるという理由もあります。

すると、資本の有機的構成の相違に比例して、利潤率も部門間で異なることとなります。例えば、C：V：Mの比率が、電子部品産業は80：20：20（資本の有機的構成は80/20=4、利潤率は20/100=20%）、アパレル産業は40：60：60（資本の有機的構成は40/60=2/3、利潤率は60/100=60%）だとしましょう。

このような事態になったとしたら、資本家（企業経営者）はどうリアクションするでしょうか？　利潤率の低い産業部門（電子部品）からは撤退し、利潤率の高い産業部門（アパレル）へ参入しようとするでしょうし、もし経営者がそうしなかったとしても、株式市場からそのようにするよう圧力がかかります。当然、利潤率が高いからといっていままでとは全く別の事業に参入するのは容易ではありませんが、たとえそれが創業以来の事業であっても、低い利潤率しか得られないのであれば撤退し、より高い利潤率を得られる事業に軸足を移そうとするのは、昔から企業経営の常道となっています。例えば、コニカミノルタという企業はかつてフィルムとカメラの会社でしたが、低い利潤率しかあげられないとして、両事業から撤退しました。また近年、西武鉄道やJR九州において、大株主となった米投資ファンドが不採算路線の廃止を求めているというニュースが流れ、社会的な議論となりました。

このように利潤率の低い部門からは企業が撤退し、利潤率の高い部門へ企業が参入する結果、理論的には社会全体で利潤率が均等化（平均化）していく傾向が発生します。商品の価格面で見れば、各商品の価値（個別価値）は、費用価格（不変資本＋可変資本）と剰余価値との合計だったものが、費用価格と均等利潤（平均利潤）との合計に変化します。マルクスは後者のことを「生産価格」（＝費用価格＋均等利潤）と呼びましたが、理論的には部門間の撤退・参入が可能な資本主義経済においては、この生産価格を重心として諸商品の市場価格が変動することになります。

なお、ここで「理論的には」と書いたのは、現実経済においては、産業部門間の移動に対して各種の障壁があるからです。技術の壁はもちろんのこと、はじめるにあたって巨額の投資が必要なことや、参入したくても特許でガチガチに固められているなどの理由で、マルクスが生きた19世紀に比べて部門間の移動は格段に難しくなっています。ただそれらはあくまで障壁であって、利潤率が均等化しようとする力が働いているという点は現代でも全く変わっておらず、これが資本主義経済の本質であるといえるでしょう。

2　企業どうしの競争の結果として生じる利潤率の傾向的な低下

◎特別剰余価値を求める部門内競争――テレビ産業の例

また、このようなより高い利潤率を求めての部門間の競争に対して、当然ながら部門内の競争（ある産業内の競争）も存在します。かつて日本のお家芸といわれたテレビ産業を例に、考えてみましょう。テレビは、日本の高度成長期（1955～73年）を象徴する商品で、高度成長期前半にたくさん売れた「三種の神器」の一つは白黒テレビ、後半にたくさん売れた「3C」の一つはカラーテレビでした。この波に乗って日本の家電メーカーは成長し、その後1980年代には世界市場を席巻することとなりました。それでは、このようなテレビを買う時に、我々消費者はどのような判断基準でテレビを買うでしょうか？

かつてのトリニトロンカラーテレビ（ソニー）や、現代の4Kテレビなど、映像の綺麗さといった性能面も当然判断基準の一つですが、やはり何といっても多くの消費者にとっては価格が購入時の決め手となっていると思います。当然ながら性能面で明らかに劣っていれば話は別ですが、大手メーカー間で性能面の差はそれほど大きくありませんから、欲しいサイズ（例えば32インチ）が決まれば、あとは安い商品が売れる傾向にあります。したがって、各メーカー間の競争は、いかに低コストで作り、他メーカーよりも安い価格を設定できるかというものになります。そのために、コスト（不変資本と可変資本の合計である費用価格部分）の節約と、大量生産による一個あたりコストの低下が追及されることになります。このように、資本主義経済においては、競争を通じたデフレのメカニズムが内包されているのです。

それでは、これらコスト削減はどのように達成されるでしょうか？　当然ながら、高い人件費を払って国内で正社員を雇って生産していると不利になりますから、国内に工場をとどめておく場合はなるべく非正規労働者や外国人労働者を雇い、海外に工場を移す場合はなるべく人件費の安い国に工場を移していくことになります（月給でいえば、中国は5万円ほど、アパレルメーカーが多く進出するバングラデシュまで行くと1万円ほどになります）。そして、大量生産のために大規模な生産機械が導入されることになります（マルクスの生きた19世紀は蒸気を利用した機械設備、１９８０年代以降は産業用ロボットやファクトリー・オートメーションが象徴的です）。また、製品にMade in Japanと書いて他社との差別化をしたいなどの理由で工場を国内に残す場合は、ほぼ完全な無人工場にすれば（キヤノンがこのような無人化を進めていることで有名です）、海外との人件費の差は問題でなくなるので、人件費の高い先進国においてはこの意味でも機械化が加速していきます。

以上のような方法で、商品1個あたりのコストを他社よりも低下させることに成功した企業は、もし標準的な市場価格（32インチなら3万円くらいでしょうか）で売った場合は、同業他社よりも多い利潤（マルクスはこれを「特別剰余価値」や「特別利潤」と呼んでいます）を獲得することができます。また、標準的な市場価格よりも低い価格を設定して消費者を呼び込んでシェアを高めることも可能で、それでもなお他社よりも多くの利潤を得ることができるかもしれません。

マルクスの生きた19世紀の工場においては、以上のような理由で、当時最新鋭だった蒸気力を用いた巨大な機械が工場にどんどん導入されていました。それから約1世紀半経ちましたが、現代のテレビ産業においても同様に、最新鋭の大規模設備を導入することで、より大量に、より安く生産することで、競争が行われ、その競争の過程で、シャープやソニーといったかつて栄華を誇った日本企業が破れ、韓国勢のサムスンやLG、中国勢のハイセンスやTCLといったアジア企業が勝者となっていっています。

より最新鋭の生産設備を用いた大量生産による（商品1個あたりの）低コスト化を通じた特別剰余価値の追求。マルクスは、部門内競争（ある産業内の競争）の本質をこのようなものとして捉えましたが、時代は変われど、本質的なところは驚くほど変わっていません。

◎機械化の結果としての利潤率低下

マルクスは以上のように競争を通じて機械化が進行する（＝資本の有機的構成が上昇する）と考えました。この機械化それ自体は、それぞれの企業の利潤率を高めるものなのですが、社会全体として見ると、思わぬ結果をもたらすことにマルクスは気づきました。社会全体の平均的な利潤率（均等利潤率）の低下です。その論理は、以下の通りです。

年利潤率は、先述の通り、M/（C+V）×年間の回転数と表せますが、M/（C+V）の分子・分母をともにVで割ると、次のように書くことができます。

$$\text{年利潤率} = \frac{M}{C+V} \times \text{年回転数} = \frac{\frac{M}{V}}{\frac{C}{V}+1} \times \text{年回転数}$$

ここで、機械化による資本の有機的構成の上昇は、分母部分のC/Vの上昇を意味します。もしC/Vの上昇に比例してM/V（剰余価値率）も上昇するのなら良いのですが（実際、企業はリストラや非正規化によって可変資本部分を小さくしたり、労働を長時間化させたり強化したりして、剰余価値率を上昇させようとします）、実は剰余価値率というのはそれほど大きく動くものではありません。付加価値のうち労働者の賃金となる部分の割合である労働分配率〔V/（V+M）〕は、高度成長期の頃から現在までの約50年間、60〜70％ほどの間を行ったり来たりしているだけです。つまりV：Mの比率は、6：4であったり7：3であったりするくらいで、剰余価値率というのは大きく変化するものではないのです。

その理由の一つは、企業がどれだけ賃金を下げようとしても、ある限度がある（それ以上下げると、人々が生きていけなくなる）からで、そのような限度は最低賃金として法律で規定されています。また、選挙のある民主主義国においては、時の政権がいくら賃下げを促進する政策を行ったとしても、賃金が下がってしまった圧倒的多数の国民の怒りを買い、次の選挙で負けて政権交代が起こってしまうという限界もあります。第4章でも見たように、資本主義というシステムは人間（労働者）がいないと成り立たず、この人間という限界に突き当たってしまうのです。それに対して、機械化にはこのような限界は存在しません。

◎利潤率低下に対する企業の抵抗

このように、現実的な話として、賃金を低下させることによってM/Vの上昇が図られるものの、C/Vの上昇を相殺するまでには至らず、年利潤率は（分母が大きくなっていくわけなので）低下していくことになります。当然ながら企業は、政治の力も最大限利用しながらそれに必死に抵抗しようとします。

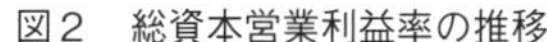

図2　総資本営業利益率の推移

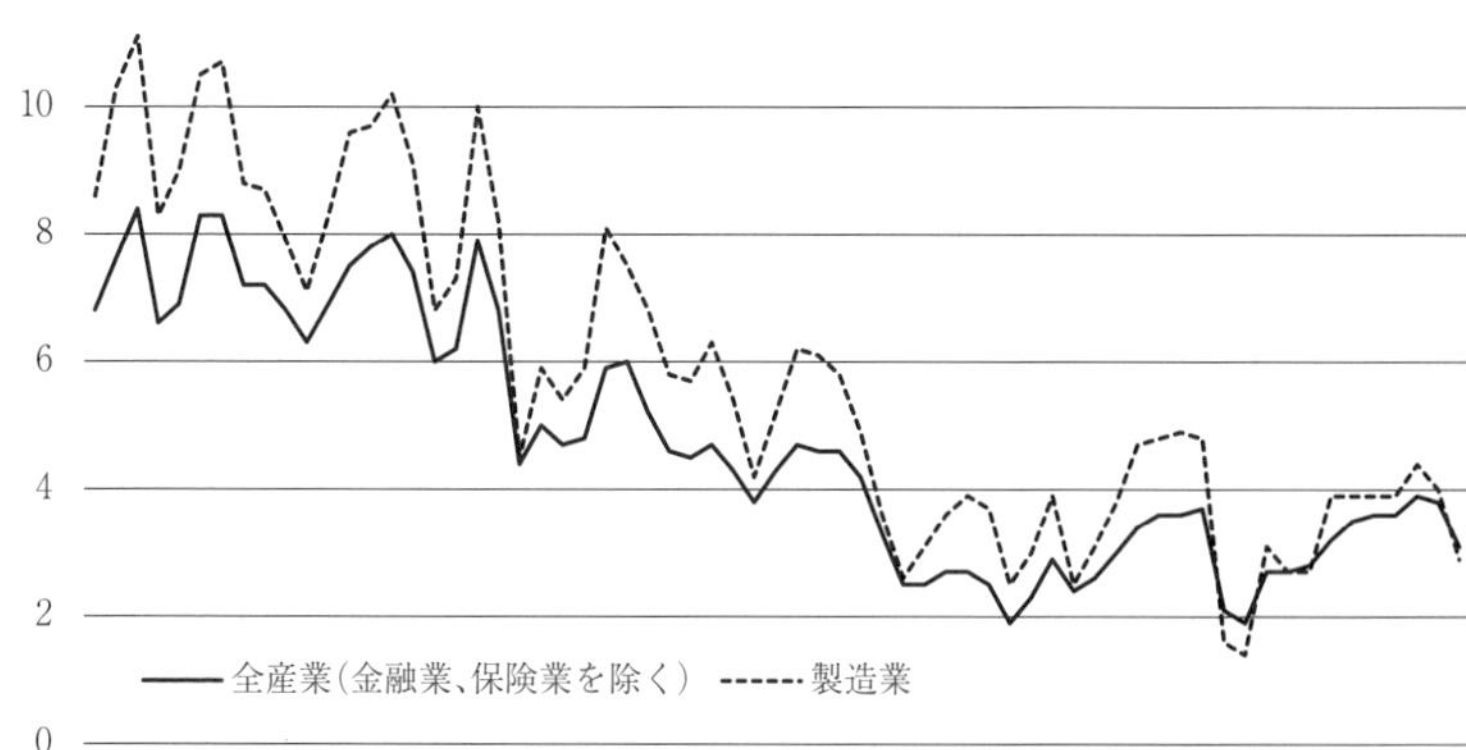

出所：財務省『法人企業統計調査』より作成。
注1：1959年度以前は暦年、以後は年度。
注2：全規模。

例えば現代日本では、経営者団体が政権にうまく働きかけて、非正規雇用の拡大や低賃金の外国人労働者（「労働者」とすら認められていない外国人技能実習生もかなりの割合を占めます）の拡大、そして「ホワイトカラー・エグゼンプション」「高度プロフェッショナル制度」「裁量労働制」といった名称でカモフラージュした正社員の残業代を削減するための政策を実現させるべく努力しています。そして、マルクスが生きた19世紀においても、資本家たちが議会や裁判所で自らに都合の良い法律や判例を作ろうとしていたほか、児童労働や植民地における低賃金労働の利用、植民地貿易を利用した不変資本部分の節約（安い原材料の輸入）を行うことによって、利潤率の低下を抑えようとしていました。

しかし、これらはあくまで抵抗に過ぎず、長期的には利潤率は低下していかざるをえないとマルクスは考えました。そして事実、先進資本主義諸国は長期的な利潤率の低下に悩まされています。これは日本も例外ではなく、伝統的に多くの企業が経営指標として用いてきた総資本営業利益率（会計用語上の「総資本」に対する、本業の利益である「営業利益」の比率）は、図2に示すように長期的に低下傾向です。このように利潤率の低下は、資本主義経済においては、あたかも重力の法則のように抗うことのできないものだとして、マルクスはこれを「利潤率の傾向的低下法則」と名づけたのでした。

3　利潤率の低下に伴って生じる事態

企業間の特別剰余価値を求める競争の結果として生じる利潤率の傾向的な低下。マルクスはこれを「経済学の最も重要な法則」（『資本論草稿集⑧』144頁）であるとしましたが、実はこの法則の内容は、単にその社会において平均的な利潤率（均等利潤率）が長期的に下がっていくことだけにとどまりません。

◎利潤率が低下する中での利潤量の増大と競争戦の進行

第一に、企業間の特別剰余価値を求める競争の過程で、資本規模の拡大（資本の集積）、そして規模拡大のための企業間の合併や買収（M&A、資本の集中）が進行していきます。特別剰余価値を求める競争においては、大量生産による商品一個あたりのコストの低下や、大規模な研究開発投資が事を決することとなるので、企業規模の拡大が重要となるのです。そしてこのような規模の拡大の過程で、不変資本部分が巨大化するとともに（生産設備の大規模化はもちろん、使用される原材料も大量生産によって飛躍的に増大します）、可変資本部分も量としては拡大し、（先述のように剰余価値率はそれほど大きく変化しないので）剰余価値量(利潤量)も一緒に拡大していくこととなります。このように利潤率は低下する反面、規模の拡大によって利潤量は増えるという現象が見られることとなるのです。このことから、マルクスは利潤率の傾向的低下法則を「生産力の発展によって引き起こされる利潤率の低下には利潤量の増加が伴うという法則」(Ⅲ236)とも呼んでいます。

しかしマルクスは、「利潤量の増大によって利潤率の低下を埋め合わせるということは、ただ社会の総資本について、また十分に備えのある大資本家についていえるだけである。新たな、独立に機能する追加資本にとってはこのような補償条件は与えられていないので、これからそれを戦い取らなければならない。このようにして利潤率の低下が諸資本間の競争戦を引き起こすのであって、その逆ではない」(Ⅲ266-267)といいます。規模拡大による利潤量増大というのは社会全体のレベルでの話であり、個別に見ると、比較的容易に規模の拡大を行うことができる一部の大企業のみなのです。新興企業をはじめ、その他大勢の企業は市場シェアや利潤を勝ち取らない限り没落するしかないので、それまでの競争とは様相を異にした苛烈な競争(「競争戦」)が始まるというのです。それは、すべての企業が等しく均等利潤を得ることができているような状態とは異なり、「反目する兄弟の闘争」(Ⅲ263)のようなもので、企業同士が生死をかけて互いに潰し合うような状態です。

マルクスのこれらの記述はいまから150年以上も前のものですが、今日の「グローバル競争」と呼ばれるものの本質は、まさにこのようなものといえるかもしれません。マルクスの時代と比べると、「十分に備えのある大資本家」は少なくなった気もします。電機業界では、このような苛烈な競争戦によって、三洋電機のような巨大企業でさえ事実上消滅したほか、シャープや東芝も倒産寸前の経営危機に陥ったことは、記憶に新しいと思います。そしてそのような競争戦の現在のところの勝者は、日本企業とはケタ違いの規模で生産や研究開発投資を行っているサムスンや鴻海といったアジア企業となっています。

◎生産力と消費力との衝突――需要不足によるデフレの進行

またこれと同時に進行する第2の事態は、生産力と消費力との衝突です。単に機械化を進めるだけでなく、規模の拡大がどんどん進行していくわけですから、生産力は飛躍的に拡大していくこととなります。しかし、社会の消費力（総需要）もそれに比例して拡大するわけでは決してありませんから、生産された商品は市場で過剰となっていきます。しかも、先述のように、各企業は年利潤率の低下を抑えるべく、リストラや非正規化といった形で賃金を切り下げていっているわけです。社会の消費力の多くは賃金を源としているので（現在の日本のＧＤＰの半分以上が家計消費で、家計収入のほとんどは賃金収入です）、それぞれの企業にとっては利益となる賃金の切り下げも、社会全体では消費力を低下させる結果となり、「需要不足」と呼ばれる事態が生じてしまうのです。このように、「生産力が発展すればするほど、生産力は、消費諸関係が立脚する狭い基盤とますます矛盾するようになる」（Ⅲ255）のです。

ここで重要なのは、このように生産力の拡大が社会の消費力に突き当たるということは、各企業は限られた市場規模の中で他企業を追い落としてでも自らの地位を確保する必要から、先述のような競争戦が不可避となるということです。そしてこのような競争戦の展開過程の中では、大量生産による商品1個あたりコストの低下による安い価格づけがますますクリティカルなものとなり、結果としてデフレが進行していくこととなります。

「モノが売れない」。バブル崩壊後の長引く不況の中で、賃金が低下しだした1990年代後半頃から、この言葉をよく聞くようになりました。またそれと同時に、デフレも進行していきました。マルクス的に考えると、これらは生産力と消費力との衝突の結果であり、利潤率低下とセットの出来事なのです。そしてマルクスは、結果として恐慌が引き起こされると指摘しているほか、企業は商品の販売市場として外国市場に目をつけるとも指摘しています。19世紀のマルクスの時代には、このような外国市場は主に植民地の市場でした。21世紀の現代においては、中国やインドといったアジア市場がグローバル企業の注目の的となっています。

◎投資の停滞と内部留保の拡大

そして第3に、利潤率であっても利潤量であっても、満足できる利潤を獲得することのできなくなった企業は、投資をやめ、お金を内部に蓄積しだすともマルクスは指摘します。具体的な企業名を出すことは差し控えますが、「儲からなくなったから」という理由で事業をどんどん売却し、気がつけばかつての中核事業のほとんどを売却してしまった大企業も存在します。これは極端な例ですが、本来であればお金を生産活動に投資し、利潤を獲得するというのが企業活動の本筋です。しかし、お金を投資しても思うような利潤が得られない、場合によっては利潤を全く得られない、もしくは投資した元のお金すら回収できないというのであれば、投資をやめて、銀行預金をするなり株式や債券を買うなりして、利子や配当金をもらっておく方がマシです（このような状態を、マルクスは「資本の過剰」と呼び、特に投資によって投下資本規模を拡大しても、それ以前と同じかそれ以下の利潤しか得られない場合には、「資本の絶対的過剰生産」が生じていると書いています）。日本には利潤率が1％ほどの大企業が大量に存在しますが、金融政策が通常に戻り、金利もかつてのように2％以上に戻った暁には、このような企業は事業をやめて銀行預金をすべきではないかということが、本気で議論されることになるはずです（とはいえ、銀行も資金の貸出先や運用先を見つけるのに苦労している状態ですが……）。

高度成長期の日本企業は、投資をすればするほど儲かるとされたため、銀行からお金を借りすぎてでも（「オーバーローン」と呼ばれました）、投資を行っていました。しかし1990年代半ば頃から、たとえ利潤が増えた時期であっても設備投資は停滞し、全体として企業はお金を借りる存在からお金を貸す（銀行預金をする、株式を買う等）存在に変わりました。かつてであれば金利を下げたら企業による投資が増え、景気も回復するというメカニズムがありましたが、全体として見れば企業はお金を借りている存在ではなくなった。ここに、1990年代半ば以降、日本の金融政策が効かなくなった根本原因があります。いくら低金利であっても、企業は銀行からお金を借りてくれないのです。

日本では、バブル崩壊後の不況が長引くにつれて、「不況なのはお金が足りないからだ」といわれ、世の中のお金の量を直接に増やそうとする金融政策（「量的緩和」）が主張され、また実行されてきました。しかし現実は逆で、経済全体で見れば企業の手元にお金が余っている状態なのです。投資したくても思うような利潤をあげられないから、投資されずに行き場を失ったお金が企業内に溜まっていく。このようなお金は「内部留保」と呼ばれ、特に2000年代以降急増しています（図3）。この問題は、日本の新たな病巣だといういわれ方もしますが、実は約150年前に、マルクスが『資本論』でこのようなお金のことを「過剰資本」と呼び、資本主義経済が進行するにしたがって利潤率低下とセットで現れると指摘して

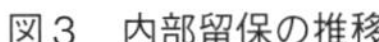
図３　内部留保の推移

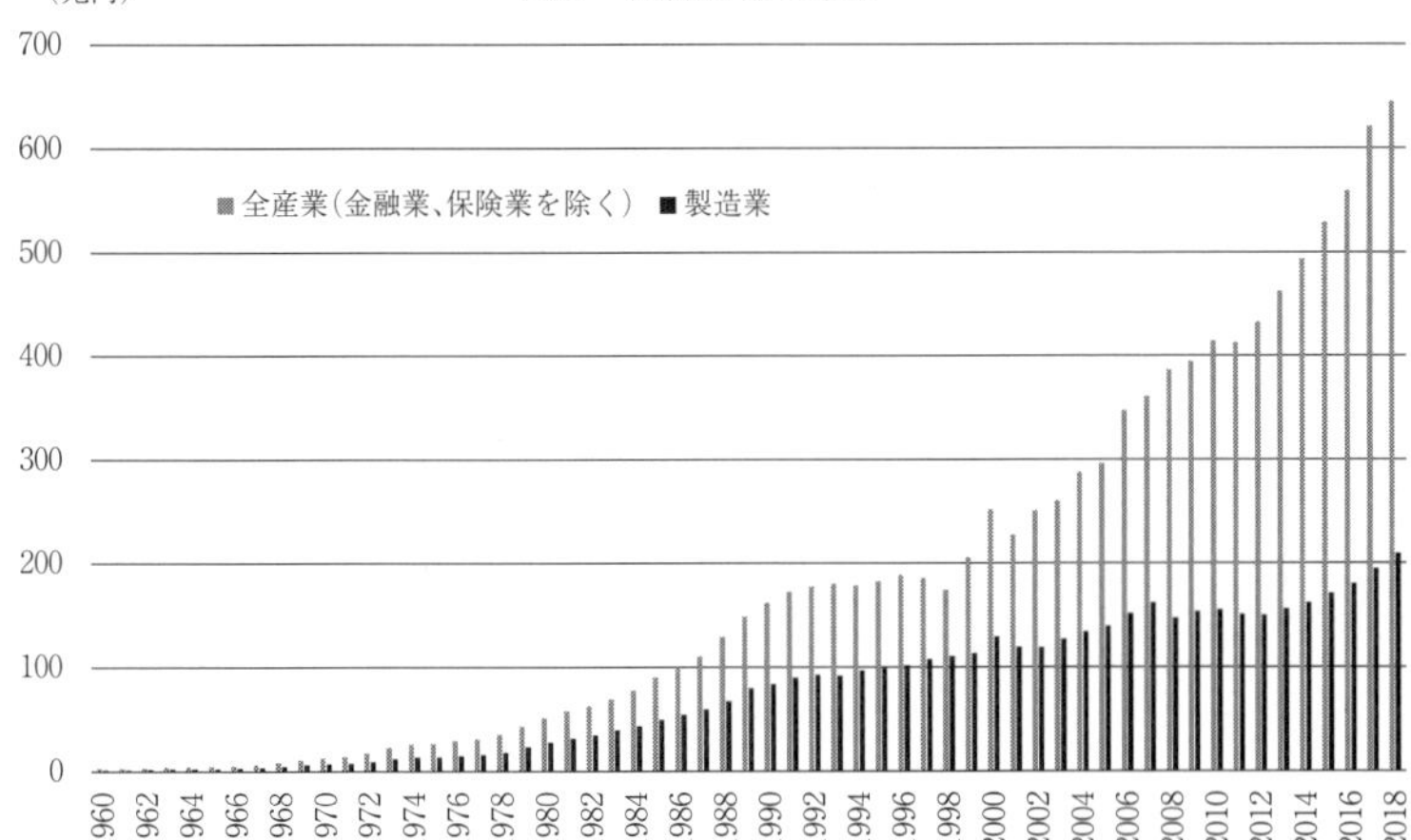

出所：財務省『法人企業統計調査』より計算して作成。
注１：全規模、各年度末の値。
注２：内部留保＝資本剰余金＋利益剰余金　として算出。

いたものなのです。

◎投資が停滞する中でのバブルの発生

さて、このように生産活動に投資できずに過剰となったお金は、どこへ行くのでしょうか？　一番に考えられるのが、株式市場です。当然、お金が余ったからといって他の企業の株をピンポイントで買うことはあまりないと思います（ただし、かつては系列企業や取引相手の株式を互いに買い合う「株式持ち合い」が盛んでした）。しかし、投資ファンドを買うなどを通じて、株式市場（当然、国内だけでなく海外の場合もあるでしょう）が有望な投資先となっているのは事実です。また同様の有望な投資先としては、土地市場（不動産市場）があります。株式市場と土地市場にお金が大量に流入し、株価と地価が急速に上昇するのがバブルの特徴ですが、一般的には低金利政策によってお金が供給されすぎることによってバブルが発生するといわれます（そして確かに、日本の１９８０年代末のバブルは、１９８５年のプラザ合意以後の「円高不況」対策のための低金利政策によって発生しました)。しかし、バブルの発生源としては、生産活動に投資できずに過剰となったお金もあるのです。いや、生産活動への投資で順調にお金を増やすことができるのであれば、生産活動投資の方にお金が吸収されて、そもそも実体経済からかけ離れてバブルが発生することなどないはずです。

令和の時代となった現在ではあまりにもあたり前のこととなったために死語になってしまいましたが、かつて「財テク」という言葉が流行した時代がありました。これは言うまでもなく「財務テクノロジー」の略で、企業内の過剰資金を株式市場や土地市場などで運用することを意味しますが、産業革命直後の資本主義の黎明期にマルクスは、資本主義の進行の結果生じる出来事として、このような「財テク」の出現について指摘し、特に本業で大資本に太刀打ちできない小資本を中心として「投機、信用思惑、株式思惑、恐慌」(Ⅲ261)という諸事態が発生すると展望したのでした。

おわりに

◎見逃されてきた利潤率の傾向的低下

日本はバブルが崩壊した１９９１年から、もう30年近くも不況に陥っているとしばしばいわれます。そして確かに、ＧＤＰの成長率はゼロ近辺に低迷し、賃金も平均年収で見ると１９９７年以降低下傾向にあります(序章図1)。このように落ち込んだ景気に対して、１９９９年以降もう20年以上もゼロ金利政策がほぼ継続して続けられていますが、実感のある景気回復は達成されていません。ただ、２０００年代以降リーマンショック直後を除いて企業業績は好調で、企業の内部留保は爆発的に増えるとともに、株価や大都市圏の地価も近年かなり上昇してきています。

「実感なき景気回復」ともいえるこの不思議な状態は、「マネー資本主義」や「金融化」という言葉で語られるようになりました。しかし、このような議論に決定的に欠けているのは、本章で見たような利潤率という視点です。日本経済において、利潤率は長期的に低下してきており（図2では総資本営業利益率の推移を示しましたが、他の利益率も同様に低下傾向にあります）、このような利潤率の低下を基軸として、設備投資の低迷や内部留保の拡大、雇用の劣化や産業の空洞化といった事態が生じているということは、見逃されてはなりません。企業が生産活動で十分な利潤をあげることができなくなってきているから、金融市場や土地市場などで儲けようとし、「マネー資本主義」や「金融化」といった事態が進行しているのです。

◎私たちはこれからどのような社会を目指すのか？

平均年収数千万ともいわれるアメリカの投資銀行のゴールドマン・サックス社に代表される金融機関の給与を見ていると、「マネー資本主義」や「金融化」は一見するとバラ色の未来のように見えます。しかし、金融商品や土地の売買それ自体が新たな価値を生み出すわけではないので、このような状態は、遅かれ早かれ行き詰まります。資本主義は、生産なき投資だけでは成り立たないのです。これは、エンジンがない車がガソリンだけで動かないのと同じです。

ただ、W・シュトレークも『資本主義はどう終わるか』（村澤真保呂・信友建志訳、河出書房新社、2017年）で指摘しているように、難しいのは、このような行き詰まった資本主義に代わるシステムが、現時点ではまだ明確な形では見えないという点です。我々は、このつらい状態にこれからも苦しまないといけないのでしょうか？　しかし、現在のコロナ禍の中で在宅ワークが広がり、これまでのように企業の中で毎日缶詰になって働くという様式が変化しつつあります。このような技術の変化を、資本の論理（＝お金儲け）ではなく、実際に働いている人々の労働や生活の改善のために、一つずつ着実に活かしていくことから、新しい社会は切り開かれるような気がします。

◎考えてみましょう

（1）政府統計ポータルサイトe-Stat内にある『法人企業統計調査』のデータベースから、自分が興味のある業界をいくつか選んで、それらの業界における総資本営業利益率の推移を比較してみましょう。なお、インターネットの検索エンジンで「法人企業統計調査　データベース」と検索すれば、『法人企業統計調査』のデータベースを見つけることができます。

（2）図2の総資本営業利益率の推移を見ると、利潤率の低下は１９９０年代末頃に止まり、以降は緩やかな回復傾向にあるようにも見えます。序章で論じた賃金の推移とも対照させながら、この変化の背後にどのようなことがあるのか、考えてみましょう。

（3）「人工知能（ＡＩ）はかつての産業革命と同様に経済に革命を起こす」としばしばいわれますが、本章の視点からは、ＡＩは経済にどのような影響を及ぼすと考えられるでしょうか？　本章でもしばしば言及した19世紀の産業革命とも比較しながら、考えてみましょう。

◎推薦文献

小西一雄『資本主義の成熟と終焉——いま私たちはどこにいるのか』桜井書店、２０２０年
本田浩邦『長期停滞の資本主義——新しい福祉社会とベーシックインカム』大月書店、２０１９年
水野和夫『資本主義の終焉と歴史の危機』集英社新書、２０１４年

第10章　利子・信用――「金融化」現象を読み解く

宮田惟史

新たな蓄積がそれの充用にさいして投下部面の不足から生じる困難にぶつかる……とすれば、このような貨幣資本（moneyed Capital）の過多（Plethora）が証明するものは、資本主義的生産過程の諸制限以外のなにものでもない。そのあとにくる信用詐欺は、この剰余資本の充用にたいする積極的な障害がないということを証明している。とはいえ、資本の価値増殖の諸法則への障害、つまり資本が資本として価値増殖できる諸限界への障害はあるのである。……循環の一定の諸局面ではつねにこの貨幣資本（monied Capital）の過多（Plethora）が生ぜざるをえないのであり、……したがって同時に、生産過程をそれの資本主義的諸制限を乗り越えて駆り立てることの必然性が――過剰取引、過剰生産、過剰信用が――発展せざるをえないのである（Ⅲ523～524；MEGA II/4.2, S. 586）（以下、引用はMEGAから。引用部分の傍線はマルクスによる強調であり、スペル表記は原文のまま。また、〔　〕内は筆者による補足をあらわす）。

はじめに

本章では、マルクスの利子・信用論の内容を展開することを通じて、現代の「金融化」現象を読み解きます。知られているように、近年、「金融化」というタームが、現代の資本主義を特徴づける用語として用いられることが少なくありません。「金融化」という語に決まった定義はありませんが、共通していえるのは、金融市場や金融商品の多様化とともに、実体経済の拡大（現実資本の蓄積）をはるかに超える規模で金融資産の累積が進んでいく現象を指すということです。さらには、かつてにくらべ金融投機が活発化し、金融危機（信用恐慌）が人びとに与えるショックも大きくなっている事態を含めて使われることもあります。

こうした「金融化」は、日本では端的につぎ

図１　企業（資本金10億円以上）の金融資産／有形固定資産の推移／現金・預金

（単位：兆円）

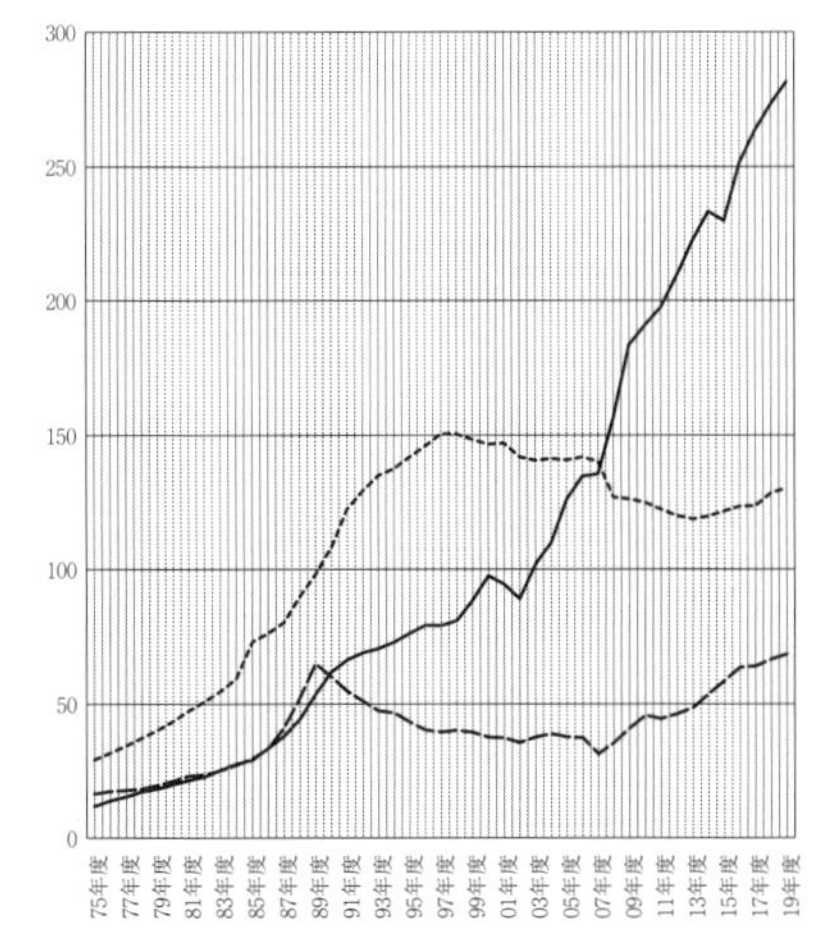

出所：財務省『法人企業統計調査』より作成。※1975年度～2019年度

注１：金融資産＝株式（流動資産・固定資産）＋公社債（流動資産・固定資産）＋その他有価証券（流動資産・固定資産）

注２：有形固定資産は土地を除く有形固定資産。

のように現われています。図1の実線は、企業（資本金10億円以上）の金融資産の推移を示しています。企業はとくに1980年代から金融資産を拡大させてきましたが、それ以降も、金融資産を急激に累積させていることがわかります。その一方で、企業の設備投資（現実資本の蓄積）を反映する有形固定資産は停滞基調にあり、現金・預金額もそれほど伸びていません。現実資本の蓄積をはるかに凌駕する金融資産の拡張がおし進められ、「金融化」が進行していることは明白です。そしてこの間、金融肥大化を媒介する新たな金融機関や金融商品の開発も飛躍的に進み、インカムゲインより、売買差益の獲得を目的とした投機的金融活動は深化しています。同時にまた、「金融化」の進行とともに格差拡大や人びとの生活の劣化も促進されています。リーマンショックやその後の日本経済をみてもそれは明らかですし、これはだれの目にも確認できる一つの経済現象です。

では一歩踏み込み、なぜ、こうした「金融化」が拡大傾向をたどっているのでしょうか。また、それは資本主義の歩みにおいて、なにを意味しているのでしょうか。本章では、『資本論』にあるマルクスの信用論を紐解きながら、「金融化」現象を把握することを課題とします。

1　利子生み資本と貨幣資本（monied capital）

まずは、『資本論』第3部第5篇の記述に即し、マルクスの信用論の基礎的なタームの確認からはじめましょう。そのうえで、金融化の解明へと迫りましょう。

ところで、マルクスが生きていた当時のイギリスの経済学者や実務家など多くの人たちは、金融市場や銀行などに集中した貸付可能な資本や、広義には有価証券などの金融資産を、「貨幣資本（monied（moneyed）capital）」と呼んでいました。そこでマルクスははじめに、第21章〜第24章相当部分（草稿1）〜4））で、「貨幣資本（monied capital）」――資本の循環形態である「貨幣資本（Geldkapital）」とは区別されます――とは本質的に何であるのか、その概念を「利子生み資本」として抽象しつかみだし分析しました。では、利子生み資本とはなんでしょうか。

資本主義的生産の基礎のもとでは、利子生み資本という貨幣は、一般的等価物という属性のほかに、貸付―返済を通じ、資本として機能させれば平均利潤を生みだしうるという追加的使用価値をもつ独自な「商品」として現われ、取引されています。そして、この独自な商品に支払われる対価が「利子」です。利子とは本質的に現実の再生産過程から生みだされた剰余価値の一部です。利子率は、貨幣市場における利子生み資本の需要・供給によって規定されています。利子の増減は、機能資本（現実資本）が形成した剰余価値の再配分を意味しているのですから、利子率の下限はゼロであり、その上限は究極的には利潤率に限界づけられることになります。

ところが、こうして利子率が貨幣市場で「明白な所与の事実」として成立すると、人びとのなかには、利子は現実の再生産過程とは無関係な「所有の果実」であり、その一方の企業利得は「機能の果実」だという観念が確立します。つまり、利潤の単純な「量的分割」が、二つの別々の異なる源泉をもつ「質的な分割」へと転化して現われるのです（Ⅲ385〜389：MEGA II/4.2, S. 443-447）。

さらに利子生み資本は、産業資本や商業資本と異なり、G―G'（貸付―返済）という運動形態をとるため、現実資本における価値増殖過程のいっさいの痕跡が消え失せています。したがって、利子の源泉が労働者の生み出した剰余価値にあるということも覆い隠されます。ここから、資本であるかぎり一定の期間をへれば、自ら自動的に増殖するのだという抜きがたい観念が成立します。資本物神の完成です。こうして利子生み資本は現実資本から自立化して現われ、利子生み資本の金融収益（利子）の基礎は現実資本の剰余価値の再配分であることはすっかり覆い隠され、その収入源泉は現実資本とはまったく無関係なものとして現われます。こうして、貨幣資本と現実資本との本質的関係は、総じて資本主義的生産の内面的関係はみえなくなるのです。

2　架空資本の規定と運動

◎架空資本とは何か

マルクスは、いまみた利子生み資本の概念の把握を基礎にして、さらに進み、現行版第25～35章相当（草稿5）信用。架空資本）では、信用制度の基礎的な仕組みを概説したうえで、利子生み資本がとる具体的な姿態である「架空資本」の規定と運動を解明します。

先述した利子生み資本がいったん成立すると、規則的に貨幣収入（利子や配当）が得られるならば、その収入源泉が資本であろうとなかろうと、それは「資本」と見なされるようになります。あらゆる定期的な貨幣収入は「利子」（金融収益）であり、「自己価値」をもたない収入源泉までもが「資本」だと観念されます。こうして自己価値のない「貨幣請求権（所有権原）」や「債務証書」が「資本」とみなされるようになるのです。「幻想的なもの、すなわち架空資本」の成立です。「架空」という意味は、資本還元によって収入源泉に「資本」という規定性が与えられてはいるものの、それ自体としては「自己価値」をもたないということです。

架空資本の一つである「国債」についていえば、定期的な利子収入によりそれは「資本」と見なされますが、本質的にそれは将来の税金（価値物）にたいする支払指図書（貨幣請求権）、国家あての「債務証書」です。それ自体は無価値な「純粋に架空な資本」です。そもそも、国債に投下された貨幣は現実の再生産過程で資本としては支出されず、国家によって支出されてしまっていることからも、それが架空であることはわかるでしょう。まさに、「債務の蓄積が資本の蓄積と現われうるというこの事実こそは、信用システムにおいて生じる歪曲の完成を示すもの」（Ⅲ493〜494：MEGA II/4.2, S. 529）です。

その一方、株式の場合には、そこに投下された貨幣は現実資本（結合資本としての株式資本）として運動します。しかしながら、株式（社債なども同様）も架空資本です。たしかに株式に投下された貨幣は現実資本として機能しますし、株式を所有することで定期的に得られる貨幣収入（インカムゲイン）は、剰余価値の一部が再分配されたものです。とはいえその一方、株式それ自体は「自己価値」をもたない「架空」なものですし、現実資本が生み出す「剰余価値にたいする所有権原」、「貨幣請求権」でしかありません。

このように、信用制度（銀行制度）や金融市場の下には「貨幣請求権」にすぎない架空資本が蓄積されています。マルクスは、現行版第25章〜第35章（草稿5）において、信用制度の下にある貸付可能な貨幣資本――「貸付として自由に使用できる貨幣資本（moneyed capital）は、すべて銀行業者や貨幣貸付業者のもとに預金の形態で存在する」（Ⅲ516：MEGA II/4.2, S. 556）――だけでなく、国債や株式などの有価証券の形態をとる架空資本をも含め、全体として「貨幣資本（monied capital）」とよび、その独自な蓄積を主題としたのです。ただしマルクスは、たしかに貸付可能な貨幣資本だけでなく、有価証券をも貨幣資本と呼ぶ場合がありますが、両者の区別と関連をつかんでおく必要があります。厳密にいうと、有価証券に代表される架空資本は、あくまで貸付可能な貨幣資本の「投下部面」(Ⅲ495：MEGA II/4.2, S. 531)であり、これら架空資本は貸付可能な貨幣資本(monied capital)がとる形態です。

◎架空資本の存立条件

さて、銀行業者の資本の大部分が架空であり貨幣請求権であることをみました。しかしながら、有価証券が架空資本だからといって、もちろんその架空性はつねに現われているわけではありません。ではどのような条件下でその架空性は露わになるのでしょうか。

「貨幣請求権」である有価証券は、本質的に「自己価値」をもたない「架空」なものであるがゆえに、いっせいに貨幣請求(換金)を迫られればその架空性はたちまちに露呈します。株式の場合、利子収入(配当)の基礎である企業収益が減少し、従来の価格を前提とした貨幣請求に応じることへの信用が揺らぐと、大規模な貨幣請求に迫られその架空性は現われます。国債にしても、財政が逼迫し国家が貨幣請求(債務返済および利子支払)に応じることができず、「この債務証書が売れないものになれば、その瞬間からこの資本という外観はなくなってしまう」(Ⅲ483：MEGA II/4.2, S. 521)のです。つまり、有価証券の「源泉が直接に譲渡可能である、あるいは『譲渡可能』であるような形態を与えられている、という前提のもとで以外は、純粋に幻想的な観念であり、またそういうものであり続ける」(Ⅲ482：MEGA II/4.2, S. 521)わけです。したがって裏を返せば、架空資本は、利子収入とともに時々に「適正」と考えられている価格で貨幣請求が確実に履行可能であるという条件のもとでのみ存続でき、じっさいにはその大部分が貨幣請求権のまま維持されることが存続条件なのです。この条件を失えば一挙に換金され、架空資本の価格急落とともに、架空性はたちまちに顕在化します。

いまみたマルクスの架空資本の規定は現在の証券化商品などにもあてはまります。たしかにマルクスの時代に比べ架空資本は多様化、高度化しましたが、その本質が変わったわけではありません。今日の金融取引の特徴の一つである「証券化」についていえば、それはあらゆる貨幣請求権を証券化する技法です。これによって一見すると、架空資本は、「無制限的」に現実資本の制約を離れることができるものに「変質」したようにみえます。とはいえ、たとえば住宅ローンや自動車ローンなどの貨幣請求権（債権証書）を証券化しようとも、その証券化商品の基礎である実体経済における債務返済が滞り、貨幣請求に応じることが困難になれば、貨幣請求に迫られその架空性はたちまちに露呈します。したがってまた、たとえ高リスク証券（エクイティ）と優良証券（シニア）、その中間（メザニン）などとをバスケット化し新たな証券を組成し――「証券の証券化」――、リスクを分散・拡散させたとしても、この仕組債の一部をなしている証券化商品の存立根拠をなす借り手が債務返済に瀕すれば、貨幣請求への確実性が揺らぎ、高度に組成された証券化商品といえどもその架空性は顕在化せざるをえません。

要するに、マルクスがみていた有価証券であれ、現代の証券化商品にしても、「貨幣請求権」ですから、その確実性が揺らぎ、じっさいに大規模な貨幣請求が行われ換金が生じれば、その架空性は露わになるのです。そしてなにより重要であるのは、これら架空資本が貨幣請求権のまま維持できるか否かの分岐は、究極的には、実体経済の所得や利潤（剰余価値）の動向に規定されているという点です。金融手法の発展によって今日の架空資本ではよりいっそう、「資本の現実の価値増殖過程とのいっさいの関連は最後の痕跡にいたるまで消え失せて、自分自身を価値増殖する自動体としての資本という観念に固められ」（Ⅲ484：MEGA Ⅱ/4.2, S. 522）ていて、それが現象的観念ですが、いまみた住宅ローンの証券化商品にしろ、結局は実体経済における借り手の所得による返済いかんにかかっています。また事業者ローンの証券化商品であれば、借り手の利潤動向に規定されており、「組成」という新たな金融技法を駆使したとしても、金融資産の膨張は実体経済にその最深の限度を画されているのです。このように、現代の有価証券（貨幣請求権）は多様化・高度化したとはいえ、マルクスの架空資本の本質規定を超えるものではなく、むしろそれによってはじめて論理的に説明できるものなのです。

◎架空資本の運動は何によって規定されるのか

架空資本の把握においては、いま一つ重要なことがあります。架空資本は静止的に存在するものではないということです。「架空資本はそれ自身の運動をもっている」（Ⅲ483：MEGA Ⅱ/4.2, S. 521）のであって、架空資本である金融資産は膨張・収縮の運動をともないます。

では、架空資本の運動（金融資産価格の変動）は、なにによって規定されるのでしょうか。

もちろん株式価格であれば、一つは実体経済における剰余価値の再配分を意味する配当（インカムゲイン）の増減によって規定されます。しかしながら、株式価格の変動は配当の変化だけによって規定されるわけではありません。ほとんどの場合、配当を市場利子率で資本還元してえられる株式価格は、実際の株式価格（時価）とは一致しません。売買差益（キャピタルゲイン）をもたらす株式価格の変動は、配当（インカムゲイン）、市場利子率だけでなく、投機的要因を媒介して当該証券に流入してくる貨幣資本の量の変動に規定されるからです。

ここで注意したいのは、マルクスがみた当時のイギリスの国債や株式、社債などの典型的な有価証券の場合はもちろんのこと、現在のような高度な証券化商品、たとえばＣＤＯ（債務担保証券）のようないくつもの証券をバスケット化し、組成して生みだされた新たな証券化商品であれ、これら証券価格の変動を規定するのは、その証券（架空資本）に流入してくる貨幣資本（monied capital）の量だ、という点です。

> 国債も株式も、またその他各種の有価証券も、貸付可能な資本（loanable Capital）にとっての、すなわち利子を生むものとなるべく予定されている資本にとっての投下部面である。国債や株式は、この資本を貸し出すための（投下するための）形態である。しかし国債も株式も、それらの形態で投下される貨幣資本（moneyed Capital）ではない。……この貸付可能な資本（loanable Capital）の蓄積こそは、われわれがここで取り扱わなければならないものである。しかもまさに、貸付可能な「貨幣」資本（loanable "monied" capital）のそれである。（Ⅲ495～496：MEGA II/4.2, S. 531）

引用のように、国債や株式などの各種の有価証券は、貸付可能な貨幣資本の「投下部面」です。それゆえ有価証券の価格変動は、そこに投下される貨幣資本の量に規定されます。「貸付として自由に使用できる貨幣資本（moneyed capital）は、すべて銀行業者や貨幣貸付業者のもとに預金の形態で存在する」（Ⅲ516：MEGA II/4.2, S. 556）わけですが、これら貸付可能な貨幣資本が架空資本に投下され、さらにさまざまな貸付や有価証券投資などをへると、その何倍もの貨幣請求権の蓄積がもたらされます（Ⅲ488〜489：MEGA II/4.2, S. 526）。だからマルクスは、現行版第30〜35章相当（草稿5）Ⅲ）で架空資本の膨張・収縮を明らかにするさい、まずもって「貨幣形態」にある貨幣資本を軸に据え分析を行ったのです。架空資本の運動をつかむためには、その運動を規定する貸付可能な貨幣資本の運動と、その形成源泉を的確に捉えることがカギとなります。

今日の「金融化」と関連させていえばつぎのようにいえます。マルクスがみた当時であれ、証券化商品が高度化した現在であろうとも、金融資産（架空資本）の急速な価格上昇が生じ「金融化」現象が現われるのは、これら金融資産に膨大な貸付可能な貨幣資本（moneyed capital）が流入したからです。これらは、インカムゲインではなく、キャピタルゲイン（売買差益）の獲得を目的とした投機活動として現われます。もちろん、架空資本に流入する貨幣資本は、量的にはかつてよりもはるかに増大していますが、原理的には「変質」などしていません。むしろ現在の金融資産の膨張はこうした理論をつかんでこそ合理的に把握できるのです。

3　架空資本の累進的増大と現実資本の蓄積

◎貨幣資本の蓄積と現実資本の蓄積

さて、これまでみた基礎的なタームの把握を前提にして、いよいよマルクスは「金融化」現象の解明に迫ります。なぜ、現実資本の蓄積テンポをはるかに上回る急速な金融資産の累積は進行するのでしょうか。

マルクスは、第30章〜35章相当（草稿5）Ⅲ）で、貨幣資本の膨張・収縮と現実資本の蓄積とは相互にどのような関連にあるのか、という問題を立てました。これは、マルクスが「比類なく困難な問題」（Ⅲ493：MEGA II/4.2, S. 529）として信用論の核心に位置づけたテーマです。

ところで、当時影響力をもっていた経済学者たちの多く——典型的にはリカードの後継者である銀行学派——は、過剰な貨幣資本である貨幣資本の過多（Plethora）が金融部面に流れ込み、投機的な金融資産の累積が進むことで、金融危機や恐慌が生じると考えました。彼らは、現実資本の過剰生産を否定したうえで、金融部面における貨幣資本の過多や投機から恐慌の原因を説明したのです。こうした見方は、実体経済の動向を基軸に据えずに、金融商品の開発や金融投機の拡大から「金融化」を捉える今日の一部の論者にも共通しています。

たしかに、金融現象だけに着目すると、金融商品の多様化→過剰貨幣資本の証券市場への流入・金融投機の拡大→金融バブルと崩壊、というように金融経済で完結し、「金融化」の根本原因は金融部面にあるように見えます。マルクスもつぎのように述べています。

全恐慌が、一見したところでは、信用恐慌および貨幣恐慌として現れざるをえないことは自明である。……とにかくすべてがねじ曲げられて現われるのである。というのは、この紙の世界ではどこにも実体的な価格やそれの実体的な諸契機は現われないのであって、現われるのは地金や銀行券や手形（〔貨幣への〕転換可能性）や有価証券なのだからである。ことに、国内の全貨幣取引が集中する中心地（たとえばロンドン等々）では、このような転倒〔が現れる〕。（Ⅲ507：MEGA II/4.2, S. 543）

しかしながら、マルクスは現象としてはそのように見えても、金融化や恐慌の原因を金融部面からは説明しません。むしろこうした見解を批判して自己の理論をうち立てたのです。ではマルクスは、「金融化」をもたらす、金融資産部面に流入してくる「貨幣資本の過多（plethora）」はどこから形成されてくると考えたのでしょうか。彼はつぎのように述べています。

> 新たな蓄積がそれの充用にさいして投下部面の不足から生じる困難にぶつかる……とすれば、このような貨幣資本（moneyed Capital）の過多（Plethora）が証明するものは、資本主義的生産過程の諸制限以外のなにものでもない。そのあとにくる信用詐欺は、この剰余資本の充用にたいする積極的な障害がないということを証明している。とはいえ、資本の価値増殖の諸法則への障害、つまり資本が資本として価値増殖できる諸限界への障害はあるのである。……循環の一定の諸局面ではつねにこの貨幣資本（moneyed capital）の過多（Plethora）が生ざざるをえないのであり、また、信用制度の発展につれて、この過多（Plethora）が発展せざるをえないのであり、したがって同時に、生産過程をそれの資本主義的諸制限を乗り越えて駆り立てることの必然性が——過剰取引、過剰生産、過剰信用が——発展せざるをえないのである。しかもこのことは、つねに、跳ね返り（rebound）を呼び起こすような諸形態で起こらざるをえないのである。（Ⅲ523～524：MEGA II/4.2, S. 586）

引用から明らかなように、「貨幣資本の過多」とは、現実資本における「新たな蓄積がそれの充用にさいして投下部面の不足から生じる困難にぶつかる」ことから生じます。そしてそれが意味するのは、現実資本の蓄積における「資本主義的生産過程の諸制限」、「資本の価値増殖の諸法則への障害、つまり資本が資本として価値増殖できる諸限界への障害」です。いいかえると、現実資本の蓄積にさいして「制限」にぶつかり現実資本への「投下部面」を失った過剰な資本が「貨幣資本の過多」だというわけです。ここでいう「過多（過剰）」とは現実資本へ投下したとしても可能性からみて正常な利潤（期待利潤）を生まないという意味で「過剰（過多）」だという意味です（この点については、次節で立ち入ります）。つまり、現実資本の価値増殖欲求に比して「過剰」だということであり、それゆえ貨幣資本の過多とはまさに「〔現実資本の〕過剰生産の表現」（Ⅲ493：MEGA II/4.2, S. 529）だといえます。

もちろん、こうした過剰な貨幣資本は、現実資本での制限にぶつかり運動部面を喪失したからといって「遊休」するわけではありません。むしろ貨幣資本の過多は、現実資本の制限を突破しようとして、金融市場で「信用詐欺」、すなわち売買差益の取得をねらい有価証券（架空資本）に新たな投下部面を求めます。こうして金融資産の膨張が、すなわち今日でいう「金融化」が生じるわけです。したがってまた、「この〔貨幣資本の〕過多が発展せざるをえないのであり、したがって同時に、生産過程をそれの資本主義的諸制限を乗り越えて駆り立てることの必然性が――過剰取引、過剰生産、過剰信用が――発展せざるをえない」といえるのです。

このようにマルクスによると、「金融化」をもたらす貨幣資本の過多の発生根拠は現実資本の蓄積の制限にあるのです。とはいうものの、そのうえでなお重要なことがあります。マルクスの経済理論の独自性は、さらに分析をおし進め、貨幣資本の過多をもたらす、現実資本の有利な「投下部面の不足」やその蓄積の「制限」がそもそもなぜ、いかにして生じるのかを明らかにした点にあります。そしてこの点に、現実資本の過剰生産を否定したうえで金融部面から恐慌や金融化を説明した経済学者たちと、マルクスとの決定的な差異があるのです。では、具体的に現実資本の制限とは何でしょうか。

◎現実資本の蓄積の制限である利潤率の傾向的低下

ここで重要となるのは、貨幣資本の過多を生みだす現実資本の蓄積の一つの決定的な「制限」とは、「利潤率の低下」だという点です。利潤の最大化を目的としたシステムである資本主義社会にとって、利潤率の低下こそは致命的な制限であり矛盾です。マルクスはこの法則を『資本論』第3部第3篇で明らかにしました。彼は、現実資本における「利潤率の低下」と「資本の過多」との関連についてつぎのように述べています。

> 利潤率の低下につれて、……資本の最小限……は増大する。それと同時に集積も増大する。……この増大する集積は、ある高さに達すれば、これはまたこれで利潤率の新たな低下を引き起こす。その結果、大量に分散した小諸資本は、冒険的〔となり〕、投機、信用思惑、株式思惑、恐慌〔へと駆り立てられる〕。いわゆる資本の過多（Plethora）は、つねに本質的には、利潤率の低下が利潤量によって埋め合わせられない資本（そして新たに形成される資本の若枝はつねにこれである）の過多（Plethora）のことを言っているのであり、言い換えれば、この過多は、こうした自身で自立する能力のない資本についての処分を大きな事業部門の指導者たちに（信用の形で）委ねるのである。／個々の商品のではなく資本の過剰生産（＝

資本の過多（Plethora）……の意味するものは、まさに資本の過剰蓄積以外のなにものでもないのである。……［それ〔資本の過剰生産（＝資本の過多（Plethora））〕についてのより詳細な研究は、もっと先の、利子〔生み〕資本や信用などが展開される資本の現象的な運動に属する］（Ⅲ261：MEGA II/4.2, S. 324-325）（※引用の波線部分は、現行版では削除されている。また、［　］内の記述は、現行版ではエンゲルスにより「それのより詳しい研究はもっと後で行われる」と大幅に書き換えられている。）

「資本の過多」とは「本質的に」、生産力の発展を伴う現実資本の蓄積の結果、最低資本量の増加とともに生じる「利潤率の低下」によって、加速的蓄積を行い「利潤率の低下を利潤量によって埋め合わせることのできない資本」、現実資本として「自身で自立する能力のない資本」のことです。つまり、資本の過多とは、利潤率の低下によって、現実資本として運動したとしても期待する利潤を生まない資本であり、現実資本の価値増殖欲求に比して過剰（過多）な貨幣形態にある資本です。

さらに、現行版では大幅に書き換えられていますが、第3部第3篇草稿にある「それ〔資本の過剰生産（＝資本の過多（Plethora））〕についてのより詳細な研究は、利子生み資本や信用などがいっそう展開される資本の現象的な運動に属する」という記述にしたがい、信用制度のもとでの貨幣資本（moneyed capital）が分析される第5篇の内容をふまえると、「資本の過多（Plethora）（この表現は、つねに貨幣資本（monied Capital）について用いられるものである）」（Ⅲ493：MEGA II/4.2, S. 529）ということになります。すなわち「貨幣資本（moneyed capital）の過多」とは本質的に、利潤率の低下によって実体経済で有利な投下部面を失った貨幣形態にある「資本の過多」にほかならないのです。第5篇の貨幣資本の過多の概念は、第3篇の内容を正確につかむことではじめて把握できます。

ここでなおつぎの点に気をつけておきましょう。貨幣資本の過多は利潤率の低下という制限をむしろ突破しようと、新たな投下部面を求めて「冒険的となり、投機、信用思惑、株式思惑、恐慌〔へと駆り立てられる〕」ということです。「この下落〔利潤率の下落〕は、過剰生産、投機、恐慌、労働の過剰または過剰人口と並存する資本の過剰を促進する」（Ⅲ252：MEGA II/4.2, S. 310）のであり、「利潤率が下がれば、……他方では、詐欺師たちに思惑や便宜が与えられる。……あれこれの新しい一連の生産や資本支出や投機における熱狂的な試みによって〔与えられる〕」（Ⅲ269：MEGA II/4.2, S. 332）のです。このように、現実資本における「利潤率の低下」が、貨幣資本の過多を生みだすとともに、「投機、信用思惑、株式思惑」などの投機的金融活動といった新たな運動を諸資本に強制するのです。したがって、この資本が架空資本部面に流入すれば、金融資産の急速な膨張が、したがって今日の「金融化」と共通する現象が生じうるのです。

最後につぎの点について誤解しないようにしましょう。マルクスは利潤率の傾向的低下法則を恐慌をもたらす法則として位置づけましたが、このことは、いわゆる「長期法則」としてのそれを否定するものではないということです。この法則の根拠は共通していますから、直接の現われ方は異なれども、この法則は「短期」でも「長期」でも妥当します。長期的にみても、「資本主義的生産様式の発展の歩み」のなかで「利潤率の傾向的低下の結果」、貨幣資本の過多が増大し、有価証券価格は上昇傾向をもつのであって、「仮構の富は価値表現から見れば……膨張していく」のです。それゆえ、「この所有権原の獲得・喪失も、事柄の性質上、ますます賭け〔投機〕の結果になる」のであり、売買差益（キャピタルゲイン）を目的とした投機的な金融活動も拡大傾向をもちます（Ⅲ495：MEGA II/4.2, S. 531）。つまりマルクスにもとづくと、長期的にみても資本主義の発展につれ、本質的には利潤率の傾向的低下の結果、貨幣資本の過多の増大とともに架空資本（金融資産）は膨張し、「金融化」は傾向的に進行するのです。

4　現代資本主義と金融化

さて、これまでのマルクス信用論の把握にもとづき、現代の「金融化」はどのように位置づけられるのかについて、あらためてまとめましょう。本章では、「金融化」と不換制の特質との関連や、また金ドル交換停止以降のアメリカの経常収支赤字の拡大がもたらす「過剰ドル」の問題などについて扱う余裕はありません。ここでは、いまみたマルクスの理論的枠組みから「金融化」について、なにが明らかになるのかに問題を限定しましょう。

さきに述べたように、マルクスの時代も今日も、金融現象だけに目を奪われると、有価証券市場・金融商品の多様化↓過剰貨幣資本の証券市場への流入・金融投機の拡大↓金融資産バブルの形成と崩壊、というように金融経済で完結し、金融化や恐慌・金融危機の原因は金融部面にあるようにみえます。

しかしながら、これは金融現象をそのまま述べているにすぎません。マルクスの理論の特質は、さらに掘り下げ、証券化商品などの架空資本に流入する貨幣資本の過多（過剰貨幣資本）が、なぜ、いかにして生まれてくるのかを明らかにした点にありました。ここで本質的に重要であったのは、「金融化」現象は、もっとも根底的には現実資本（実体経済）の蓄積の制限、すなわち利潤率の傾向的低下によって生じる事態だということです。つまり金融資産の蓄積・投機の拡大は、現実資本の蓄積の停滞によって貨幣資本が実体経済での運動部面を喪失した結果、新たな収益部面を有価証券など金融資産に求めることに起因した現象です。また、投機的金融市場へと流れ込む過剰貨幣資本〔貨幣資本（moneyed capital）の過多（Plethora）〕も、根本的には現実資本の価値増殖欲求（期待利潤率）に比して「過剰」な資本であり、実体経済に投下したとしても正常な利潤を獲得することが困難な資本、つまり現実資本の蓄積制限によって形成された資本です。このように、多くの場合、現実資本の蓄積を土台に置かずに、金融現象として論じられる「金融化」の基底には、実体経済の制限（＝利潤率の傾向的低下）があるのです。そしてここにこそ、マルクス理論の独自性の一つがあるのです。

　むろん、マルクスは19世紀の金融市場や銀行の金融資産を分析し株式や国債などの有価証券の架空性を明らかにしましたが、当時のそれは現在ほど複雑ではありませんでしたし、今日の金融資産の「量」はマルクスの時代とは比べものにならないほど膨大になっています。とはいえ、先に述べたマルクスの信用論にもとづけば、「利潤率の傾向的低下の結果、……仮構の富〔架空資本〕は価値表現から見れば……資本主義的生産様式の発展の歩みのなかで膨張していく」（MEGA II/4.2, S. 531）のであり、資本主義の発展につれて利潤率の傾向的低下、現実資本の蓄積の停滞とともに金融資産が量的拡張をみせるのはいわば当然のことです。金融資産の「量」の増大はマルクスの信用論の現実的妥当性を示すものではあっても、その理論を否定する「新しい」事態ではありません。むしろ強調すべきは、いまなお資本の原理が貫いているからこそ、金融市場での投機的な金融収益に依存するしかないほどまでに、利潤率が傾向的に低下し現実資本の蓄積が停滞しているという現実です。もちろんいまでも、一時的な利潤率と利潤量の増大はあるもの

図2　日本の売上高と設備投資額の推移（単位 兆円）※1961年度〜2019年度

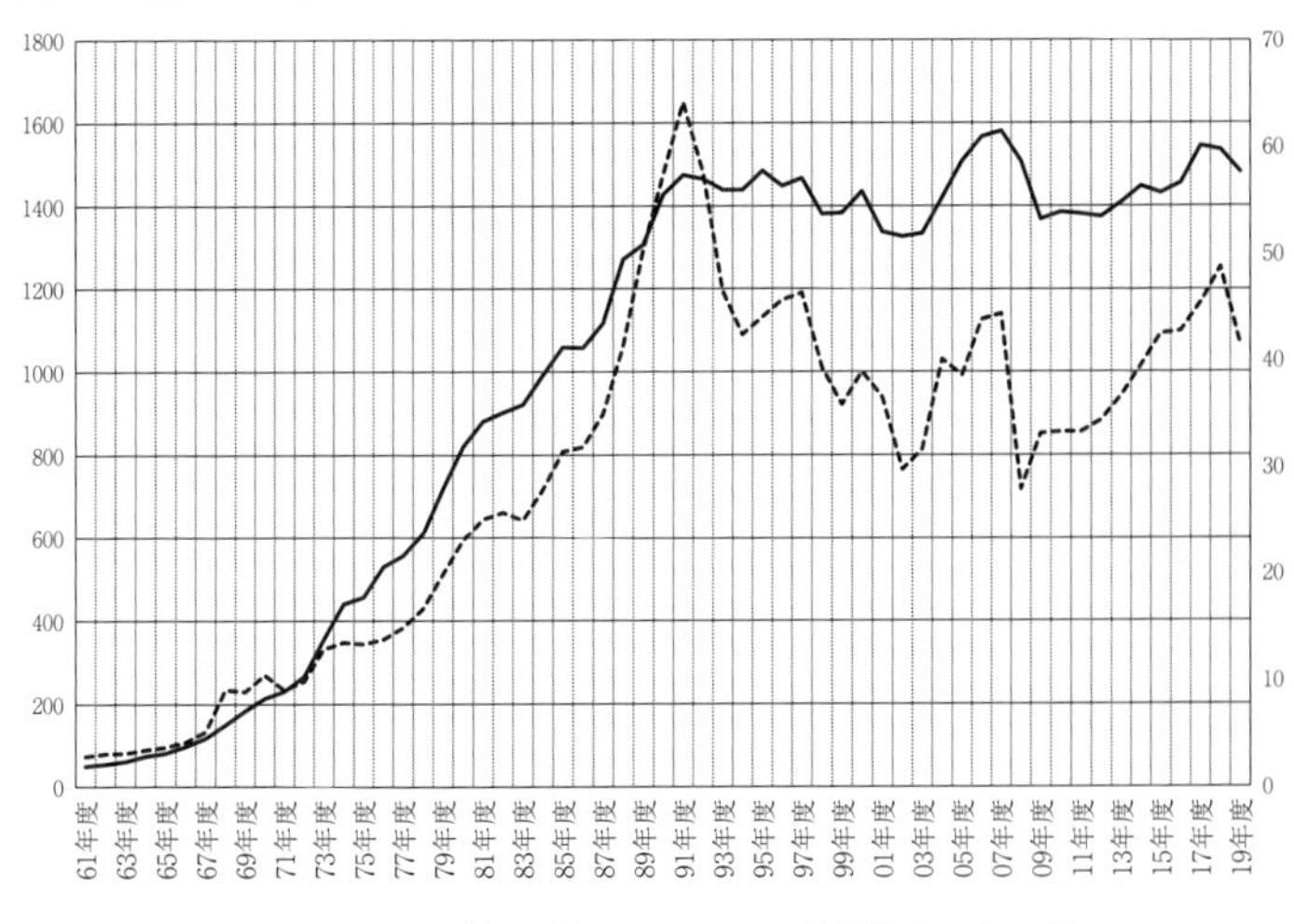

出所：財務省『法人企業統計調査』より作成。
注1：売上高の対象は全産業（金融・保険業を除く）の当期末の金額。
注2：設備投資の対象は全産業（金融・保険業を除く）。設備投資額にソフトウエアは含まれていない。

の、その持続的な上昇は困難をきわめています（日本の利潤率の動向については、拙稿「経済成長システムの停滞と転換」『闘わなければ社会は壊れる』岩波書店、2019年を参照）。

こうした実体経済の「行き詰まり」は、90年代以降の日本の「失われた30年」に顕著に現われています。図2は、日本の金融・保険業を除く全産業の売上高と設備投資額の推移ですが、両者ともに高度成長期からバブル崩壊の1991年度まではほぼ右肩上がりでした。ところが、90年代以降、売上高は現在にいたりほぼ横ばいで、長期停滞基調にあることがわかります。つまり企業は、商品の売上高をこれ以上に伸ばすことができない局面に突きあたっており、国内市場の拡大は限度の域に達しているのです。現実資本の蓄積を反映する設備投資も、かつてのピークに達することはなく、停滞基調にあります。この間に行われた設備投資の主な内容も、人件費削減のための省力化投資や老朽化した設備の更新投資でしたし、経済成長を牽引する力強い増産投資はかぎられていました。

こうした現実は、以前のような増収・増益／大量生産・大量消費が可能な時代は終わったことを示しています。かつての消費需要や設備投資拡大を主導した自動車や家電製品などのリーディング部門の国内市場は浸食されています。買い替え需要はあれども、生活必需品に直結し一国経済を牽引するほどの新たな国内市場は存在しません。もちろんＩＣＴ（情報通信技術）産業や、近年ではＡＩ産業への期待が高まっていますが、これもかつての製造業のような雇用吸収力をもたないですし、ＩＣＴ産業と同様、高度成長の再来をもたらす性格のものではないでしょう。今日の生産諸力はそれほどまでに高度な発展をとげ、資本構成もきわめて高度化しています。一時的な上昇はあれどもトレンドとしては、利潤率は低下傾向にあり、設備投資などとして現われる現実資本の蓄積は低迷しています。こうした事態を反映し、現在の中心的な「儲け口」は、金融市場でキャピタルゲインの獲得（マネーゲーム）にのり出すか、徹底した規制緩和を通じ人件費削減を行うか、あるいは輸出依存度を高めるか、その程度しか残されていない状況です。そして、これらはいずれも格差拡大や雇用の劣化を助長し、国民生活を一層破壊しています。

このように、「金融化」とは本来、たんに金融市場が複雑化したとか、「金融革新」により投機が頻発化し「金融の不安定性」が高まったといった、金融部面それ自体にとどまる問題ではないのです。現在の「金融化」現象は、資本主義とは利潤の最大化を目的とした社会システムであるにもかかわらず、資本が利潤を拡大する現実的諸条件の喪失に直面し、期待する利潤率・量を実現できないこと、そればかりか利潤を追求することがかえって国民生活の一層の疲弊をもたらすまでに、資本主義経済が成熟した歴史的局面に到達したことを意味しているのです。

※本章は、拙稿「マルクス信用論と金融化」(『立教経済学研究』第71巻第3号、2018年)に加筆・修正を行った。

コラム――『資本論』とMEGA

周知のように現行版『資本論』は第1部から第3部により成り立っていますが、第2部と第3部はマルクスの死後、エンゲルスによって編集され出版されたものでした。しかしながら、現行版の第2部と第3部はエンゲルスによって文章の大幅な削除や無数の書き換え、章節タイトルの変更などが断りなしに加えられており、マルクスの文意がそのままのかたちでは見えなくなっていました。したがってマルクスの原文(草稿)を読まないかぎり、マルクスの経済理論の真意をつかみとることには限界があります。彼の原文はMEGA(マルクス=エンゲルス全集)に収録されており、『資本論』に関わるもの――MEGA第Ⅱ部門「『資本論』と準備労作」(全15巻、23分冊)――は、翻訳は一部しか刊行されていないものの、ドイツ語では2012年をもちすべて刊行されました。それはじつに1976年の刊行開始から、36年もの歳月をかけてのことでした。本章では、MEGAにもとづきながらも、わかりやすいようにMEGAと、入手が容易な現行版『資本論』(MEW版)の該当ページ数(文章自体はMEGAとMEWとは必ずしも同じではありませんが)とを併記しています。

◎考えてみましょう

(1)資本主義経済では、なぜ、恐慌・金融危機が生じるのかを考えてみましょう。

(2)アメリカやヨーロッパ諸国の「金融化」の現状について考えてみましょう。

(3)マルクスの金融化分析と、その他の経済学による分析との相違について考えてみましょう。

◎推薦文献

三宅義夫『マルクス信用論体系』日本評論社、1970年

小西一雄『資本主義の成熟と転換』桜井書店、2014年

小倉将志郎『ファイナンシャリゼーション』桜井書店、2016年

大谷禎之介『マルクスの利子生み資本論(全4巻)』桜井書店、2016年

第11章　資本に呑み込まれる農業――地代論の可能性

三木敦朗
加藤光一

われわれにとって土地所有の近代的形態の考察が必要であるのは、要するに、農業における資本の投下から生ずる特定の生産・交易諸関係を考察することが必要だからである。この考察がなければ資本の分析は完全ではない（Ⅲ628）。

はじめに

アパートや駐車場を借りるとき、土地を借りて店をひらくとき、私たちは賃料・借地料（地代（ちだい））を土地所有者に支払います。この地代を利子率で割ったものが地価（土地価格）です（地代が年1万円で、利子率が1％＝0.01なら100万円）。しかし土地は地球（自然）の一部で、労働生産物ではありません。なぜ土地を借りたり買ったりするときに代金を支払わねばならないのでしょうか。マルクスは『資本論』で、資本主義社会での地代は、もとをたどれば労働者が生み出した剰余価値であることを明らかにしました。

またそれだけでなく、資本主義のもとでの土地・自然の利用の限界を示しています。
この章では、前半でマルクスの地代論のあらすじをみて、後半で地代論から日本の農業を考えます。

1　人間と自然との物質代謝

◎自然がなければ何も生産できない

なにかを生産するときには、人間の労働だけなく、自然の力が不可欠です。「労働は素材的富の父であり、土地はその母である」（Ⅰ58）。動植物に依拠する農林水産業はもちろん、たとえば原子力発電ですら自然力（核分裂反応）を用いています。「人間は、彼の生産において、ただ自然そのものがやる通りにやることができるだけ」（Ⅰ57）なのです。労働力そのものも、人間にそなわっている内的な自然力です。

人間は、自然にはたらきかけて、そのいとなみを少し変化させ（労働）、必要なものを取り出していきます（生産）。マルクスは、労働を「人間と自然との物質代謝を自分自身の行為によって媒介し、規制し、制御する」（Ⅰ192）過程だと表現しました。これを自然の法則を理解して行うのが人間の特徴です。

農業を例にとれば、動植物が成長・繁殖する自然のいとなみを、飼肥料を与えて人間が促進し、その成果の一部を得ています。また、人間と自然は、この関係を通じて、お互いに変化します。動植物は品種改良されて家畜・栽培植物になり、この利用を続けることで人間の身体も変わりました。人間が利用しやすいように変化させた自然の典型例は「里山」ですが、こうした自然をマルクスは「非有機的身体」（『全集』第40巻436頁）とも表現しています。人間は周辺の自然環境から切り離されて別個に存在しているのではなく、周辺の自然環境も含めて「その人らしさ」を形づくっています。東京電力福島第一原子力発電所事故によって、農林業だけでなく、山菜・きのこ採取や狩猟などが中断した地域がありますが、これは経済行為としての損失だけでなく、その人、その地域らしさにも影響を与えてしまったといえるでしょう。

自然へのはたらきかけの能力（自然制御能力）を生産力といい、その方法を技術といいます。こう書くと、自然を大改造することが「生産力の発展」なのかと反発を感じる読者もいるでしょう。しかしそうではなくて、自然へのはたらきかけの結果は人間にも返ってきますから、それを長期的に予測して生産するのが本当の意味での生産力なのです（置塩信雄『現代資本主義と経済学』岩波書店、１９８６年）。本物の自然制御能力を高める、つまり自然の仕組みを知ることは、人間の発達・解放のためにも欠かせません。

◎持続可能性は『資本論』の主要テーマ

さて、労働・生産活動は人類が歴史上ずっと続けてきたことですが、資本主義社会ではどのような変化をみせるでしょうか。

これは重要な視点です。というのは、歴史を通じた普遍的な側面と、資本主義のもとでの特殊な側面とを区別しないと、「人類史は自然破壊の歴史であった（だから現代の自然破壊も宿命的な、変革できないものなのだ）」という見解に陥ってしまうからです。資本主義社会は、高度な科学・技術を用いて短期間に広範囲の自然に影響を及ぼす点で、これまでの社会とは質的に異なります。「資本主義的生産は、ただ、同時にいっさいの富の源泉を、土地をも労働者をも破壊することによってのみ、社会的生産過程の技術と結合とを発展させる」（Ⅰ530）。資本主義をのりこえるためには、労働者の解放とともに、「人間と自然との物質代謝」の関係の再構築も必要なのです。

2　資本主義と物質代謝の攪乱

◎商品生産に振り回される自然

では、資本主義のもとでは人間と自然との関係に、どのような特殊性があるのでしょうか。

一つは、「巨大な商品の集まり」（Ⅰ49）に自然の利用方法が左右されてしまう点です。スギ花粉症の人が多いですが、日本にスギ人工林が多い理由の一つは、商品となることを見込まれたからです。もちろん、木材として優れており、育てやすいから植林されたのですが、もし植林した人自身が使う目的であれば、スギばかりにはしなかったでしょう。建設需要が伸びた時期に、他人のための使用価値（商品）の生産を政策的にも目指した結果、自然の姿を大きく変えたのです。国外でも、日本向けのパーム油（食用油や洗剤の原料）を生産するために、熱帯雨林がアブラヤシに替えられてしまうなど、様々な例があります。

価格変動に影響されるようになったのが、もう一つの特徴です。森林の例でいえば、全国で一斉に同じ樹種を植えたので、現在では過剰在庫になってしまいました。木材価格は低くなり、森林所有者が森林管理から遠ざかる一因となっています。

特殊な土地生産物の栽培が市場価格の変動に左右されるということ、また、この価格変動につれてこの栽培が絶えず変化するということ、そして資本主義的生産の全精神が直接眼前の金もうけに向けられているということ、このようなことは、互いにつながっている何代もの人間の恒常的な生活条件の全体をまかなわなければならない農業とは矛盾している（Ⅲ631）。

現代人にとって農林業で商品生産をすることは当然に感じられるのですが、『資本論』はこの歴史的特殊性に目を向けさせます。自分の家族や共同体（むら）の仲間が利用するものであれば、消費することが明らかですから、生産の仕方はあまり変動しません。ところが商品生産では、価格の変動によって生産が急に途絶したり拡大したりします。商工業でも同様のことは生じますが、農林業の場合、自然の管理・利用のありかたが大きく変化してしまうのです。農業の基本的技術は、作物の栽培によって減少する土地の養分を補充すること（地力（ちりょく）の再生産）、作物が養分や日光を使えるように雑草防除することです。たとえば、連作障害回避のための輪作等も自然の法則を逸脱しない範囲で地力の再生産と雑草防除の機能を高めることです。具体的に三圃式そして休閑を解消した輪栽式もその一環です（加用信文『農法史序説』御茶の水書房、1996年）。栽培が絶えず変化したり、ある商品作物だけを連続して生産するようになると、これが困難になり、なんとかカバーしようとして肥料や農薬を多投する結果になります。

農地や森林は、継続的に利用されることでメンテナンスされ、生産力を発揮できます。また、適切に利用していれば、生物多様性を育み、周辺の環境を安定させます（多面的機能）。「土地は、正しく取り扱えば、絶えず良くなっていく」（Ⅲ789）のです。一方で、農地は耕作しないと野生の草木が侵入して荒れ地になります。利用が絶えた森林も、里山としての豊かさが損なわれます。人間が利用するためにアクセスし、変化させた自然は、人間がメンテナンスし続ける必要があります。放置すれば都合よく原生林に戻ってくれるわけではないし、生産を再開したいときに放置された土地が急に利用に適する姿に戻せるわけでもありません。人間の都合にあわせて貯金を出し入れするようにはいかないのです。市場の影響を受けて農林地が過少・過剰利用されると、「絶えず良くなっていく」はずのものが破壊されます。農林産物の貿易自由化（日米貿易協定、TPPや日欧EPAなど）によって、その傾向はますます高まります。

◎自然＝タダ？

自然が商品生産に組み込まれることは、資本の価値増殖に使われることでもあります。ところが、商品の価格（C＋V＋M）の中に、労働力の再生産費（賃金V）のような、自然の再生産費は含まれません。資本は、コストのかからないものとして自然をとらえます。

> 費用を要しないで作用因子として生産に参加する自然要素は、それが生産でどんな役割を演じようとも、資本の成分として生産に参加するのではなく、資本の無償自然力として、すなわち労働の無償自然生産力として生産に参加する（Ⅲ754）。

これが端的に表れるのが、天然資源を採取する場合です。天然林の伐採や、マグロやウナギなどの捕獲の際、資本は社会的に強制されなければ、それらの再生にコストを払いません。資本主義以前の社会でも資源を使い尽くすことはありましたが、共同体（むら）でルールを設けて資源回復のために利用規制するという知恵がありましたし、需要にも自ずから上限がありました。資本主義社会では、資本の無限増殖の欲求に自然が巻き込まれるにもかかわらず、その再生は経済システムの中に組み込まれていないのです。

生産物の廃棄のときも、自然は無償のものとして扱われてしまいます。商品の条件の一つは有用物であることですから、役に立たない廃棄物は無視されています。資本は、利益になるなら廃棄物をリサイクルしたり排出削減する動機をもちますが（Ⅲ110～113）、そうではない二酸化炭素や放射性廃棄物、プラスチックや有毒物質などには関心をもちません。廃棄物の処理コストが利潤に影響する場合は、より規制の緩い発展途上国（グローバル・サウス）に「輸出」したりします。もちろん、廃棄先の自然再生も資本の運動の中では扱えません。

マルクスが参考にした近代農芸化学の父・リービッヒは、農産物商品が生産地（農村）から遠く離れた消費地（都市）に流通し、そこで廃棄されてしまうことを批判しました（椎名重明『農学の思想』東京大学出版会、1976年）。養分が農地に戻らないので、よそから持ち込んで補給する必要がでてきます。マルクスの時代、すでにヨーロッパは南米から窒素・リン酸肥料としてグアノ（島に海鳥の糞が堆積したもの）を輸入していました。現在ではグアノは枯渇し、リン鉱石に置き換わっていますが、この埋蔵量も300年分程度で、安価で品質のよいものは枯渇しつつあります。そしてこれが回収されずに河川に流出し、水質汚染の原因になるのです。「この乱費は商業をつうじて自国の境界を越えてはるかに遠く運び出されるのである」（Ⅲ821）。マルクスは、資源を循環利用していた（せざるをえなかった）19世紀の日本を高く評価しましたが、都市部に過密に集住し、海外の地力や淡水を食料品というかたちで輸入・消費・廃棄する現代の日本のあり方はどう評価するでしょうか。

これらの物質の廃棄の悪影響がわかっているにもかかわらず、資本は自発的に規制できません。気候危機が明白になっているのに、大資本や国家が有効な対策をうたないのは最たる例です。解決するためには社会的な力が不可欠です。環境破壊は、経済的貧困層、女性や少数民族など社会的弱者に強く影響します。こうした人々と連帯した運動が、社会的な規制を実現する原動力となります。ここに新しい社会をつくる種の一つがあるのです（ナオミ・クライン『地球が燃えている』大月書店、２０２０年）。

3　資本家と地主の苦い関係

◎地代の源泉は剰余価値

資本主義的生産様式は、工業と同様に、農林業にも広がっていこうとします。その極端な形態が、産業資本家（借地農場経営者）が土地所有者（地主）から農地を借り、そこで賃労働者を雇用して農業生産をする工業的農業（大農業）です。大農業では、土地所有者は資本家から地代を受け取る存在になります（ここでいう「土地所有者」は、日本の農家とは異なるので注意してください）。

地代とは何でしょうか。農地の中に、農産物（商品）生産に有利な優等地Aと、そうではない劣等地B・Cがあるとしましょう。同じ量の生産物を得るために、Aは他より少ないコストですみます。一方で、Aの面積には限りがあって、社会の食料需要を満たすためには、Cまで耕作せざるをえないとします。

このとき、農産物の市場価格はどうなるでしょうか。需要を満たすために耕作される、いちばん生産性の低い土地（最劣等地。この例ではC）の価格が反映されるのです。Aの生産物も、Cの価格で売られます。市場価格がCの価格よりも安い場合、Cでは生産できなくなり、需要に足らなくなります。したがって、

Cの水準まで市場価格は上がっていくのです。工業製品なら、より少ないコストで生産できる工場が規模拡大し、市場価格は平均的なものへと下がるでしょう。しかし農業の場合、優等地を拡大することができません。優等地の面積は、基本的に自然条件によって決まっているからです。

さて、そうするとAやBの生産物は、かかったコストと平均利潤を足した価格（価値）よりも高い市場価格で売られていることになります。平均利潤よりも高い「超過利潤」が発生しているのです。A・Bで生産している農業資本家は得をしそうですね。ところがそうはなりません。土地所有者が、その超過分をよこせと要求してきます。なぜなら、もし資本家が支払いを拒否した場合、土地所有者はその優等地を貸さないという選択ができるからです。こうして資本家から土地所有者に渡る超過利潤を、「差額地代Ⅰ」といいます（図1）。超過しているとはいえ、利潤ですから、その源泉は労働者が生み出す剰余価値です。

図1　差額地代

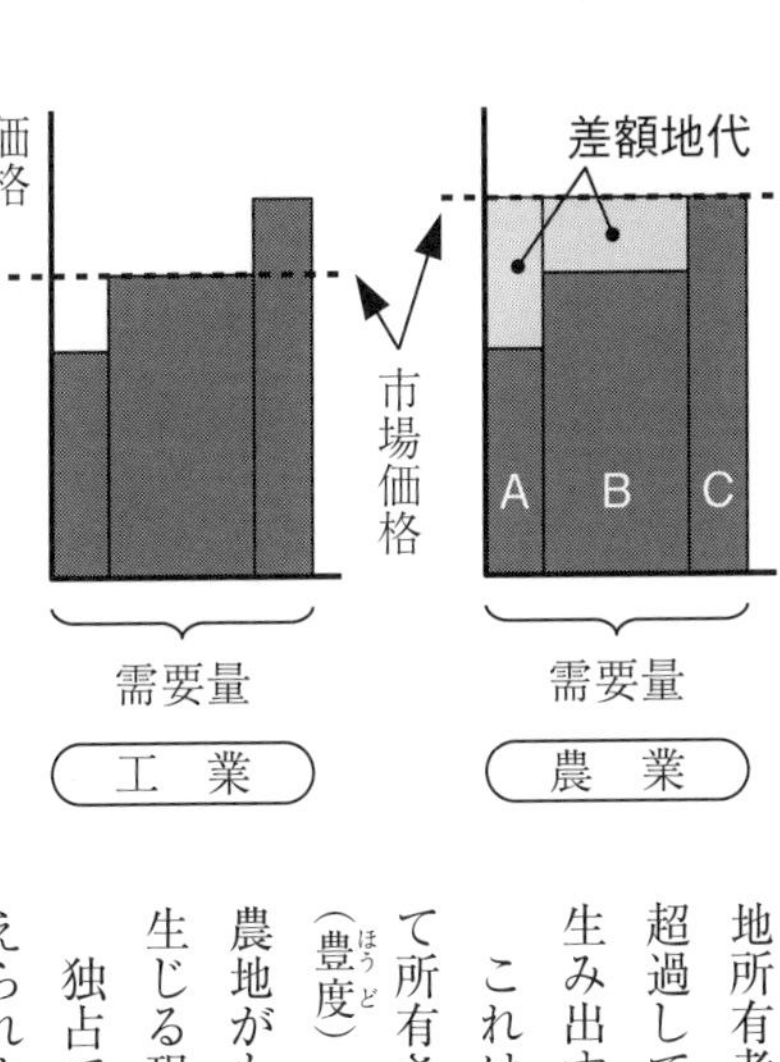

これは、土地が土地所有者という資本家以外の存在によって所有されていること、農地の面積が有限で、農地の豊かさ（豊度）が人間の生み出したものではないこと――つまり、農地がもつ自然力が「独占されうる自然力」であることから生じる現象です。

独占できる自然力というのは、農林業以外にも拡大して考えられます。『資本論』では、蒸気機関に比べて落流（水力）

が有利になるケースが例示されていますが、現在では大規模太陽光発電（メガソーラー）が似ています。メガソーラーのほうが地代の支払い能力が高いので、農地や森林が開発転用されてしまうという問題が生じています。とくに、地域外資本が地元の社会的意向と関係なしに私的に開発するときに問題が顕在化します。再生可能エネルギーの開発も、地元の人々が力をあわせた内発的発展であるべきです（保母武彦『日本の農山村をどう再生するか』岩波書店、２０１３年）。

また、インターネット上では、検索や通販、ＳＮＳなどがごく一部の企業（プラットフォーム企業）に独占されています。これらは個人情報や購買傾向などのビッグデータを集め、それをもとに超過利潤をあげています。ＳＮＳは無料で利用できますが、裏返せば、ユーザーは無償労働してその企業の利潤を増やしてやっているのです（マルクス・ガブリエル『世界史の針が巻き戻るとき』ＰＨＰ研究所、２０２０年）。こうした利潤は「レント」と呼ばれます。本来の地代（レント）ではありませんが、類似的な事例といえるでしょう。

◎やめられない収奪

ところで農地の豊かさは、肥料・土壌改良材を入れたり、水路を設けたりすれば、ある程度は人為的に改良できます。大農業では、これらの土地改良投資は資本家が行います。劣等地が人工的な「優等地」になり、超過利潤が生まれると、土地所有者はその引き渡しも資本家に要求します。これが「差額地代Ⅱ」です。

ところが、ここに困ったことが起こります。農地は、借用期間が終われば、土地所有者に戻されます。翌年に資本家は、自分が投資して改良した土を持っていけません。土地所有者にとっては儲けものです。

は、別の資本家に、もともと優等地であったかのような借地料で貸せるからです。

するとどうなるでしょうか。資本家は、自分が土地改良した成果を回収したいので、借地期間を長く設定することを要求します。一方、土地所有者は、改良された土地を自分のものにして、新たに借地契約を結んだほうが得なので、借地期間を短くすること（いつでも契約解除できるようにすること）を要求します。これは「合理的な農業の最大の障害の一つである。なぜならば、借地農業者〔資本家〕は、自分の借地期間中に完全な環流を期待できないようなすべての改良や投資を避けるからである」（Ⅲ633。〔　〕内は引用者。以下同じ）。すると資本家は、限られた借地期間の中で、より手っ取り早く投資を回収しようとします。自然力の回復を考えない収奪的な農業をしたり、肥料と農薬を多投して同じ作物を連作するでしょう。

資本家は、無知だから収奪的農業をするのではありません。資本主義社会では科学・技術が高度に発達し、自然環境に負荷をかけない合理的な生産（本当の意味での「生産力」の発揮）の方法は解明されています。ところが資本主義的な大農業では、資本家の無限の利潤追求に加えて、資本家と土地所有者の超過利潤をめぐる利害対立があるために、合理的方法を知っているにもかかわらず、実行できないのです。

◎名前のない労働者、名前のない土地

資本主義的生産様式のもとでは、土地所有者は超過利潤を資本家に要求する存在です。所有者にとっての土地は、先祖伝来だとか、村の目立つところにあるからきちんと管理せねば恥ずかしいとか、そういう具体的な背景を捨てて、地代をうむだけの抽象化された「土地」になっています。もはや自ら耕す農民のように土地の近くに住む必要もありません。

土地所有者は、自分の所有地はスコットランド〔イギリス〕にあるのに彼の全生涯をコンスタンティノープル〔トルコ〕で送ることができるというほどまでに関連を切り離してしまう（Ⅲ631）。

資本家にとっての労働者が、名前のある生々しい個人ではなくて「労働力をもつ人」でしかないのと似ています。土地所有者は、地代を得るために必要な土地をどこかに確保しようとはするし、その限りで土地が荒れないように資本家に注文をつけるでしょうが、それぞれの土地そのものを大切にしようとは考えなくなります。

所有する土地（自然）をどのように扱おうが所有者の勝手ではないか、と考える読者もいるでしょう。しかし、「商品を自由に取り扱うことができるのと同じように、土地所有者は土地を自由に取り扱うことができる」という考え方は「近代世界ではただ資本主義的生産の発展につれてのみ現われる」（Ⅲ629）一時的なものにすぎません。

かつては土地は、所有者のものであると同時に、共同体（むら）のものでもありました。皆で使い方のルールを決めておき、不要になれば共同体に戻すものだったのです。この意識は現在の日本でも残っています。農家でない読者には理解しにくいかもしれませんが、農家は、農地を自ら耕作できなくなった場合、近所の農家に、貸したり売ったりすることを考えます。遠くの血族ではなくて、同じ共同体の中の他人を優先する傾向があるのです。

資本主義が農業に浸透すると、土地所有者は土地を地代をうむものとしてのみ見るようになり、商品のように「自由に取り扱う」にようになります。そのとき、いったい誰が土地〔自然〕の持続可能な管理者になりうるのでしょうか。「より高度な経済的社会構成体〔未来の社会〕の立場から見れば、地球に対する個々人の私有〔商品のような所有〕は、ちょうど1人の人間のもう1人の人間にたいする私有のように、ばかげたものとして現れるであろう」（Ⅲ784）とマルクスは指摘しています。

4　農家・農山村は新しい社会のヒント

◎資本は自然を管理できない

差額地代は、土地の豊度という、農業内部での条件の差がきっかけとなった地代でした。もう一つ、農業と他の産業との違いをきっかけとする地代もあります。「絶対地代」です（図2）。

農業は、工業に比べて機械化しにくい（資本の有機的構成が低い）産業です。工業よりも多くの労働力を用いるのですから、剰余価値率が同じなら、より多くの剰余価値を生産します。農産物の価格（価値）と利潤は、工業よりも高くなるわけです。ふつうなら、利潤率が高い産業には多くの資本が流入し、価格が調整されて各産業の利潤率が平均化されていくのですが、農業ではそうなりません。平均的な産業よりも多い農業の超過利潤を、土地所有者が要求するからです。

図1　絶対地代

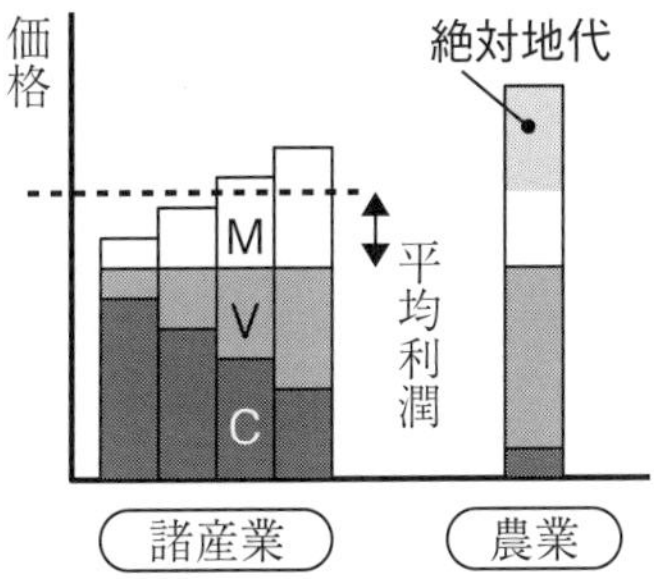

資本家からすれば、土地所有者がいるばかりに余計なものを支払わねばならない。ならば、資本家が農地を自己所有すればどうでしょうか。

これは例外的にしか成立しません。需要が増えたときには、自己所有する土地ではいずれ足りなくなり、他人の土地を借りる必要がでてきます。一方で、借りるのを避けるために広い土地を自己所有すると、需要が減ったときに無駄な土地を持つことになってしまいます。不断の価値増殖を目指す資本家としては困難なことです。

もう一つ、政府に土地を所有させるという方法がありますが、生産手段の私的所有という資本家にとっての前提とは根本的に矛盾する方法です。ただし、新自由主義のもとで、資本家が政府に強い影響力を持ち、この方法を実施することがあります。近年の公共的インフラの私営化（コンセッション）がこの一つです。利潤追求の場とすべきではない公共的サービスを、公的所有のまま運営だけ私営化し、そこから発生する超過利潤を企業が得ようとするのです（レント・シーキング）。近年、所有者が管理できない土地は公有化すべきだという意見も聞かれますが、政府が所有することが無条件によいわけではありません。その土地をどうするかを住民が決定できることが重要です。

◎ものいわぬ農山村をつくる

資本家にとってベストなのは、土地所有者が、資本家の行動に注文をつけず、地代も要求しない（あるいは資本家の言い値をのむ）状態です。このような土地所有者をつくる試みが、残念ながら今日の日本で進行しています。

日本の農地・森林の所有者は「全生涯をコンスタンティノープルで送る」ような存在ではありません。農地の場合、戦後の農地改革によって不在地主はなくなり、農民が自ら土地を所有し耕作もする自作農主義が基本になりました。また、農地法という法律で、耕作する人だけが農地を保有（所有・貸借）できるように規制しました。森林も、多くは農山村住民や元住民が所有しています。

こうした所有者を資本にとって使いやすい存在にするためには、生産を続けられないような状態に追い込み、やる気を失わせればよいのです。輸入農林産物を用いて、生産物の価格を低く抑えこむ。小規模経営が補助金を利用しづらくするために、経営規模などの申請条件を引き上げる。生活基盤を弱めて、生活そのものを継続できなくするのも効果的でしょう。役場や郵便局、学校、医療機関などを縮小して農山村を住みづらい土地にすると、若い世代は定着できなくなり、農林業への関心も失われます。やる気を失った所有者の土地は、政策的に用意した仕組みで集積する。いわば現代版の「土地囲い込み」です。

もっとも1990年代までは、様々な問題はありながらも、農家に生産と居住を継続させる政策がとられてきました。補助金と結びつけられた農協などが、自民党の集票組織として有効だったからです。しかし農山村地域の人口がマイナー化し、自民党が都市政党化すると、権力維持ために農山村はもはや必要なくなります。すると農林地を自由に使わせろという資本の本来の要求があらわになってきます。2000年代に、財界が農業への株式会社の参入を要求し、農地法が骨抜きになったのは、その結果です。

農山村はひとりでに「限界集落」「消滅自治体」になるのではありません。とくに近年は意図的に、農山村で生存権（日本国憲法第25条）や居住権（第22条）が果たされない状況が作り出されています。これは、労働力人口が減少するもとで地方に住む若者を都市部へと絞り出すだけでなく、ものいわぬ土地所有者を農山村で創出する役割があるのです。資本主義的な「生産様式は……進歩をもさしあたりまず直接生産者〔農民〕の完全な窮乏化によって買い取った」（Ⅲ631）というマルクスの指摘は、現代日本でも進行中だといえるでしょう。

農山村は、労働力の「自然発生的なエネルギーの逃げ場であり、それを諸国民の生命力の更新のための予備源として貯えておく最後の領域」（Ⅲ821）です。農山村は、短期的なレクレーションや、中長期的な滞在・居住、就農などの場となることによって、人々の生命力の維持を最終的に支えます。コロナ禍のなかで地方移住者が増えているのも、その一つのあらわれです。農山村が破壊されるとき、都市の労働者もいざというときの退避場所を失い、生存できなくなるのです。

◎マルクスは農村の共同性を重視した

先述したように、資本は土地（自然）の持続可能な管理ができません。マルクスは、「合理的な農業は資本主義制度とは両立せず（資本主義制度は農業の技術的発達を促進するとはいえ）、それは自分で労働する小農民の手か、または結合した生産者たちの管理かを必要とする」（Ⅲ131）と書いています。

マルクスは小農民（小農。日本でいう農家）の限界を論じつつも、高い評価を与えていました。

> 労働者が自分の生産手段を私有している……小経営は、社会的生産と労働者自身の自由な個性との発展のために必要な一つの条件である（Ⅰ789）。

もちろん「地力の搾取や乱費」をしてしまう可能性はありますが、それは農家の場合「科学が欠けていることから起きる」(Ⅲ820)としています。資本主義的農業が「借地農業者や所有者の富をできるだけ急速にふやすためにこの手段を利用し尽くすことによって」(同)、つまり資本主義の本質的メカニズムから地力を搾取してしまうのとは異なります。

19世紀の小農民は体系的な科学・技術を応用できる立場にはありませんでしたが、現代では充分できる状況にあります。また、機械も利用できます。1960年代までは農業機械は大規模経営用でしたが、やがて日本の自脱型コンバインのように、中小規模の農家に適合した小型機械が登場しました。資本と土地所有が分離した大農業でなくても、「近代的機械制小経営」が進歩的な農業を行える可能性が出てきたのです(中村哲『近代世界史像の再構成』青木書店、1991年)。現在では、GPS等を用いた農業機械の自動操縦や情報機器の活用など、必ずしも大型化を必要としない技術的発展が可能な段階にきています。

持続可能な社会をつくるために農家が重要だということは、国際的な潮流です。世界の農地の7~8割は、土地を所有し自らの労働力で生産する「家族農業」で占められており、世界の食料(価格ベース)の7割以上はここから生産されています。家族農業は欧米でも主要な存在です。「誰1人として取り残さない」を合言葉としているSDGs(国連「持続可能な開発目標」)を達成するには、家族農業を安定的に営めるようにするほかありません。そこで、2019~2028年には国連「家族農業の10年」が取り組まれています。日本では、政府や財界が農業を大規模化・株式会社化することを主張していますが、世界的にみれば遅れた議論です。

また、これと関連して国連では「小農の権利宣言」(小農と農村で働く人々の権利に関する国連宣言、

2018年）も採択されました（日本政府は棄権）。ここでの「小農」は、農家に加えて、林業・漁業の従事者や関連する産業の労働者、農山村住民など、幅広い人々をさします。これらの人々が、居住している地域の自然資源を持続可能なかたちで利用することは、人権の一つだと宣言したのです。生活に影響する様々な政策・計画の意志決定に参加し、事業の実施にたいしても参加する権利があるとしています。この、共同性をベースにした農林業というビジョンは、マルクスとも共通するものでしょう。

もちろん、農山村にも「ムラ社会」といわれるような、排他性や男女差別などの消極的な側面が残されています。家族農業は近代以降、つくられたイエ制度と結びつけられてきたので、血縁者の中で後継者が見つからないと途絶してしまうという課題もあります。しかし近年では、「田園回帰」や「半農半X」「自伐型林業」といわれるように、農林家ではなかった若い人々も農林業に関心をもち、新たな生産者となるケースが出てきました。地域社会も、この変化を受け入れるようになってきています。その中で、新しい人間関係のあり方、現代的な人権意識、そして未来につながる所有観も築かれます。

農林業が商品生産に振り回されないようにする試みも全国各地でおこなわれています。その一つが農産物直売所（産直市場（いちば））です。商品の問題点の一つは、生産者と消費者が互いに見知らぬ関係にあることですが、産直市場では両者が顔をあわせて、価格以外の情報を交流できます。また、専業農家だけでなく、兼業農家や家庭菜園の余剰生産物を持ち込む人も参加でき、生産者の多様性が保たれます。これは自然利用の多様性、生物多様性につながります。

労働とは自然へのはたらきかけです。有限な自然を利用する際には、使い尽くさないようにルールを決める必要があります。それが共同体（むら）の重要な役割でした。資本主義のもとでは、自然へのはたらきかけが私的な資本家・土地所有者の短期的な利潤・地代の追求に基づいて行われてしまい、高度な科学・技術があるにもかかわらず、自然を収奪してしまいます。

したがって、持続可能な社会を実現するためには、地域の有限な、地域の共通の財産（コモンズ）としての自然をどのように利用するのかという意志決定が、生産者・労働者を含む地域の人々によって行われることが必須事項となります。この、自然の利用・管理をめぐる各地での取り組みが、未来の社会・共同体（アソシエーション）や生産・労働を考えるときの大きなヒントになるでしょう。

5　「小農」と日本

◎『資本論』での小農認識

これまでみたように、『資本論』第Ⅲ部第6篇（地代篇）は、賃労働者・産業資本家・土地所有者の3階級が明確に分かれて登場する資本主義的大規模経営を中心的に検討しています（Ⅲ627）。

一方で、現在でも日本や世界の農業で支配的な形態は「小農経営」です。資本主義経済の下で活動している点は同じですが、農民とその家族が自らの土地と農業用具（生産手段）をもって営むという点で大農業とは異なります。

『資本論』の地代篇でも、小農経営について論じている部分があります。マルクスは、小農の土地所有（分割地所有）を「個人的独立の発展のための基礎」「農業そのものの発展にとって一つの必然的な通過点」（Ⅲ815）と位置づけました。人格的自立・経済的自立の前提としたのです。小農の特徴について、3つの点から整理してみましょう。

①地代規定性――小農は、労働者でもあり資本家・土地所有者でもあるので、労賃や利潤に相当する収入の水準が高くなくても生産を続けます（自己搾取）。「小さな資本家としての彼にとって絶対的な制限として現れるものは、本来の費用を差し引いてから彼が自分自身に支払う労賃にほかならない。生産物の価格が彼にこの労賃を保証するかぎり、彼は自分の土地を耕すであろう。そして、しばしば、労賃が肉体的最低限に達するまで、彼はそうする」（Ⅲ814）。

②経営的規定性――小農は、借地農業をする資本家とは異なり、無制限に生産を拡大しようとは考えません。「土地の買い入れのための貨幣資本の支出……は、小農民が自分の生産部面自体で自由に処分できる資本をその分だけ減らす。それは、その分だけ、彼らの生産手段の量を減らし、したがってまた再生産の経済的基礎を狭くする」（Ⅲ818）からです。買い足す農地の価格が、生産拡大の制限として作用します。

③所有的規定性――では、土地所有が零細であることが小農の問題点なのでしょうか。そうではなくて、マルクスが問題視したのは「生産者にとっての費用価格の要素としての土地価格と、生産物にとっての生産価格の非要素としての土地価格……との衝突」（Ⅲ820）でした。土地価格は、生産者にはじかにコストとしてのしかかってくるが（経営費）、それは社会的コスト（生産費）にはのりません。これを「土地の私有と合理的な農業との、つまり土地の正常な社会的利用との矛盾」の一つだとしたのです。これは、所有

規模の大小にかかわらず、資本主義下での農業に共通することです。

◎戦後日本での小農の形成

日本資本主義の歴史は、工業化の歴史だと考えられがちですが、農業の発展・衰退の歴史でもありました。戦前期の日本資本主義は、明治維新・地租改正を起点とする地主的土地所有を根幹としていました。このころ展開されたのが「資本主義論争」です。地主的土地所有と小作農の存在、高い小作料、それと相互に影響を与えあう低賃金を、経済的にどう考えるかという論争でした。戦前期の日本資本主義の根本問題は、まさに農業問題だったのです。

地主的土地所有を瓦解させたのは「農地改革」でした。戦後三大改革（財閥解体・労働改革・農地改革）の中で、他の二つは不徹底に終わりましたが、農地改革は成功したといわれています。1945年には自作：小作の比率は54％：46％（面積比）でしたが、農地改革後の1952年には92％：8％となり、自作地がほとんどを占めるようになります。この自作農が『資本論』がいう小農に当てはまるのかどうかも論争になりましたが、今日ではその議論に囚われるよりも、現代の小農を、とりわけその多様性を踏まえて、新しく解釈していくことが必要です。農業の現代的課題は、農業・環境問題です。その点からも『資本論』の新しい読み方が要求されます。

さて、1951年にサンフランシスコ講和条約でアメリカ占領下から独立すると、1952年に「農地法」が制定されました。第1条で「農地はその耕作者自らが所有することが最も適当である」と謳ったもので、占領政策として行われた農地改革の成果を維持定着させるための法律です。これによって日本の農家は、地主であり、労働者でありかつ資本家でもあるという側面をもつようになりました。農地の所有は原則として農民世帯に限定されます（自作農主義）。この所有権規制を前提に、自作農主義の「補完物」として耕作権を保障します。戦前の小作制度に再び陥らないように、賃貸借規制をしたのです。また、農地転用も統制することで、農地を農業用に利用し続けるようにしました。こうして、広範な自作農の維持・強化をはかったのです。

◎資本に適合する農業政策への変質

自作農＝小農を前提とした戦後日本資本主義は、1955年のコメ豊作に象徴されるように、農業部門がリードする再生産構造となります。ところが、これ以後、日本経済は高度成長期に突入します。平均1ヘクタールという規模の自作農は、零細性を克服できませんでした。そのため、農業で生活し農家を再生産することが困難になり、大量の農村労働力が都市工業部門の賃労働者となっていきます。

資本主義的生産様式に照応する土地所有形態は、資本主義的生産様式そのものによって、農業を資本に従属させることによって、はじめてつくりだされる（Ⅲ630）。

高度成長は、自作農＝小農を資本に適合的なものにしようとします。農業政策・農地制度の転換です。大転換は1970年の農地法改正でおこなわれました。農地法の第1条に、「土地の農業上の効率的な利用を図るためにその利用を調整する」（賃貸借関係の助長と農地流動化）という文言を加えたのです。完全な自作農から、小農的ではあるが賃貸借型の大規模経営の育成へと農業政策が転換したのです。さらに2009年の農地法改正では、第1条を「農地を効率的に利用する耕作者による地域との調和に配慮した農地の権利の取得を促し」と全面的に改変し、「小作地」「小作農」等の用語も廃止しました。農業の主体（担い手）を自作農でなくてもよくしたのです。賃貸借であれば、自然人ではない一般企業（株式会社）でも農業ができるようにしました。グローバル化に対応するためには、株式会社の大規模経営企業が、資本に適合的な土地所有形態であると想定しているのです。現段階では一般株式会社の農地所有までは進んでいませんが、そのための地ならしです。

こうした資本に従属し適合する土地所有形態、株式会社所有の大規模経営で、海外にも輸出できる日本農業へと構造転換しようとしています。しかし、一部には大規模経営も成立しはじめていますが、圧倒的には小農がおこなう小規模農業が多いのが現実です。農村を調査すると、環境にも配慮した農業を担っているのは小農などであることがわかります。こうした現実をきちんと見て、大規模経営に誘導する新自由主義的構造政策や、農産物貿易自由化、「選択と集中」の政策路線から脱し、環境にやさしく安全で、エネルギー効率も優れた小農・小規模経営が生き残れる農村政策を模索せねばなりません。農村消滅、地方地域消滅論に抗う道を探る場合、『資本論』とりわけ地代篇を、新しい視点で読み込み、創造的に解釈して、展望をひらくことが求められています。

※本章は、JSPS 科研費 JP19H02991・JP19H04344 および2019年度松山大学特別研究助成の助成を受けた成果の一部である。

◎考えてみましょう

（1）農産物直売所に行き、一般的なスーパーマーケットや、インターネットショッピングとどのような点で異なるかを観察してください。

（2）差額地代のきっかけになる土地の条件には、地力のほかにどのようなものがあるでしょうか。また、この章で解説しなかったものに「ぶどう山の地代」（Ⅲ783）があります。これについて調べ、日本であてはまる例を考えてください。

（3）原因は明確なのに、資本の活動によって続いてしまう自然破壊の例を一つ挙げてください。資本は、その対策をとらないことを正当化するために（あるいは、対策をとっているかのようにみせるために）、どのような理屈（レトリック）を使っていますか。

◎推薦文献

小規模・家族農業ネットワーク・ジャパン（ＳＦＦＮＪ）編『よくわかる国連「家族農業の10年」と「小農の権利宣言」』農山漁村文化協会、２０１９年

斎藤幸平『大洪水の前に』堀之内出版、２０１９年

加藤光一『グローバル東アジア資本主義のアポリア――日韓中台の「農村」的領域から考える』大月書店、２０２０年

終章　資本主義を超えて——ベーシック・インカムに着目して

小沢修司

われわれは労働日の制限を、それなしには他のいっさいの解放への努力が挫折するほかはない一つの予備条件として宣言する（国際労働者大会〔第一インターナショナルの大会〕の決議）（Ⅰ319）。

社会の改良へのさらなる進んだ諸方策は、もしあらかじめ労働日が制限されて、規定されたその限度が厳格に強制されるのでなければ、けっして成功への見込みをもって遂行されることはできないのである（「工場査察官報告書」１８４８年10月31日、工場査察官R・J・サンダーズの言葉）（Ⅰ319）。

はじめに

現在進行中のコロナパンデミックが世界中の人々の生活、暮らしを直撃し、雇用や所得を破壊していく中で、ベーシック・インカム（以下、ＢＩ）への関心、期待が高まってきています。本書を閉じるにあたって、このＢＩに焦点を当てつつ、資本主義の終わりのはじまりがどのような社会を迎えようとしているのかについて考えてみることにしましょう。

1　ベーシック・インカムとは

ベーシック・インカム（ＢＩ）が我が国で知られるようになって20年近くが経っていますが（小沢修司『福祉社会と社会保障改革――ベーシック・インカム構想の新地平』高菅出版、２００２年）、いまだにＢＩについて誤解や曲解があるようですので、定義を確認することから始めましょう。

ＢＩというのは、全ての個人に対して生活に足る最低限の所得を労働や結婚の有無、所得の有無にかかわらず無条件に定期的に支給する構想のことを意味しています。生活に足る最低限の所得を支給するものを完全なＢＩ、それ未満の所得を支給しようとするものを部分的なＢＩと呼んでいます。留意しなければならないのは、ＢＩは現行社会保障制度のうちの現金給付部分、例えば、公的年金、生活保護のうちの生活扶助、児童手当、雇用保険の失業給付などを置き換える（廃止する）ものですが、現物給付部分、例えば医療、介護、福祉などいわゆる社会サービスをＢＩ支給に伴って廃止する構想とは違っていることです。コロナ禍で例えば、竹中平蔵氏が月額7万円のＢＩ支給を提唱していますが、現行の社会保障制度をＢＩに一元化、つまり廃止しようとしているようなので、ＢＩとは一線を画しているものと理解しなくてはなりません。また、いわゆる10万円の特別定額給付金は個人への支給ではなく世帯主の口座へ振り込まれるもので、しかも1回限りの支給を想定していて、ＢＩとはいえないものです。大学で教えている学生の中には親から受け取っていないものもいたり、DV被害により避難している女性などへの支給に支障をきたしました。完全BIは社会保険を税方式に変更しますが、部分的なBIの場合は、現行の社会保険制度を一部残して利用することになります。

BIの呼び名は、1980年代のヨーロッパで国際NGOベーシック・インカム・ヨーロピアン・ネットワーク（BIEN、2004年にはベーシック・インカム・アース・ネットワークに名称が変わりましたが略称としてはBIENで変わらず）の国際会議が1986年に開催されて以来、統一されるようになりましたが、それ以前は、社会配当、保証所得など時代や地域により様々に呼ばれていました。古くは資本主義の初期、1795年のT・ペインやT・スペンスの著作にBI的な所得保障の構想が登場しています。

◎労働力商品化への異議申し立て

こうしたBIの基本的性格ですが、資本主義経済の基本要件である労働力の商品化への異議申し立てを意味しています。生産手段を奪われ（切り離され）労働力しか持たない賃労働者は、自らの持つ（所有する）労働力を商品として売り見返りに賃金を得るしか生活の術はありません。こうした労働力しか持たない賃労働者の歴史的社会的創出過程が資本主義の本源的蓄積を成すことについては本書で見てきた通りですが、土地から追い出され（「囲い込み」）生活の術を奪われた人々が自らの労働力を資本家に自分の意志で提供することを社会的な習慣として受け入れることができず、路上を彷徨(さまよ)い怠け者として蔑まれたり鞭打たれたりするような事態がいわば社会的に作り出されるなかで、逆に全ての人の生存を社会の手で保障しようとする所得保障の構想が登場するのは当然のことといえるでしょう。

労働力の商品化が資本主義経済の必須の要件であるという場合、「労働」と「所得」と「生活」の関係は、労働―所得―生活というように線で結びつけられ、生活に必要な所得は労働すなわち働いて稼ぎとるとして表されることになります。「働かざる者食うべからず」の世界です。この場合、働いて生活の糧を得ようとする者には「完全雇用」として雇用保障が必要となりますし、働いて得られた賃金の水準は生活ができる水準でなければ、資本主義経済は機能しないことになります。翻って今日の状況（コロナ禍はもとよりそれ以前も）は、雇用の場が保障されず生活できる賃金水準も保障されていないので、資本主義経済の根幹が脅かされていることを確認しておきましょう。

しかし、ＢＩは部分的ではあれ労働と所得を切り離します。つまり、生活に最低限必要な所得は社会的にＢＩとして支給され、労働は所得（生活の糧）を得るためではなく、個々人の人生設計に応じて自己実現やいっそうの稼ぎによる生活向上のためのものへと性格を変えることになります。

◎資本主義とも親和的

ただ、労働力の商品化への異議申し立てではあるのですが、ＢＩ受給後に、自らの労働力を商品として販売することは否定しません。各人の自由な人生・生活設計によって、支給されるＢＩで働かずに生活することも自由ですし、どのような職業、労働に従事するのかも自由なのです。生きるためには会社にしがみついて働かざるを得ないという「飢餓的で後ろ向きの労働意欲」に支配される労働から解き放たれます。「労働からの自由」が実現するといえますし、積極的な「労働への自由」も保障されることになります。労働力の商品化への異議申し立てでありながら、ＢＩ受給後の労働力の商品化は否定していないところが、資本主義との親和性を持つことになり、経営者層からの支持もあるという理由になっています。

2　ベーシック・インカムとベーシック・サービス

◎ベーシック・サービス

コロナ禍で、感染症対策の最前線に立つ保健・医療従事者や高齢者施設の介護従事者をはじめ国民の保健・医療、福祉、教育の維持、向上に欠かせない労働や仕事がエッセンシャル・ワーカーとして注目を集めています。私たちの日々の生活を支えるいわばライフラインを維持する仕事ですが、公共交通やコンビニなどの従事者も含めて、感謝の念を込めて呼ばれることが多いです。このうち、最初にのべた保健・医療、介護、福祉、教育などはいわゆる社会サービスと呼ばれ、社会保障制度では現物給付として区分されているものです。

近年、慶應義塾大学の井手英策さんは、こうした社会サービスは普遍主義的に無償で供給されるのがふさわしいとベーシック・サービス（以下、ＢＳ）と呼んでいます（井手英策「財政とベーシックインカム」佐々木隆治・志賀信夫編著『ベーシックインカムを問いなおす――その現実と可能性』法律文化社、２０１９年）。現行の社会保障制度のうちの現金給付部分をＢＩに置き換え、現物給付部分である社会サービスをＢＳに置き換えていくことにより、選別主義的な社会保障制度を普遍主義的な社会保障制度へと転換する、こうしてすべての個々人の自由な人生選択と健康で文化的な生活を保障する社会を実現していくことが可能になる――本章の筆者はこのように考えます。ＢＩとＢＳは車の両輪なのです。

ところが、井手さんはBIではなくBSを、と主張されています。そこには、BIに対する誤解、というか特定の理解があります。BI支給に伴って社会保障制度を解体するというういわば新自由主義者の主張をBIと理解されて、それへの対抗としてBSを主張されているのです。すでに述べたように、BIは現金給付部分の置き換えであり、新自由主義者の主張する社会保障制度の解体（一元化）を目指すBI論はBIとは一線を画しているものなのです。

実は、新自由主義的政策が幅を利かし新自由主義者の主張が影響力を持つ日本で、BIを主張することは新自由主義的なBI論（社会保障制度の解体につながる）に飲み込まれることになるので危険であるという論調があります。井手さんが共同執筆者として加わった佐々木隆治・志賀信夫編著『ベーシックインカムを問いなおす――その現実と可能性』はそうした問題意識で編まれた書で、新自由主義的なBI論への批判と警鐘を鳴らす書としては実に優れているのですが、BI全体を批判し「問いなおしている」のはいただけません。

◎「人間生活の共同性の解体と再建」から見たベーシック・インカムとベーシック・サービス

まずは、BIとBSとが車の両輪として必要であることを、資本主義と社会保障制度の関係性を長い歴史的スパンで見ることによって考えてみることにしましょう。資本主義と「人間生活の共同性の解体と再建」の関係に着目するのです。

社会は市場経済領域と共同体経済領域から成り立っています。そして、歴史的にみると、市場経済の発展が共同体経済を捉え浸食することで人間生活の共同性が解体されていきます。そして、こうした人間生活の共同性を解体するもっとも大きな契機となるのが、共同体経済の担い手を生産手段から切り離し賃労働者として市場経済に引き出す資本主義社会の成立となります。これに伴って、これまで自給的に担われてきた人間の生活は、生活に必要となるもの（生産物）を稼得賃金により市場から購入する形に変わっていき、共同体の機能は縮小、変質、外部化（社会化）が進んでいくことになります。そうすると、私たち人間の生活は、資本家の元で賃労働者として働かされる労働条件、労働環境、賃金などに左右されるとともに、（縮小した）共同体や、共同体と市場領域を含んだ全体の社会領域が「生活を支える社会システム」として機能するかどうかにかかってくることになります。賃労働者化を不可欠とする資本主義が人間の生活を不安定化し労働の搾取が強化されることに伴い、「人間生活を支える社会システム」として社会保障制度が必要となるわけです。こうした社会保障制度は現金給付と現物給付から成り立っています。いわばお金だけでは人間の生活の共同性の回復（再建）はできませんし、現物給付（社会サービス）だけでも人間生活の共同性の回復（再建）はできないことは物の道理です。ＢＩとＢＳとを車の両輪とすることで、資本主義によって破壊された人間生活を救い出すことが可能となるのです。

3　ベーシック・インカムは資本主義を超えるか？

◎資本主義の今日的発展がベーシック・インカムを要求している

では、ＢＩが実現する社会はどのような社会なのでしょうか？

これまで、ＢＩは労働力の商品化への異議申し立てでありながら、労働力の商品化自体は否定していないために資本主義とも親和的であり、資本主義の枠内で機能しうる性格を有していると書いてきました。加えて指摘しますと、資本主義の今日的発展はＢＩの導入を必要としています。それというのも、労働―所得―生活という資本主義の生活原理ともいえる関係、すなわち生活に必要な所得は労働、すなわち働いて稼ぎとるという関係性の維持は、働こうとする者への雇用保障と稼得賃金で生活が維持できなければならないことの両方を要求するにもかかわらず、雇用保障と生活できる賃金の保障はままならないために資本主義経済の根幹が脅かされているからに他なりません。もちろん、こうした資本主義経済の根幹が脅かされる事態には資本主義の初期から見舞われてきました。ですから、資本主義の初期からＢＩ要求が今日まで続けられてきたのですが、これまで、資本主義は、「労働」の安定と「家族」の安定を曲がりなりにも実現する福祉国家によって乗り越えてきた（乗り越えようとしてきた）といえるのですが、１９８０年代以降の福祉国家の危機は、福祉国家の機能不全を通じて、ＢＩを導入せざるを得ない状況を迎えているといえます。いわばＢＩによる資本主義の「延命」です。ですから、かつて福祉国家を資本主義の延命措置として否定する見解があったように、資本主義の下で導入されうるＢＩを否定する見解も存在しうるのです。しかしながら、ＢＩ導入には、労働者の状態の悪化、長労働時間と貧困にあえぐ日本社会、コロナ禍で雇用と所得が奪われた日本社会を救いだし、機能不全に陥っている社会保障に代わって人間の生活を支える新たな社会的システムとして機能することが期待されているのです。

◎続けられる資本と労働との対抗関係

ＢＩ構想をめぐっては、ＢＩが導入されれば万事が上手くいくという過剰な期待が寄せられることがあります。でも、そうした理解は間違っています。ＢＩ導入とともに社会サービスの充実は手を携えて進めなくてはなりません。ＢＩとＢＳの実現です。最低賃金の大幅な引き上げはＢＩの完全導入時には不要になるとはいえ今日時点では必要な社会的要求です。同一価値労働同一賃金、生活困窮者支援、生活保護の改良なども社会的要求として求めなくてはなりません。

というのは、ＢＩが実現する社会でも資本と労働の対抗関係は続くからです。とはいえ、現在の状況とは様相が違ってくるでしょう。このことを筆者は、資本と労働との対抗関係は一つステージが上がった状況で「より人間的」に闘われることになると理解しています。

本書の序章で、基礎研における『資本論』の人間発達読みを紹介した際に、『資本論』第1巻序文の言葉を引用して、変革過程は「労働者階級の発達の程度に応じて、あるいはより血なまぐさい形で、あるいはより人間的な形で進む」、すなわち労働時間の制限を社会的に強制する工場法の導入は資本と労働の対抗関係（変革過程）を「より人間的な形」で進めることになると書きました。この指摘を、ＢＩが実現する社会に当てはめています。

労働時間の制限に焦点化してみます。資本主義発展は労働者の疲弊化を通じて労働時間の短縮を不可避的に要求します。これは、「イギリスの耕地にグアノ肥料を注がせたのと同じ必然性の命ずるところ」（『資本論』第1巻第8章、Ｉ253）として、国民（労働者）の生命力の根源を侵してしまう（しまった）ことに対して剰余価値取得の源泉である労働力の枯渇化を避けようとする資本の利害なのですが、個々の資本家の善意に頼ることはできず（「我が亡き後に、洪水は来たれ」）、社会の強制法として工場法が必要になることはこれまで見てきた通りです。もちろん、資本はしたたかですから強制される労働時間の短縮を通じて中小資本を収奪する機会を絶えずうかがいますし、生産性を向上させることによって剰余価値の取得を増大させます。労働時間の短縮が資本主義の発展によって要求され、労働時間の短縮を通じてさらなる資本主義発展を実現させようとするのです。とはいえ、「日々に脅威を増してふくれあがる労働運動」（I253）が労働時間の短縮を現実のものとすることをマルクスは忘れてはいません。そして、本章の冒頭で引用したように、労働時間の制限はあらゆる社会改良の成否を左右する根本条件であると喝破したのでした。

序章で見たように、労働時間の短縮（工場法）が資本主義発展により要求され、労働時間の短縮（工場法）が人間労働のもつ潜勢力を顕在化させ人間の発達の実現に向け、発達の手がかりを手にした労働者と資本との対抗関係が「より人間的な」形で闘われていく、このような見通しをマルクスは持っていました。

ＢＩが実現する社会でも資本と労働との対抗関係は続きますし、労働者の解放、人間発達には、資本との闘いは続けられなくてはなりません。

ですから、今日のＢＩ要求が新自由主義者や経営者サイドから登場しているからといって怯むことなく社会サービスの充実を目指す社会的要求をＢＩ実現とともに要求しなければなりません。ＢＩが実現する社会でも続く資本と労働との対抗関係の前哨戦としても。

◎ＢＩと労働の未来

すでに見たように、ＢＩの基本的特徴は労働と所得とを部分的ではあれ切り離すことにあります。労働―所得―生活という関係が労働　所得―生活というように労働と所得が切り離された関係となるのです。生活に必要な所得は労働、すなわち働いて稼ぎとるのではなく、生活に最低限必要な所得は社会的にＢＩ

として支給され、労働は所得（生活の糧）を得るためではなく、個々人の人生設計に応じて自己実現やいっそうの稼ぎによる生活向上のためのものへと性格を変えることになるのです。

このようなＢＩがもたらす労働の変化については、『資本論』から資本主義と人間発達との関係、さらには資本主義を超える未来社会のあり方を読み解こうとする本書の立場から浮かび上がってくる論点として、次のことを考えてみなくてはなりません。

それは、労働と人間の発達との関係です。

マルクスは労働過程の分析において、人間と自然との物質代謝を人間自身が労働によって媒介し規制し制御することで人間発達を実現していくことについて次のように語っています。

> 人間は、自然素材にたいして彼自身一つの自然力として相対する。彼は、自然素材を、彼自身の生活のために使用されうる形態で獲得するために、彼の肉体にそなわる自然力、腕や脚、頭や手を動かす。人間は、この運動によって自分の外の自然に働きかけてそれを変化させ、そうすることによって同時に自分自身の自然〔天性〕を変化させる。彼は、彼自身の自然のうちに眠っている潜勢力を発現させ、その諸力の営みを彼自身の統御に従わせる（Ｉ192）。

現実の労働が生活の糧を得るための苦悩に満ちたものであっても、また労働の成果が自らに帰属せず資本家に取得されようとも、労働が人間を発達させることは見ておかなくてはなりません。

本書の第3章でも述べられましたが、労働によって得られるものは賃金だけではなく、仕事を通じて身につける様々なスキルややりがい、働きがい、社会との繋がりの実感など多様なものがあります。こうした労働の人間発達的側面に目を向けると、ＢＩが労働と所得とを切り離すことは果たしてそれでいいのかという疑問を呼び起こすことにもなります。

実は、この「労働と所得は切り離すだけでいいのか」という問題意識のもと、フランスの社会科学者アンドレ・ゴルツがＢＩの積極的推進論者ビル・ジョーダンとの間で論争を行っていました（前掲拙著、第2章「労働の変容と所得保障」）。ゴルツの基本的認識はこうです。資本主義は、人間にとって不可欠の生活のための所得の必要と、努力・行動し他人から認められることを実感する必要とを、有償雇用を通じて実現しており、ここに資本の権威とイデオロギー的支配力が確立する根拠があるというものです。こうした資本主義社会において労働が果たす役割を踏まえて、ゴルツはＢＩの意義は認めた上で、労働と切り離した所得保障を社会的に行なうだけではなく労働時間の大幅な短縮とワークシェアリングによって人々が労働に就くことができる状況を生み出すことが重要であると論じたのでした。

ＢＩによって人は働かなくなるのではないか、労働意欲が失われるのではないかとの懸念が表明されることがあります。「働かざるもの食うべからず」という強制が働く社会で生じている、否が応でも仕事にしがみつく「飢餓的で後ろ向きの労働意欲」が失われることは歓迎されるべきですし、ＢＩによって「前向きの労働意欲」が生じます。とはいえ、労働が個々人の人生設計に応じて自己実現やいっそうの稼ぎによる生活向上のために機能していくには、職業訓練や仕事の発見、労働のスキル、新しい技能や技術の獲得の機会、文化、芸術、スポーツなどの享受能力を発展させるための条件整備が、ＢＩが実現する社会においても必要となります。「労働からの自由」が保障された状況での多様で働きがいのある仕事の場の提供は必要でしょう。労働と所得の間を切り離すだけでは資本主義を超えていくことはできないと考えます。資本主義のもとでも実現可能な「ＢＩが実現する社会」でどのような労働の未来と人間発達の可能性が切り拓かれるかは、「資本主義が生み出す新しい社会の形成要素と古い社会の変革契機」がどのように成熟していくのかを見定めてながら考えていきたいものです。

4　本書を終えるにあたって

◎情報生産による生産力の発展

これまで本書で見てきた『資本論』の世界からどのような未来社会の姿が見えてきたでしょうか。第2章では現代の生産力の中心をなす情報生産に焦点を当てることで資本主義の変容が生まれていることを見てきました。生産力の発展、科学技術の進歩は社会発展の原動力であり社会構成体を変化・進化させる起動力です。その生産力の主体が情報生産にシフトすることが何を意味しているのでしょうか？　情報は分けても使っても減らない「所有なき財」です。所有がないということは所有を私物化し独占することで権力を得ていた資本主義の権力基盤が失われることを意味します。ですので、「擬制的所有権」によって権力基盤を確保する動きが生まれるのです。ですが、財の個人的所有なき（財の共有）財の自由利用（このことを「超共有」と呼んでいます）が資本主義経済の土台のところで進行しています。

かつてマルクスは、未来社会においては「協業と土地の共有と労働そのものによって生産される生産手段の共有とを基礎とする個人的所有」が再建されると語っていました（Ⅰ791）。この指摘は、資本制以前の小経営における個人の自由な個性の発展の条件であった「個人的所有」が、未来社会（ポスト資本主義社会）において「協業と土地の共有と生産手段の共有」を基礎として「再建」されることを通じて人間の自由な発展（発達）が実現していくことを示そうとしたものと思われます。しかしながら、生産力が高度に発展した今日、すでに資本主義下において「超共有」による個人的「自由利用」が広がっているとしたら、マルクスの見通しそのものは全くその通りといえるのですが、自由な人間の発達の条件として「再建」される「個人的所有」の内容はいわゆる所有を基礎としたものではなく「自由利用」を基礎としたものに変化することが予想されます。

また、情報生産に伴って労働は、「異質性と多様性を持つ自立した自由な個による労働」へと変化し、手の労働から言語の労働へとシフトすることで、結合労働はこれまでの物質的モノに媒介された労働の結合から物質的モノに媒介されない言語による知の結合へと変化します。

「雇用社会の限界」を分析した第7章においても、デジタル社会が生み出しコロナ禍で広がりを見せるリモートワークが未来社会における働き方の可能性を開くことかできるどうかの鍵として、第2章で示された「超共有」と新たな結合労働（言語による知の結合）に着目しています。

◎資本主義は自然を制御できない

ところで、人間が自然へ働きかけて生産を行なうには、人間の労働とともに自然の力の活用が不可欠です。『資本論』第1巻を中心的な対象に据えていた前著に比して本書は第2巻、第3巻へと取り上げる範囲を拡大しました。このことによって、人間の自然への働きかけ（物質代謝）、すなわち土地・自然の利用や農業の問題を扱う第11章が新たに加わりました。人間の自然への働きかけによって人間発達が実現していくのですから、労働の変化とともに自然の仕組みや資本主義が自然とどう相対するのかが問われなくてはなりません。結論として示されたのは、資本主義は自然を制御することができず自然環境の破壊を促進するということでした。そして、現代の環境・農業問題の解決に際しては、小農（農家）の力が大きな役割を発揮することを導き出しています。小農（小経営）が社会的生産と人間の自由な個性の発展に大きな役割を発揮することについては、すでにマルクス自身指摘していることなのですが、最新の科学技術を活用した「近代的機械制小経営」が可能となっている現代にあって、土地や自然の共同管理に果たす小農の役割は、国連の「家族農業の10年」や「小農の権利宣言」に見られるような世界的な「再評価」の動きとも相まって、未来社会のあり方を考えるきっかけを与えてくれるものとなっています。

◎資本主義と家族のあり方

さらに、いわゆる本源的蓄積を扱った第4章では資本主義社会が歴史的にどのように形成されてきたのかを論じているのですが、賃労働者はどこから来たのか、資本家はどこから来たのかという『資本論』自体が論じ、類書でも説明されていることに加えて、家父長制的な一夫一婦婚家族の形成と生殖強制が経済外的強制として国家権力の手によって行われていたことが本源的蓄積を語る上で重要であることが書き加えられました。いわば資本主義と家族の関係については、資本主義経済の運動的発展法則を解明するにあたって重要であるにもかかわらずどちらかといえば軽視されてきました。しかしながら、エンゲルスの『家族・私有財産および国家の起源』の序文に記された「歴史における究極の規定的要因が直接的生命の生産と再生産にある」として「ある特定の歴史的時代およびある特定の国土の人間の生活が営まれる社会的諸制度は、二種類の生産によって、すなわち一方では労働の、他方では家族の発展段階によって、制約される」(『全集』第21巻、27頁)との指摘にあるように、労働のあり方と家族のあり方が資本主義にとってどうなのか、ひいては資本主義を超える未来社会ではどうなるのかを検討する上では極めて重要になります。

終章で見てきたＢＩは資本主義社会における「男性稼ぎ手モデル」という世帯主義、家族のあり方に対して異を唱え、家族イデオロギーに縛られた女性や男性を解き放ち「労働への自由」とライフスタイルを選び取る自由を個々人に保障することを志向しますが、そのことも含めて資本主義を超える未来社会を考える検討材料としていただきたいと考えます。

◎考えてみましょう

(1)「働かざる者食うべからず」の意味を考えてみましょう。

(2)「ベーシック・インカムが実現した社会」ではあなたは何をしますか?

◎推薦文献

ガイ・スタンディング『ベーシックインカムへの道』池村千秋訳、プレジデント社、２０１８年

不破哲三『古典研究　マルクス未来社会論』新日本出版社、２００４年

◎**執筆者紹介**（執筆順）

氏名	生年	所属・専門	担当
小沢修司（おざわしゅうじ）	1952年生	京都府立大学名誉教授 専門は社会政策学、生活経済論	はしがき－2、 序章－2、 終章
大西　広（おおにし ひろし）	1956年生	慶應義塾大学経済学部教授 専門は数理マルクス経済学	はしがき－1、 第6章
森本壮亮（もりもとそうすけ）	1983年生	立教大学経済学部准教授 専門は経済理論	序章－1、 第9章
松浦　章（まつうら あきら）	1951年生	兵庫県立大学国際商経学部客員研究員、 元損害保険会社勤務 専門は労働問題、企業社会論	第1章
平松民平（ひらまつたみへい）	1946年生	基礎経済科学研究所所員、T＆C勤務 元ソニー中央研究所勤務 専門は情報産業論、現代資本主義論	第2章
瀬野陸見（せのむつみ）	1989年生	大阪工業大学等の非常勤講師 専門は社会政策学、社会保障論	第3章
青柳和身（あおやぎかずみ）	1944年生	岐阜経済大学名誉教授 専門はロシア経済史およびジェンダー史	第4章
松本　朗（まつもと あきら）	1958年生	立命館大学経済学部教授 専門は社会経済学、貨幣信用論	第5章
髙田好章（たかだよしあき）	1950年生	基礎経済科学研究所所員、元化学会社勤務 専門は労働問題、主に派遣労働論	第7章
松尾　匡（まつお ただす）	1964年生	立命館大学経済学部教授 専門は理論経済学	第8章
宮田惟史（みやたこれふみ）	1983年生	駒澤大学経済学部准教授 専門は経済理論、経済学史	第10章
三木敦朗（みきあつろう）	1978年生	信州大学農学部助教 専門は林業経済、森林政策	第11章
加藤光一（かとうこういち）	1953年生	松山大学経済学部教授 専門は東アジア経済論、農業経済論	第11章

時代はさらに資本論――資本主義の終わりのはじまり

2021年5月25日　初版第1刷発行

編　者　基礎経済科学研究所

発行者　杉田　啓三

〒607-8494　京都市山科区日ノ岡堤谷町3-1

発行所　株式会社　昭和堂

振替口座　01060-5-9347

TEL (075) 502-7500/FAX (075) 502-7501

印刷　亜細亜印刷

ISBN 978-4-8122-2022-1

＊落丁本・乱丁本はお取り替えいたします

Printed in Japan